Verstehen in der Sozialen Arbeit

Matthias Nauerth

Verstehen in der Sozialen Arbeit

Handlungstheoretische Beiträge zur
Logik sozialer Diagnostik

 Springer VS

Prof. Dr. Matthias Nauerth
Evangelische Hochschule für
Soziale Arbeit und Diakonie
Hamburg
Deutschland

ISBN 978-3-658-10074-2   ISBN 978-3-658-10075-9 (eBook)
DOI 10.1007/978-3-658-10075-9

Die Deutsche Nationalbibliothek verzeichnet diese Publikation in der Deutschen Nationalbibliografie; detaillierte bibliografische Daten sind im Internet über http://dnb.d-nb.de abrufbar.

Springer VS

Lektorat: Stefanie Laux, Katharina Gonsior

Gedruckt auf säurefreiem und chlorfrei gebleichtem Papier

Springer Fachmedien Wiesbaden ist Teil der Fachverlagsgruppe Springer Science+Business Media
(www.springer.com)

Inhaltsverzeichnis

Einleitung 1

Du sollst Dir kein Bildnis noch irgendein Gleichnis machen... (2. Mose, 20, 4)

Diagnostizieren tun wir alle, nur nennen wir es anders (Staub-Bernasconi 2003, S. 33).

Anerkennung der Fremdheit ist... ein wesentlicher Bestandteil pädagogischer Arbeit, wenn sie nicht mit identifizierenden Schablonen operiert und alles im Rahmen des eigenen Verständnishorizontes zu beurteilen versucht. Anerkennung des unauflösbaren Moments der Fremdheit ... ist ebenso konstitutiv wie die Arbeit an ihrer Aufhebung. Pädagogik in einem die Menschen elementar berührenden Sinne ist Grenzwanderung (Negt 1995, S. 290).

Der Inhalt dieses Buches ist sehr theoretisch, zugleich ist sein Anliegen ein sehr praktisches. Alltäglich müssen in der Sozialen Arbeit Menschen in ihrer je eigenen Lebensweise verstanden werden, als Voraussetzung der Klärung dessen, wie die nachfolgende Hilfeleistung aussehen sollte. Dieser so alltägliche Vorgang ist aber zum einen umstritten, zudem theoretisch und methodisch sehr voraussetzungsvoll und aus guten und schlechten Gründen handlungstheoretisch noch nicht geklärt. Die Eingangszitate drücken etwas von der Spannung aus, die mit diesem Thema verbunden ist. Da ist zunächst das Bilderverbot aus dem 1. Buch Mose, also die Forderung, es zu unterlassen, sich ein Bildnis von den Dingen zu machen. Denn die damit verbundenen Festlegungen bilden die Wirklichkeiten nicht ab und führen in die Irre. Zweifel an der Legitimität einer Bildererstellung prägt auch die Diskurse in der wissenschaftlichen Sozialen Arbeit. Professionelle Diagnostik steht im Verdacht, irreführende Bilder hervorzubringen, die die sozialen Probleme nicht erfassen können. Zugleich lässt sich begründen, dass wir gar nicht umhin können, ununterbrochen Bilder von der uns umgebenden Welt zu erstellen, die sodann auch Gewicht erhalten. Wir beobachten, analysieren, urteilen und unterscheiden in der praktischen Sozialen Arbeit beständig und sodann handeln wir helfend aufgrund

© Springer Fachmedien Wiesbaden 2016
M. Nauerth, *Verstehen in der Sozialen Arbeit,*
DOI 10.1007/978-3-658-10075-9_1

der entstandenen Unterscheidungen, der Befunde, der Interpretationen, der Bilder. Das heißt, wir diagnostizieren, auch in der Sozialen Arbeit, ohne es allerdings so zu nennen, wie Silvia Staub-Bernasconi prägnant formuliert. Schließlich verweist Oskar Negt, als kritischer Theoretiker, auf diesen Grundkonflikt einer aufgeklärten Pädagogik: die Fremdheit des Anderen in seiner Andersartigkeit grundlegend anzuerkennen, somit auf identifizierende Bildproduktionen zu verzichten und zugleich an der Aufhebung dieser Fremdheit arbeiten zu müssen, uns also ein Bild zu machen. Es ist eine unvermeidbare Grenzwanderung, die es zu reflektieren gilt.

Im Bewusstsein um die Spannung einer solchen sozialpädagogischer Praxis, die sich Urteile zu bilden hat, ohne hierbei die Realität unter die Kategorien des eigenen Vorwissens zu subsumieren, bemüht sich dieses Buch um einen Beitrag zur genaueren Klärung einer entsprechenden Handlungslogik. Es will es sich schwer machen und versuchen, möglichst genau zu begründen, warum in der Sozialen Arbeit was wie verstanden werden kann und muss. Hierbei wird von zwei Prämissen ausgegangen, die an dieser Stelle vorab benannt sein sollen. Die Argumentation gründet auf einem methodologischen Individualismus, also auf der Annahme, dass die gesellschaftlichen Makro-, Meso- und Mikroebenen vermittelt sind und zwar über das individuelle Handeln der Akteurinnen und Akteure und dem entsprechend der analytische Blick auf ihr Handeln und dessen Bedingungen ein erkenntnisstiftender Zugang zu sein verspricht. Die zweite Prämisse lässt sich als „kritischer Realismus" oder „critical realism" bezeichnen und meint die Einnahme einer grundlegend ontologischen Perspektive, selbstverständlich ohne konstruktivistische Relativierungen von Verstehens- und Erkenntnisprozessen damit gänzlich zurückweisen zu wollen. Ich gehe davon aus, dass es eine vom menschlichen Denken unabhängige, strukturierte Wirklichkeit gibt und eine verstehende, sowie erkennende, Annäherung an diese Wirklichkeit prinzipiell möglich ist. Es ist eine „nichtessentialistische Ontologie sozialer Prozesse und Verhältnisse", die mein derzeitiges Verständnis prägt und damit den von mir gewählten Zugang zur Beantwortung der Frage, wie Verstehen verstanden werden kann (Ziegler 2008, S. 50).

Bereits die ersten Fachbücher sozialpädagogischer Fallarbeit behandelten den Themenbereich des Verstehens. „Social Diagnosis" (Richmond 1917) und Soziale Diagnose (Salomon 1926) gelten als Klassiker der Fachliteratur Sozialer Arbeit, aber bis heute wird theoretisch, konzeptionell und methodisch um die Gestaltung des, jeder Intervention vorausgehenden, Verstehensprozesses gerungen, also um Form und Inhalt sozialer Diagnose. Wurde mit dieser Frage über Jahrzehnte sehr zurückhaltend umgegangen und die Frage angemessener Diagnostik geradezu vermieden, liegen inzwischen für den Bereich der Jugend- und Familienhilfe zahlreiche Veröffentlichungen neueren Datums vor und auch Veröffentlichungen mit einer Perspektive auf den gesamten Bereich der sozialpädagogischen Handlungsfelder haben in den letzten Jahren wieder enorm zugenommen. Jedoch sind Profession und Disziplin noch nicht zu einem gemeinsamen und übergreifenden Verständnis auf den Ebenen Handlungstheorie, Konzept und Methode vorgedrungen. Dies ist bedauerlich, da es ja zugleich zur unabdingbaren und auch proklamierten Handlungskompetenz von Fachkräften der Sozialen Arbeit gehört „Fälle" zu verstehen. Soziale Arbeit realisiert sich in den Grundmodi des Verstehens, der Intervention und der Reflexion. Jede sozialpädagogische Intervention fußt auf einem Verständnis von der Realität, das in einem formal hier von unabhängigen Handlungsmodus gewonnen werden musste. Fachkräfte übersetzen also alltäglich diffuse Daten und Fallinformationen in ein sinnhaftes Muster, das ihr nachfolgendes sozialpädagogisches Handeln begründet. Und prinzipiell unstrittig ist auch, dass ein solches Handeln, so es professionell zu sein beansprucht, systematisch und regelgeleitet erfolgen muss, und das heißt heute, alltags- und lebensweltorientiert, unter Einbeziehung der erfahrenen Lebenslage und deren lebensweltlich geprägten Verarbeitungsform auf Seiten der Hilfsadressatinnen und Hilfsadressaten.

Ein zentrales Motiv für die Arbeit an diesem Buch war die Suche nach einer Antwort auf die Frage, wie diese Praxis den Professionellen in der Sozialen Arbeit möglich wird. Wie gelangen sie von der Selbstaufforderung, „das Andere" zum Bezugspunkt ihres Handelns zu machen, eigentlich zu diesem Verständnis „des Anderen"? Wie gelingt der Sprung über die Grenze des eigenen Vorwissens und Vorurteils zum fremden Anderen? Wie geht also Verstehen, das professioneller Sozialer Arbeit entspricht, mithin den Ansprüchen genügt, die sie selbst an sich stellt? Diese Frage stellt sich in besonderem Maße in der Sozialen Arbeit, weil sie als Handlungswissenschaft, bzw. angewandte Wissenschaft und Profession durch eine systematische Multiperspektivität gekennzeichnet ist. Die ihr obliegende Analyse bio-psycho-sozialer Probleme und die Entwicklung von hierauf bezogenen Hilfen muss zum einen unter Einbezug verschiedener wissenschaftlicher Perspektiven erfolgen, die sie ins Eigene der Beurteilung und Bearbeitung sozialer Problemlagen zu integrieren hat. Zudem muss sie hierbei, dem eigenen Selbstverständnis nach, die individuell-lebensweltlichen und sozialräumlichen Perspektiven der Adressatinnen und Adressaten einbeziehen in die Bilder, die sie sich von den Fällen und den Sozialräumen macht. Ihr Verstehensprozess soll also gerade nicht expertokratisch-monologisch erfolgen, sondern Perspektiven integrieren, jedoch ohne auf Urteile zu verzichten, die für nachfolgendes professionelles Handeln belastbar ist.

Ein zweites, diesem sogar vorgelagert, Motiv für die Arbeit an diesem Buch war die Erfahrung, dass in der Praxis der Sozialen Arbeit ein genuin sozialarbeiterisches Verstehen in diesem eigenständig multiperspektivischen Sinne nur wenig entwickelt ist und praktiziert werden kann. Hier erfolgen Fallverstehensprozesse oftmals in den Kategorien der sozialarbeiterischen Bezugswissenschaften, also der psy-

chologischen, psychotherapeutischen, psychiatrischen, sozialpolitischen, soziologischen, seelsorgerlichen... Professionen. Diese feststellbare Dominanz anderer
Wissenschafts- und Professionssysteme ist wiederum nicht nur das Ergebnis der
Stärke der dort ausgebildeten Konzepte und Methoden, sondern der Schwäche sozialarbeiterischer Verfahren, die methodologisch und handlungstheoretisch nur unzureichend abgesichert sind und denen es in diesem Bemühen um Deutungskompetenz für soziale Problemlagen oftmals an wissenschaftlicher Rechtfertigungsfähigkeit mangelt. Zwar wird anderen Professionen gelegentlich vorgeworfen, eine
„illegitime hegemoniale Deutungsmacht über den wissenschaftlichen und professionellen Gegenstand sozialer Arbeit zu beanspruchen" (Effinger und Gahleitner
2010, S. 11). Diese Deutungsmacht ergibt sich aber, so meine These, gar nicht so
sehr aus der formalen oder personalen Vormacht entsprechender Fachkolleginnen
und Fachkollegen in multiprofessionellen Teams, sondern aus einer entsprechenden Leerstelle im Handlungsrepertoire sozialpädagogischer Fachkräfte und einem
auch von ihnen selbst vorgenommenen Zugriff auf die diagnostischen Kategorien
und Instrumente der entsprechenden Nachbarprofessionen. Das heißt: Dem Anspruch von Sozialer Arbeit, dass für sie „der systemische Blick aufs Ganze und
die Wechselwirkung mit anderen im Zentrum ihres Fokus stehen", entspricht noch
kein hinreichend elaboriertes und rechtfertigungsfähiges Handlungsrepertoire im
Bereich der Problemanalyse und Diagnostik (ebenda, S. 11).

Ein drittes, alles bestimmendes, Motiv für die Arbeit an diesem Buch ist sodann
die persönliche Überzeugung, dass die in Wissenschaft und Profession Sozialer
Arbeit zumindest als Anspruch ausgearbeitete Forderung nach einer multiperspektivischen, interdisziplinären und partizipativen Herangehensweise an die Analyse
und Bearbeitung bio-psycho-sozialer Problemlagen ein hohes Gut ist, das es zu
verteidigen und auszubauen gilt. Expertokratisch-disziplinärer Verengungen, im
Blick auf die Analyse individueller Lebensbewältigungsversuche von Menschen,
überwinden zu wollen, ist ein emanzipatorisches Programm, das sich insbesondere mit der Theorie- und Praxisentwicklung der Sozialen Arbeit in den letzten
Jahrzehnten verbindet, auch wenn noch unzureichend ausgearbeitet ist, wie sich
dieser Anspruch handlungstheoretisch abbildet und konzeptionell, sowie methodisch, operationalisiert werden kann. Eine Stärkung dieser sozialpädagogischen
Perspektive erscheint mir wünschenswert. Dieser Wunsch resultiert dabei nicht
in erster Linie aus dem Motiv, das Prestige der Statusgruppe zu erhöhen, sondern die mit dieser Statusgruppe verbundene Praxisform aus inhaltlichen Gründen zu stärken. Die Lebensweise von Menschen, ihre Bedürfnisspannungen und
Bewältigungsanstrengungen auf eine Weise zu verstehen, die einzelwissenschaftliche Perspektiven überwindet, entspricht meinem Verständnis vom handelnden

Menschen als einer „person in environment" und meinem Verständnis von einer angewandten Wissenschaft Soziale Arbeit.

Ich verstehe dieses Buch daher als Beitrag zur Fundierung eines solchen Programms und beteilige mich daran Verstehen zu verstehen, also zur Aufklärung über eine zentrale Handlungsfigur der Sozialen Arbeit beizutragen, sowie die Grundlagen sozialarbeiterischer Verstehensprozesse zu festigen. Das Buch ist somit auch geleitet von dem Interesse, eine spezifische Verstehenspraxis, die mit Sozialer Arbeit verbunden ist, zu befördern, so dass sie handlungstheoretisch abgesicherter und konzeptionell, sowie methodisch, rechtfertigungsfähiger wird. Die Adressatinnen und Adressaten sollen sich „mehr denn je darauf verlassen können, dass SozialarbeiterInnen wissenschaftlich fundiert tätig sind und dass das Wachstum der Sozialen Arbeit mitsamt der Wertschätzung, die die Soziale Arbeit bei der Bevölkerung in Deutschland besitzt, gerechtfertigt ist (Engelke et al. 2009, S. 26).

Zu den Inhalten

Ausgangspunkt der hier vorliegenden Ausarbeitung ist die Feststellung, dass in der Sozialen Arbeit die Klärung der Frage nicht abgeschlossen ist, wie eigentlich professionelle Verstehensprozesse aussehen und Fachkräfte in der Praxis zu einem sozialpädagogisch begründbaren Bild von dem kommen, was als Problem zu verstehen ist und dem entsprechend Gegenstand ihrer weiteren Bearbeitung wird.

Im Anschluss an diese Einleitung wird im zweiten Kapitel die These eines Eigensinns der sozialen Arbeit entfaltet. Dieser liegt zum einen in ihrer Struktur als Handlungswissenschaft bzw. angewandter Wissenschaft begründet, wodurch sie in der Lage sein muss, ausgewählte Erkenntnisse ihrer Bezugswissenschaften ins Eigene der Theorie und Praxis Sozialer Arbeit zu integrieren. Zudem liegt dieser Eigensinn in ihrer Selbstbindung an die Perspektive ihrer Adressatinnen und Adressaten begründet, verbunden mit den großen Begriffen der Alltags- und Lebensweltorientierung und der Pflicht, die Integration auch dieser Perspektive auf angemessene Weise vorzunehmen.

Im dritten Kapitel wird sodann, hieraus abgeleitet, begründet, dass eine in diesem Sinne eigensinnige Soziale Arbeit auch eigensinnige Verstehensverfahren entwickeln muss. Ihr interdisziplinärer und multiperspektivischer Zugang zur Realität muss sich gerade auch im Modus des Fall- und Raumverstehens zeigen, durch den es ihr möglich wird, handelnde Personen in ihrer Umwelt adäquat wahr zu nehmen. Damit verbunden ist eine Verbindung der Mikro- und Makroebene menschlichen Handelns, somit der relevant werdenden physischen und psychischen, motivationalen und kognitiven Faktoren des Handelns in ihrem Zusammenhang mit gesellschaftlichen Strukturen und Ausstattungen, die menschliches Handeln rahmen.

In einem vierten Kapitel wird sodann die Kritik, an dem Bemühen gewürdigt professionelle Verstehensprozesse in der Sozialen Arbeit einer Professionalisierung und Methodisierung zugänglich zu machen. Auch aus einigen sehr guten Gründen der Herrschaftskritik hat es sich die Soziale Arbeit in den letzten Jahrzehnten damit schwer gemacht, soziale Diagnostik handlungstheoretisch, konzeptionell und methodisch auszuarbeiten. Zugleich soll deutlich werden, dass der Verzicht auf solche selbstbindenden Handlungskonzepte und methodische Präzisierungen das Ziel zu verfehlen droht, die Adressatinnen und Adressaten Sozialer Arbeit vor professioneller Übermacht und gesellschaftlicher Klassifizierung zu schützen, stattdessen eine Verteidigung „nach vorne" auf dem Wege der Professionalisierung erfolgen muss.

Das fünfte, verhältnismäßig umfangreiche, Kapitel und das sechste Kapitel sind sehr handlungstheoretisch ausgerichtet und enthalten den zentralen Beitrag dieses hier vorliegenden Buches, Grundelemente sozialer Diagnostik logisch zu bestimmen. Entwickelt wird ein handlungstheoretisches Mehr-Ebenen-Modell, das in die Perspektive der Sozialen Arbeit eingerückt ist. Hiermit ist das Ziel verbunden, den allgemeinen Verstehensgegenstand aller sozialen Diagnosebemühungen differenziert zu beschreiben, unter Einschluss der Mikro- und Makroebenen menschlichen Handelns und zentraler theoretischer Modelle, die in den Sozialwissenschaften im Allgemeinen und der Sozialen Arbeit im Besonderen von Bedeutung sind. Jene „Landschaft", die in der Sozialen Arbeit immer wieder erkundet und verstanden werden muss, wird auf diese Weise „kartografiert". Im Anschluss werden die prinzipiellen Zugangswege zur bio-psycho-sozialen Realität entfaltet, angelehnt an die methodologischen Grundlagen der empirischen Sozialforschung. Hier soll deutlich werden, dass soziale Diagnostik als Erforschungsvorgang verstanden werden muss. Ihre konzeptionelle und methodische Ausgestaltung bewegt sich daher auf einer „Achse professionellen Verstehens", zwischen den Polen einer notwendig dialogischen Heuristik und einer monologischen Klassifikation. Die Rechtfertigung des Verstehensvorgangs in den Formen einer rekonstruktiven Heuristik, Hermeneutik oder deduktiv nomologischen Klassifizierung muss dem entsprechend über den Verstehensgegenstand und das legitime Erkenntnisinteresse erfolgen. Das heißt, in diesen Kapiteln werden der Verstehensgegenstand handlungstheoretisch begründet und Grundsätze für sozialpädagogische Verstehensvorgänge abgeleitet, die den Anspruch haben, der Konzept- und Methodenentwicklungen sozialer Diagnostik Orientierungen bieten zu können.

Entsprechend meinen Ausführungen in Kap. 2 verstehe ich Soziale Arbeit als eine Instanz gesellschaftlicher Arbeit, die gesellschaftlich und professionell als relevant angesehene Problemlagen von handelnden Menschen zu bearbeiten hat und hierbei die Wissenschafts-und Professionstraditionen der Sozialpädagogik und

Sozialarbeit zusammenfasst. Die im Text vorgenommene Nutzung des Adjektivs „sozialpädagogisch" bezieht sich immer auf eine Soziale Arbeit in diesem integrierten Sinne.

Danksagungen

Dieser Text wurde u. a. durch eine Forschungsförderung der „Evangelischen Hochschule für Soziale Arbeit und Diakonie" in Hamburg ermöglicht, die mich im Wintersemester 2011 von einem Teil meiner Lehrverpflichtungen freistellte und es auf diese Weise ermöglichte, einen Grundstock für diese Ausarbeitung zu legen. Geholfen haben mir darüber hinaus interessierte Nachfragen, Anmerkungen, Kommentare und Ermutigungen verschiedener Fachkolleginnen und Fachkollegen in den vergangenen Jahren, auch Interesse und Kritik von Studierenden, insbesondere im Masterstudiengang meiner Hochschule. Danken möchte ich zudem Reinhard Giese und Peter Runde von der „Arbeitsstelle für Rehabilitations- und Präventionsforschung" der Universität Hamburg, deren frühe Modellbildungen und handlungstheoretische Entwürfe die Ausarbeitung des in Kap. 5 vorgestellten erweiterten Mehr-Ebenen-Modells (eMEM) prägten und inspirierten. Und schließlich danke ich Hannah Salome Nauerth für ihre so sorgfältige endredaktionelle Bearbeitung dieses Textes.

Kapitel: Der Eigensinn Sozialer Arbeit 2

Ich möchte im Folgenden den Eigensinn Sozialer Arbeit ausweisen. Hierbei beziehe ich mich auf die umfassenden Vorarbeiten aus der Wissenschaft Sozialer Arbeit und füge begründet zusammen, was meines Erachtens zusammen gehört. Ich begründe den eigenen Sinn Sozialer Arbeit aus ihrem grundsätzlichen Auftrag (1.1.), ihrem multiperspektivischen Forschungs- und Handlungsansatz (1.2.) und ihrer Lebenswelt- bzw. Subjektorientierung (1.3.).

2.1 Der Auftrag Sozialer Arbeit

Das Verständnis des spezifischen Handlungsauftrages der Sozialen Arbeit ist seit den Anfängen der Profession immer wieder von der Profession und Disziplin selbst diskutiert worden. Vor der nationalsozialistischen Regierungsphase in Deutschland sind Alice Salomon und Ilse von Arlt zentrale Protagonistinnen eines sich entwickelnden eigenständigen Verständnisses von Sozialer Arbeit als Wissenschaft und Profession im deutschsprachigen Raum. Alice Salomons Einfluss auf die Entwicklung der Sozialen Arbeit ist hierbei von herausragender Bedeutung. Sie schuf ein umfangreiches theoretisches Werk, das sie als Bestandteil einer Wissenschaft der Wohlfahrtspflege verstand (vgl. Salomon 1926, S. 2). Für sie war es das vorrangige Ziel Sozialer Arbeit, menschliches Leiden an Armut entgegenzutreten und die Ursachen zu bekämpfen, was bedeutete, dass sie sich an der Lösung gesellschaftlicher Probleme zu beteiligen- und zugleich individuelle Hilfeleistungen zu erbringen habe. In ihren Augen war Soziale Arbeit die Kunst des Fallverstehens und des entsprechenden Handelns. Mit ihrem methodischen Dreischritt „Anamnese/Diagnose – Behandlungsplan – Evaluation/Ablösung" und dessen Begründung, ausgeführt in verschiedenen Lehrbüchern, trug sie wesentlich zur Professionalisierung der Sozialen Arbeit bei. Ilse Arlt entwickelte eine eigene Theorie der Sozialen

© Springer Fachmedien Wiesbaden 2016
M. Nauerth, *Verstehen in der Sozialen Arbeit*,
DOI 10.1007/978-3-658-10075-9_2

Arbeit (Fürsorgewissenschaft), in deren Zentrum die Armutsforschung stand. Soziale Arbeit habe demnach Armut zu erforschen, konkretes Leiden der Menschen zu beschreiben, dessen Ursachen und Folgewirkungen zu analysieren, Problemlösungen zu entwickeln und deren Wirksamkeit zu evaluieren. (Arlt 1958, S. 51). Fixpunkt der Hilfeleistungen seien ihr zufolge die Befriedigung der menschlichen Bedürfnisse. In der Zeit zwischen 1933 und 1945 erfolgte ein vollständiger Abbruch dieses Professionalisierungsprozesses und die Integration der Sozialen Arbeit in die Erziehungs-, Bildungs-, Selektions- und Vernichtungsziele des Nationalsozialismus. Die Neuordnung der professionellen Sozialen Arbeit nach 1945 knüpfte an frühen Vorarbeiten zunächst nicht an und unterließ die wissenschaftliche Verankerung von Sozialer Arbeit sowohl im Selbstverständnis der Lehrenden als auch der Fachkräfte. Stattdessen konzentrierte man sich auf handwerklich erlernbare kommunikative Fertigkeiten, die dazu dienlich waren, Hilfen gegenüber unterschiedlichsten Personengruppen praktisch leisten zu können (vgl. Müller 2010, S. 21 f). Carl Wolfgang Müller unterscheidet sodann die Politisierungsphase der 1970er Jahre, von einer Phase des neu entdeckten Hedonismus und einer anschließenden Ökonomisierungsphase. Gegen die Einzelfallorientierung der Nachkriegssozialarbeit gerichtet, wurde zunächst die Perspektive der Sozialen Arbeit wieder auf gesamtgesellschaftliche Strukturen und Prozesse hin erweitert, allerdings ohne die Theoriearbeiten der Vorkriegszeit aufzunehmen. Nach einer kurzen Phase der Psychologieorientierung geriet Soziale Arbeit sodann in die noch andauernde Phase der Verbetriebswirtschaftlichung und Taylorisierung ihrer Organisationsformen und Arbeitsvollzüge, allerdings auf der Basis einer enormen Expansion, die sie zu einem zentralen Element des modernen Sozialstaats gemacht hatte (vgl. Müller 2010, S. 22 f; vgl. auch Braun und Nauerth 2005, S. 8 ff). Zugleich wurde sie seit Beginn der 70er Jahre an Fachhochschulen gelehrt und entwickelte nach und nach ein neues Verständnis als eigene Handlungswissenschaft, unter neuem Bezug auf ihre wissenschaftlichen Wurzeln aus der Vorkriegszeit (vgl. Birgmeier und Mührel 2011, S. 102 ff). Die erfolgte Zusammenführung von Sozialarbeit und Sozialpädagogik im Begriff „Soziale Arbeit" hat sodann zu einer interberuflichen Einheit geführt und kann als Erfolgsgeschichte gelesen werden, trotz oder wegen der Vielzahl an Theorieansätzen, die Christian Spatscheck folgendermaßen auflistet: Lebensweltorientierung, Hermeneutisch-verstehend, systemisch, systemtheoretisch-konstruktivistisch, das Bewältigungsparadigma, das Care-Paradigma, reflexive Sozialpädagogik, sowie marxistisch und poststrukturalistisch-kritische Ansätze. Zudem verweist er auf vergleichende Ansätze, eklektische Formen des Methodenverständnisses und Verfahren zum methodischen Fallverstehen als eigenständige Theorieansätze (vgl. Spatscheck 2009, S. 209 f).

In Übereinstimmung mit weiten Teilen der Scientific Community soll Soziale Arbeit hier nun verstanden werden als eine Instanz gesellschaftlicher Arbeit, die gesellschaftlich und professionell als relevant angesehene Problemlagen von handelnden Menschen zu bearbeiten hat. Ausgehend von einer Ungleichheitsannahme, die entwicklungs-, alters-, krankheits- oder sozialbedingt sein kann, zielt sie darauf ab, autonome Lebenspraxis zu befördern und Teilhabe zu ermöglichen. So wie „menschliche Gesundheit" als Gegenstandsbereich der Medizin und „menschliches Erleben und Verhalten" als Gegenstandsbereich der Psychologie angesehen werden kann, so lassen sich, in einem ersten Schritt und sehr allgemein, „soziale Probleme handelnder Menschen" als der Gegenstandsbereich Sozialer Arbeit beschreiben. Ihr Ansatzpunkt ist hierbei die Schnittstelle von Individuum und Gesellschaft, entsprechend der früheren Definition der International Federation of Social Work. Sozial Arbeit, als Wissenschaft, ist dem entsprechend die reflexive Antwort auf soziale Probleme, Soziale Arbeit, als Praxis, die professionell tätige Antwort auf soziale Probleme und Soziale Arbeit, als Ausbildung, die Vermittlung der Fähigkeit, auf soziale Probleme reflexiv und tätig antworten zu können (vgl. Engelke et al. 2009b, S. 17 f; Klüsche 1999, S. 45). Allerdings muss der Begriff „Problem" weit gefasst werden, um Soziale Arbeit in ihrer ganzen Breite zu erfassen. Enggeführt schließt er professionelle Arrangements aus, denen keine explizite Problemstellung zugrunde liegt. Versteht man, entsprechend klassischer Definitionen, unter Problem aber nicht nur die sozialstrukturellen und individuellen „Barrieren" auf dem Weg von einem unbefriedigenden Zustand in einen befriedigenden, sondern Förder- und Unterstützungsbedarfe für handelnde Menschen auf ihrem Weg zum Ziel einer befriedigenden Form der Einbindung in die sozialen Systeme der eigenen Umwelt, dann sind auch solche Erziehungs- und Bildungsangebote erfasst, die ohne vorherige Problemdefinition erfolgen, gleichwohl aber eine Unterstützung für die Erreichung von Zielen darstellen (vgl. Obrecht 2005, S. 132 f). Insofern wären Staub-Bernasconis Merkmalskriterien einschließlich deren Differenzierung zwischen Individual- und Strukturebene hier anwendbar: Ausstattungsprobleme, Austauschprobleme, Machtprobleme sowie Werte- und Kriterienprobleme (vgl. Staub-Bernasconi 2007, S. 180 ff). Mit dem Systembegriff ist es sodann möglich, die Aufgabe von Sozialer Arbeit in Bezug auf ein Verhältnis zu beschreiben, nämlich das zwischen Individuen und gesellschaftlichen Teilsystemen. Die Aufgabe Sozialer Arbeit – systembegrifflich abstrahiert – wäre dann zu verstehen als Inklusionshilfe, Exklusionsvermeidung und Exklusionsverwaltung, bezogen auf die verschiedenen Teilsysteme denen die Menschen zugehören (wollen) (vgl. Kleve 2003, S. 39). Soziale Arbeit wird somit immer dann tätig, wenn Menschen der Unterstützung zur Entfaltung ihrer körperlich, geistigen und seelischen Potentialität, zur Realisierung ihrer Lebensentwürfe und für eine gerechte Platzierung in der Gesellschaft bedürfen und diese nicht aus ihrem naturwüchsigen Sozialraum beziehen können bzw. es die Barrieren des Sozialraums selbst sind, die einer entsprechenden Platzierung im Wege stehen (vgl. Kunstreich 2003, S. 66 ff). Eine solche Soziale Arbeit unterscheidet sich von anderen psychosozialen Berufen und wissenschaftlichen Disziplinen dadurch, dass sie sich zum einen auf alle Lebensalter bezieht und zudem den Menschen als psychisches und gesellschaftliches Wesen erfassen muss, der Inklusionswünsche und Exklusionsbefürchtungen hat. Der Eigensinn der wissenschaftlichen und professionellen Praxis Sozialer Arbeit ergibt sich dem entsprechend aus der Herausforderung und ihrem Anspruch, der komplexen bio-psycho-sozialen Realität der Menschen gerecht zu werden. Dies setzt voraus, die Eindimensionalität einzelner wissenschaftlicher Perspektiven durch eine multiperspektivische Perspektive zu erweitern und in diese auch die Perspektive der Hilfsadressatinnen und Hilfsadressaten mit einzubeziehen. Lebensweltorientierung bzw. Alltagsorientierung bzw. Subjektorientierung sind somit als Teilaspekte eines multiperspektivischen Zugangs zum Anderen zu verstehen. Dies wird im Folgenden begründet.

Soziale Arbeit ist, als Wissenschaft und Disziplin, das Ergebnis einer Konvergenz der Sozialpädagogik und Sozialarbeit. Aus entstandener Überzeugung vereint sie beide Logiken in sich, die Sozialpädagogik und Sozialarbeit einst trennte. Zu unterscheiden wäre hier, der traditionell sozialarbeiterischer Fokus der Existenzabsicherung, von der traditionell sozialpädagogischen Frage nach der guten Lebensführung als der Essens menschlichen Daseins (vgl. Röh 2009) bzw. die Sozialstruktur und die Lebensführungsperspektiven (vgl. Böhnisch 2002). Deutlich wird dies auch über den immer wieder in der Sozialen Arbeit modellierten Zusammenhang zwischen der Mikroebene individuellen Handelns und den auf soziologischen Makroebenen zu verortenden Einheiten der Lebenswelt und Lebenslage als Einfluss nehmenden Rahmenbedingungen dieses Handelns. Dass die sozialpädagogische Individualperspektive, das menschliche Fühlen, Denken und Handeln, nicht losgelöst betrachtet werden kann von der Perspektive der sozialarbeiterischen Gesellschaftsperspektive, den sozialen Rahmenbedingungen, hier vorhandenen Ressourcen und Barrieren, dass also „Person and Environment" aufeinander bezogen werden müssen, kann als Konsens in der Sozialen Arbeit betrachtet werden. Der gemeinsame Begriff Soziale Arbeit ist damit als Ausdruck dieser „Konvergenz aus tieferer Einsicht" zu verstehen.

Diese Soziale Arbeit gehört, so das hier vertretene Verständnis, als Handlungswissenschaft bzw. angewandte Wissenschaft zur Familie der Sozialwissenschaften. Sie schafft und überprüft Theorien und Wissensbestände, die für die Praxis der Sozialen Arbeit von Belang sind. Ihr Materialobjekt besteht in einem bestimmten Ausschnitt gesellschaftlicher Praxis: den bio-psycho-sozialen Bedingungen von Inklusions- und Exklusionsprozessen, sowie hiermit verbundenen Bewältigungs- und Unterstützungsmöglichkeiten, deren Geschichte, Ausbildungskonzepte etc. Ihr Formalobjekt liegt in der multiperspektivischen bzw. transdisziplinären Entwicklung und Reflexion von Theorien und Wissensbestände der akademischen Sozialen Arbeit, zudem der Reflexion ihrer eigenen Geschichte, der Ausbildungskonzepte etc. (vgl. Krieger 2011, S. 159).

2.2 Multiperspektivität als Proprium der Sozialen Arbeit

Multiperspektivität kennzeichnet den spezifischen Eigensinn von Sozialer Arbeit als Profession und Disziplin, so die hier vertretene These. Multiperspektivität bedeutet hierbei, dass Soziale Arbeit im Hinblick auf ihren Gegenstandsbereich die Verknüpfung verschiedener Perspektiven zu leisten hat. Mit dem Begriff der Interdisziplinarität sind damit insbesondere die Perspektiven der verschiedenen Bezugswissenschaften gemeint, die Soziale Arbeit zu einer eigenen Wissensbasis zusammenzuführen hat. Interdisziplinarität also als Programm der offensiven Aufhebung einer immer drohenden Eindimensionalität durch die Dominanz einzelner Wissenschaften in Verstehensprozessen. Dies sah schon Alice Salomon so. Ihr zufolge habe die Soziale Arbeit, im Gegensatz zur Medizin oder zur Justiz, keinen „bestimmten Gesichtswinkel", sondern sei im Gegenteil dafür verantwortlich, den Ärztinnen und anderen Berufsgruppen einen ganzheitlichen Gesichtspunkt nahe zu bringen, weil diese „durch Ausbildung oft dazu geführt werden, das Blickfeld zu verengen" (Salomon 1926, S. 6; vgl. Kuhlmann 2004, S. 16 f). Diese „Perspektiven integrierende Perspektive" auf ihren Gegenstandsbereich als Charakteristikum Sozialer Arbeit ist heute weitgehend Konsens und wird theoretisch weiter entwickelt (ohne dass dies bisher zu einem einheitlichen Ausdruck der Funktionsbestimmung Sozialer Arbeit geführt hätte und einer allgemein anerkannten Festlegung im Hinblick auf ihr Formal- und Materialobjekt). Ausdruck dieser Weiterentwicklung ist der neu aufgekommene Begriff Transdisziplinarität, besonders geprägt durch die Wissenschaftstheorie von Jürgen Mittelstrass (Mittelstrass 2003, 2005). Bei ihm geht es „um die Kombination verschiedener Wissensebenen wie auch verschiedener methodischer Verfahren unter Bedingungen der Kooperation und Partizipation" (Miller 2011, S. 249). Nicht nur die Integration der verschiedenen Wissenschaftsperspektiven, sondern auch verschiedener Wissensarten sollen zusammen geführt werden. „Damit verabschiedet sich der transdisziplinäre Zugang von der Expertokratie. Man sucht ‚Trittsicherheit' durch den Einbezug verschiedener Wissensebenen, die sich ergänzen und gegenseitig vertiefen. Überführt in die Terminologie der Sozialen Arbeit geht es um die Integration von wissenschaftlichem Wissen, beruflichem Erfahrungswissen und Betroffenenwissen." (ebenda)

Es lässt sich damit sagen, dass das Proprium Sozialer Arbeit, ihr Eigensinn, in der Multiperspektivität besteht, im Gegensatz zu den Monoperspektiven benachbarter Professionen. Die von ihr zu leistende Analyse und Bearbeitung von Inklusionsbedarfen und Exklusionsproblemen, die sich Individuen im Zuge ihrer Lebensbewältigungsaufgaben stellen, verlangt einen Ansatz, der keiner Einzelperspektive eine spezifische Präferenz einräumt. „Der Entscheid für deren Berücksichtigung hängt vom Ausgangsproblem ab", so Staub-Bernasconi (2009, S. 137).

Multiperspektivität der Sozialen Arbeit ist hierbei eine Antwort auf die Multifaktorialität der Probleme, die zu ihrem Gegenstandsbereich werden. Ihr Gegenstand ist der Mensch, nicht allein als handelndes Individuum unter dem Gesichtspunkt seines biologischen Seins, mit entsprechenden Bedürfnissen, Fähig- und Fertigkeiten, auch nicht nur unter dem zusätzlichen Gesichtspunkt seiner Gefühle, Motivationen und Denkprozesse, somit also auf der Mikroebene des Individuums. Vielmehr ist ihr Gegenstand ein so ausgestatteter und geprägter Akteur, der handelnd sein Leben zu bewältigen sucht und hierbei verwoben ist in ein soziales Gefüge seiner Lebenswelt und Lebenslage: seiner Hintergrundüberzeugungen, Normen- und Wertemuster, sozialer Zugehörigkeiten und Kompetenzen sowie dessen, was man als Ressourcen beschreiben kann, die als Ermöglichung in bestimmtem Maße zur Verfügung stehen bzw. als Beschränkung wirksam werden: sozialstrukturelle Ausstattungen und zur Verfügung stehende Infrastruktur (vgl. Kap. 4). Ihr Gegenstand ist also eine „Person in Environment", die verstanden werden muss als Instanz mit einem „Ich" und dessen sozialen Bedingungsgefüge: das „Ich" ist ein „Ich und seine Lebensumstände" (vgl. Mührel 2008, S. 72 ff). Soziale Arbeit bezieht sich nicht nur auf das zweite Ich, das psychische und körperliche Individuum, auch nicht nur auf dessen Lebensumstände, die sozialstrukturellen Rahmenbedingungen eines konkreten Akteurs. Ihr Gegenstand ist vielmehr das „Ich", eine „Einheit der dramatischen Dynamik zwischen den beiden Elementen, des zweiten inneren Ich und der Lebensumstände" die als Selbstgestaltung innerhalb der Lebensumstände in der Lebensweise zum Ausdruck kommt (Mührel 2008, S. 76). Ihr wissenschaftlicher und professioneller Handlungsansatz an der Schnittstelle zwischen Individuum und Gesellschaft und ihr intervenierender Bezugspunkt, sowohl beim Sozialverhalten als auch bei Sozialverhältnissen zwingt sie zur Einbeziehung all jener Perspektiven, die den Zwecken der Problemanalyse und der Problembearbeitung dienlich sind.

Die Weise des Einbezugs, bzw. der Zusammenführung und logischen Integration, der verschiedenen Perspektiven ins „Eigene" der Sozialen Arbeit ist nicht geklärt und Gegenstand metatheoretischer Diskurse. Gleichwohl scheint klar, dass der Integrationsvorgang eine Methode der Integration von Wissen sein muss, „die sich auf eine Reihe von Metatheorien stützt. Da es sich bei den hier angesprochenen Verknüpfungsproblemen nicht zuletzt um solche der Verknüpfung verschiedener Arten von Wissen handelt, sind die dabei angesprochenen Probleme nicht mehr objekttheoretischer und methodischer, sondern ... philosophischer Natur" (Obrecht 2003, S. 212). Die Arbeit hieran findet derzeit auf verschiedenen Ebenen statt. Zudem wird Integration alltäglich in Profession und Disziplin vollzogen, noch bevor dieser Vorgang einer letzten wissenschaftstheoretischen Klärung zugeführt werden kann.

Getrennt für die Ebenen Wissenschaft, Profession und Lehre soll diese Multiperspektivität und die damit verbundene Integrationsarbeit nun skizziert werden.

2.2.1 Soziale Arbeit als multiperspektivische Handlungswissenschaft

Als eigenständige Handlungswissenschaft ist Soziale Arbeit nicht nur durch die Hochschulrektorenkonferenz und Kultusministerkonferenz anerkannt, sondern mit ihrem Gegenstandsbereich innerhalb der Menschenwissenschaften unangefochten. Beide Stränge der Sozialen Arbeit, die Sozialpädagogik und die Sozialarbeit, konvergieren im Hinblick auf ihren Gegenstand und damit auf ihre zentrale Zuständigkeit. Dieser Gegenstand ist das, „was den Menschen ausmacht", das „zentrale Anthropikum des Menschen: sein Handeln!" (Birgmeier und Mührel 2011, S. 54). Die Zuständigkeit bezieht sich auf die multiperspektivisch-transdisziplinäre Bearbeitung von Inklusionsbedarfen und Exklusionsgefahren, die das Handeln von Menschen bestimmen (vgl. zum Handlungsbegriff Kap. 5). Sie bearbeitet damit einen Ausschnitt gesellschaftlicher Praxis, den ihr keine Disziplin streitig macht, da die erwähnten Bezugswissenschaften jeweils andere Teilbereiche unter ihrem spezifischen Blickwinkel untersuchen. Wenn man Wissenschaft als eine Praxis versteht, die Aussagensysteme logisch abgleicht sowie empirischer Überprüfung unterzieht, dann ist die Wissenschaft der Sozialen Arbeit damit befasst, konsistente Aussagen über ihren Gegenstandsbereich hervorzubringen. „Als Handlungswissenschaft bearbeitet sie jenen Ausschnitt gesellschaftlicher Wirklichkeit, der mit ihrer Berufspraxis korrespondiert. Dafür muss sie unterschiedliche Typen von Wissen bereitstellen: ‚Faktenwissen', darauf gestützte ‚Theorien' und daraus gewonnenes ‚Interventionswissen'..." (Mühlum 2009, S. 90). Zudem muss sie ihre eigene Perspektive und das erzeugte Wissen benennen und kommunizieren. Engelke u. a. listen die sich hieraus ergebenden Aufgaben folgendermaßen auf: „Die Bewertung konkreter sozialer Zustände (Bedingungen, Strukturen, Lagen, Prozesse und Situationen) von einzelnen Menschen und Menschengruppen nach den ethischen Prinzipien der Menschenwürde und Menschenrechte. Die sozialpolitische Erforschung konkreter sozialer, als sozial problematisch definierter Zustände (Bedingungen, Strukturen, Lagen, Prozesse oder Situationen), von einzelnen

Menschen und Menschengruppen. Die wissenschaftliche Erklärung dieser sozialen Zustände (Bedingungen, Strukturen, Lagen, Prozesse oder Situationen), ihres Zustandekommens und Weiterbesehens. Die Entwicklung von Theorien, Modellen und professionellen Handlungsmethoden zum Verhindern und Bewältigen sozialer Probleme. Die Reflexion des gesellschaftlichen Standortes und der gesellschaftlichen Funktion Sozialer Arbeit. Die Überprüfung der Interventionen der Sozialen Arbeit mit wissenschaftlichen Methoden." (Engelke et al. 2009, S. 271 f).

Da diese Aufgabe nicht unter Bezug auf eine einzige wissenschaftliche Disziplin zu leisten ist, müssen die Wissenschaftlerinnen und Wissenschaftler der Sozialen Arbeit notwendigerweise multiperspektivisch agieren. Die „International Federation of Social Work" beschrieb diesen Punkt in ihrer bis 2014 geltenden Definition folgendermaßen: „Social work bases its methodology on a systematic body of evidence-based knowledge specific to its context. It recognises the complexity of interactions between human beings and their environment, and the capacity of people both to be affected by and to alter the multiple influences upon them including theories of human development and behaviour and social system to analyse complex situations and to facilitate individual, organisational, social and cultural changes" (ifsw 2013).[1]

Ungeklärt ist jedoch die Frage, wie eine Integration der durchaus auch disparaten Wissensbestände erfolgen kann. Denn es mangelt sowohl an einem gemeinsamen Referenzrahmen, wie es die ähnlich beauftragten Ingenieurwissenschaften in der Mathematik vorfinden, über die ihnen die Integration der Erkenntnisse der verschiedenen Naturwissenschaften ins Eigene einer angewandten Wissenschaft gelingt. Zudem sind auch die Bezugswissenschaften nicht konsistent, in sich widersprüchlich, schul- und paradigmenbehaftet und auf der Basis sich ausschließender wissenschaftstheoretischer Prämissen agierend. Die additiv pragmatische Integration einzelner Bestandteile des vorliegenden Wissenskorpus in den Erkenntnisrahmen angewandter Wissenschaft ist daher nahe liegend. Sie ist zugleich aber unbefriedigend, da sie die Unexaktheit der Bezugswissenschaften in ihren Bereich

---

[1] Die konstruktivistisch argumentierenden Teile der Disziplin wie z. B. Heiko Kleve schlagen an dieser Stelle vor, auf die Festlegung irgendeines weitergehenden Gegenstandes zu verzichten und Soziale Arbeit als Koordinationswissenschaft zu verstehen. „Eine inhaltliche Zielsetzung für die Prozesse der Moderation und Koordination und damit ein Formalobjekt für die Sozialarbeitswissenschaft gibt es nicht. Sozialarbeitswissenschaft bleibt unparteiisch, sie bringt die Standpunkte anderer Disziplinen nur zu Gehör" (Kleve 2000, S. 152 ff). Siehe auch zur systemtheoretischen Kritik einer Sozialen Arbeit als eigenständigem Profession und Disziplin (Bommes und Scherr 2000). Diesen Schritt einer gänzlichen Verflüssigung der Sozialen Arbeit als Moderatorin einer interprofessionellen Erörterung sozialer Probleme halte ich aber weder für wünschenswert, noch theoretisch für zwingend oder empirisch erwartbar.

hinein verlängert, gewissermaßen potenziert und die Erkenntnisse abhängig bleiben von den theoretischen Vorlieben derer, die Integration leisten. Die Vorstellung, dieses Wissen nicht nur zu addieren, sondern zu einer eigenen Theoriebasis zu vereinen, entwickelt sich erst seit zwei Jahrzehnten. Gemeint ist hiermit ein wissenschaftlich (und ethisch) abgesichertes Sozialarbeitswissen, durch das sogar ein eigenes fachpolitisches Mandat zu begründen wäre.

Klar scheint aber zu sein, dass die Konzeptualisierung der Sozialen Arbeit als Wissen integrierende, und dabei auch Wissen generierende, Handlungswissenschaft, wie alle Handlungswissenschaften, ihren Ausgangspunkt bei der Praxis hat (Praxis Sozialer Arbeit). Diese benötigt Erklärungs- und Interventionswissen (Theorien der Sozialen Arbeit), mit denen eine Handlungslehre begründbar ist, zudem diesbezügliche, metatheoretische Selbstreflexionen (Metatheorie) und Verständigungen über Grundsätze der Erkenntnisgewinnung (Methodologie) (vgl. Mühlum 2009). Mühlum nennt es „summatives Wissenschaftskonzept", das sich derzeit und zunehmend durchsetzt (ebenda, 91). Er hält alles Wissen über den Gegenstandsbereich, das wissenschaftlichen Ansprüchen genügt, „zusammengenommen für den ‚Body of Knowledge' eines eigenen Forschungs- und Erkenntnisbereiches, der mit wissenschaftlichen Methoden weiterzuentwickeln ist. Dieses Verständnis setzt sich zunehmend durch, weil es nicht nur die Integration theoretischer Beiträge aus den Nachbardisziplinen, sondern auch des internationalen Social Work vereinfacht. Es scheint darüber hinaus der zu allen Zeiten beschworenen Ganzheitsbetrachtung der Sozialen Arbeit (Alice Salomon: Einheit der Person) am ehesten zu entsprechen, zumindest aber dem professionsspezifischen Doppelfokus von Person und Situation (Person in Environment) bzw. Sozialverhalten und Sozialverhältnissen" (ebenda).

2.2.2 Die multiperspektivische Lehre der Sozialen Arbeit

Die Überwindung wissenschaftlicher Eindimensionalität gehörte auch zum Selbstverständnis der Etablierung von Sozialer Arbeit als akademischem Hochschulstudiengang, angesiedelt an den neu errichteten Fachhochschulen zu Beginn der 70er Jahre. Sie wurde eben nicht als Sozialmedizin, oder angewandte Soziologie, Psychologie oder praktische Theologie etabliert, sondern als eigenständiges Fach. Allerdings sammelten sich an den entsprechenden Lehrinstituten Wissenschaftlerinnen und Wissenschaftler aus eben diesen verschiedenen Bereichen der Sozial- und Geisteswissenschaften, die sich auf Soziale Arbeit als Hilfepraxis bezogen, hierbei aber ihrer eigenen Disziplingrenzen stark verhaftet blieben. Die Curricula gerieten dadurch zu uneinheitlichen Wissenspools, zu einem Patchwork, stark abhängig von den Theoriemoden der jeweiligen Wissenschaften und den Vorlieben der jeweils Lehrenden, ohne Verbindung und systematische (wenn auch zufällig entstehende) Verknüpfung auf den Ebenen Handlungstheorie, Konzept und Methode. Soziale Arbeit entwickelte sich daher zu einem sozialwissenschaftlichen Studiengang für angehende Praktikerinnen und Praktiker, der eher zu Sozialkünstlern mit jeweiligen individuellen theoretisch-praktischen Vorlieben als zu wissensbasierten Sozialarchitekten ausbildete. Sozialarbeiterinnen und Sozialarbeiter sollten, wie Künstler, Talent haben, im Studium reflexionsfähig werden, sich durch studienintegrierte Praktika erproben und dabei lernen, aus einem großen Pool an Erfahrung und Theorieelementen das Soziale bearbeiten zu können. Ihnen als Studierenden und den Praktiker_innen oblag die Zusammenfügung der Theorieelemente nach Maßgabe ihrer Vorlieben, entstehenden Plausibilitäten und Praxiserfahrungen, die oftmals uneinheitlich und widersprüchlich waren.

Diese Lehre verändert sich in Richtung einer Verknüpfung der verschiedenen Perspektiven. Zum einen kristallisierte sich im Diskurs der sehr heterogenen und anwachsenden Scientific Community Sozialer Arbeit ein gemeinsames Fundament bzw. ein gemeinsamer Bezugspunkt heraus. Dieser Bezugspunkt sind generalisierbare Theorien der Sozialen Arbeit, Metatheorien und Methodologien. Diese sind nicht fertig gestellt, die Bestehenden sind weiterhin umstritten, aber sie sind als Themen prägnant vorhanden und wirkungsvolle Kristallisationspunkte der wissenschaftlichen Arbeit der Disziplin, mit dem Ergebnis der Erweiterung gemeinsam geteilten Wissens der Disziplin, über die traditionellen Grenzen der Bezugswissenschaften hinweg (vgl. Birgmeier und Mührel 2011; May 2009). Die aktuell Lehrenden sind Teil dieser Wissenschaftsgemeinschaft und deren Arbeitsergebnisse stehen der Lehre als Grundlagenwerke und Lehrbücher zur Verfügung und prägen das Selbstverständnis der neuen Generation.

Die im Zuge der Bolognareform entstandene Praxis der Akkreditierung von Studiengängen forcierte zudem die Selbstverständigung der Wissenschaft als angewandte, multiperspektivisch geprägte, Wissenschaft. Akkreditierungsprozesse und Qualifikationsrahmungen beförderten eine neuartige Verständigung darüber, worin die Qualifikation von Absolventinnen und Absolventen dieser Studiengänge bestehen soll und zwangen zu einer Überprüfung entsprechender Curricula. Dies beförderte an vielen Stellen auch die Aufweichung bisher starrer Fächergrenzen, vor dem Hintergrund einer neuartigen Kompetenzorientierung. Der zeitgleich beförderte Ausbau des Forschungssektors an den Fachbereichen der Sozialen Arbeit und die sich verstärkende Selbstrekrutierung des wissenschaftlichen Nachwuchses, zunehmend auch ohne den Umweg über eine Bezugswissenschaft, verändern auch das wissenschaftliche Selbstverständnis in den Kollegien. Soziale Arbeit wird

in stärkerem Maße zum Referenzpunkt einer multiperspektivisch agierenden Forschung und Lehre.

In der praktischen Sozialen Arbeit muss in vielen Bereichen in einer anderen
Form als früher dargelegt und gerechtfertig werden können, inwiefern die Leistungen der Fachkräfte Sozialer Arbeit angemessen und wirkungsvoll sind. Dieser
Nachweis erfolgte früher über eine personengebundene Qualitätssicherung und
die plausible Niederschrift von Handlungsplänen als Konzepte. Die Leistung galt
als qualifiziert, weil sie von einer korrekten Fachperson ausgeführt wird, die ihre
Vorhaben sinnvoll begründete. Inzwischen kann die Soziale Arbeit aber die angemessene Qualität ihrer Arbeit nicht mehr mit Verweis auf den Ausbildungsgrad
der Fachkräfte ausweisen, sondern hat die angemessene Qualität der Arbeit durch
entsprechende Überprüfungen der konkreten Leistungserbringung nachzuweisen,
also über Verfahren. Und sie hat in ihren Konzepten in zunehmendem Maße fachwissenschaftliche Begründungen für die Angemessenheit von Handlungsplänen
zu liefern. Die zunehmende Rechtfertigungsfähigkeit wird zur Herausforderung
für die akademischen Ausbildungsgänge, auf ein fachliches Profil abzuzielen, das
durch das Studium begründungsfähig wird, im Hinblick auf eine sozialarbeitsspe-
zifische Beurteilung und Rechtfertigung sozialpädagogischer Maßnahmen (vgl.
Haller und Sommerfeld 2003). Dieses Profil kann nur aus einer Integration der
verschiedenen Wissenschaftsperspektiven entstehen.

Wir erleben daher die Etablierung und Vertiefung von Sozialer Arbeit als Wissenschaft, deren Proprium die Multiperspektivität ist, ohne dass hiermit prognos-
tische Aussagen darüber verbunden werden könnte, ob dies als Sozialarbeitswissenschaft, als Wissenschaften der Sozialen Arbeit oder als Wissenschaft Sozialer
Arbeit erfolgen wird. Und diese Etablierung erfolgt durch die alltäglichen Vollzüge
der Wissenschaft, der Lehre und der Praxis. Soziale Arbeit vertieft ihre Verwurze-
lung im „Park der Wissenschaften" ganz praktisch, neben den anderen alten und
neuen Wissenschaften, die dort blühen (und welken). Wir erleben einen Übergang
von der Addition verschiedener Wissenschaftsperspektiven und der Interdisziplinarität zur Transdisziplinarität auf den Ebenen der operativen Handlungstheorien,
Konzepte und Methoden, sowie auf der Ebene der Lehre und der Forschung.

2.2.3 Soziale Arbeit als multiperspektivische Profession

Entsprechend dem bereits erwähnten international durchgesetzten Verständnis ist
Soziale Arbeit als eine Instanz zu verstehen, die als Profession für die Erreichung
formulierter Ziele in soziale Zusammenhänge handelnd interveniert und sich hierfür auf theoretisch-wissenschaftliches Wissen stützt, um menschliches Verhalten

und soziale Systeme zu verstehen. In Anlehnung an Ausarbeitungen von Hiltrud von Spiegel lässt sich diese Aufgabe von professionellen Fachkräften vor diesem Hintergrund sechsfach unterscheiden (vgl. von Spiegel 2006, S. 59 ff). a) Professionelle Fachkräfte der Sozialen Arbeit müssen sich Ursache und Charakter psychosozialer Realitäten, im Lichte vorhandener Theorien und unter Einsatz von Methoden erschließen können, die Gegenstände sozialpädagogischer Bearbeitung werden. Hier geht es um multiperspektivisch realisierte soziale Diagnostik oder Fallverstehen im Sinne der Fähigkeit einer unterscheidenden Beurteilung dessen, was „der Fall" ist, vor dem Hintergrund verschiedener Hilfemöglichkeiten. b) Sie müssen im Hinblick auf erkannte Gestaltungsmöglichkeiten und Handlungs-spielräume methodisch abgesichert zu handeln in der Lage sein. Dies meint die angemessene Reaktion auf das Verstandene, die wissensbasiert und methodisch gesichert geschehen muss. c) Sie müssen sodann professionelle soziale Arbeits-prozesse auch im Hinblick auf deren Organisationsform, institutionelle Struktur und Steuerung verantwortlich planen und gestalten können, sowie d) ihr sozial-arbeiterisches Handeln reflektieren und evaluieren können, also rechenschafts-fähig werden im Hinblick auf Wirkung, Wirkungsweise und Wirksamkeit ihres Handelns. e) Schließlich müssen professionelle Fachkräfte der Sozialen Arbeit die Ausrichtung ihres fachlichen Handelns ethisch begründen können, weil sie so wi-derstandsfähiger werden gegen die jeweiligen tagespolitischen Vorgaben und ihre Begründungsmacht, im Zuge der Bemühungen um Selbstmandatierungen, wächst. Schließlich müssen sie, f) im Sinne einer kritischen Theorie und Praxis, ihr eigenes professionelles Handeln in seiner sozialpolitischen Funktionalität reflektieren kön-nen. Hierzu gehören die gesellschaftskritische (Selbst-)Reflexion des „Sozialen im Unsozialen" bzw. „des richtigen Lebens im Falschen" und die damit verbundene Wahrnehmung von Macht- und Interessenkonstellationen, die das eigene professi-onelle Handeln prägen (vgl. hierzu Müller-Doohm 2005).

Die Erfüllung dieser Aufgaben verlangt wissenschaftliches Wissen und Hand-lungsansätze, in die die verschiedenen Perspektiven der Bezugswissenschaften integriert werden. Professionelle können die Ursachen individueller Exklusions-befürchtungen und Inklusionswünsche und den Charakter der sozialen Zusammen-hänge, auf die sich professionelle Interventionen zu beziehen haben, nur unter Zu-sammenführung verschiedener Erkenntnisperspektiven verstehen, einschließlich der jeweils aktuellen Adressateninnenperspektive und des eigenen Erfahrungs-wissens. Multiperspektivität kennzeichnet somit die Handlungsorientierung einer wissenschaftlich gegründeten Sozialen Arbeit, die ihren Adressatinnen und Adres-saten gerecht werden will. Allein die von ihr vollzogene systematische Integration der verschiedenen Wissensbestände, sowie der Einbezug auch noch der Subjekt-perspektive ihrer Adressatinnen und Adressaten, ermöglicht es, expertokratische

Vordefinitionen von Problemen zu vermeiden und sich nicht auf die Grenzen je-
weiliger Leitdisziplinen oder Theoriemoden zu beschränken.[2]

2.3 Subjekt- und Lebensweltorientierung als Proprium

Subjektorientierung ist weitgehender Konsens in der Sozialen Arbeit bzw. ein fest
verankertes ethisches Prinzip und damit ein Kristallisationspunkt ihrer Theoriebildung (vgl. Winkler 1988). Über alle Grenzen der theoretischen Begründungen und
sich hieraus ergebenden Handlungskonzepte und Methoden hinweg wird Soziale
Arbeit als eine Praxis konzeptioniert, die ihre Adressatinnen als eigensinnige
Individuen mit ihren Interessen, Bedürfnissen und Haltungen respektieren soll. Im
Gegensatz zu einer Objektorientierung und einer hiermit verbundenen Reduzierung der Adressatinnen Sozialer Arbeit auf den Status von Empfängerinnen von
Expertise und Behandlung soll das jeweils konkrete Subjekt mit seiner Eigenart
zentraler Bezugspunkt der Hilfen werden und Einfluss haben auf deren Ausgestaltung. Soziale Arbeit habe die Subjektivität des Anderen zu achten und zudem für
die Verwirklichung dieser Subjektivität zu sorgen, wo sie behindert ist, so Michael
Winkler in seiner Theorie der Sozialpädagogik (vgl. Winkler 1988, S. 90). Diese
Verwirklichung, so zeigt Axel Honneth auf, ist von Institutionen der Anerkennung
abhängig. Der Mensch bedarf der Förderung seiner Zwecke durch die auch institutionalisierten Zwecke der Anderen (Honneth 2011, S. 86 f).[3] Dem entsprechend
orientiert sich Soziale Arbeit auf diese Bedingungen der Möglichkeit gelingender
Subjektivität.

  Dies tangiert auch den vielfach analysierten Widerspruch zwischen den professionellen Mandaten „Hilfe" und „Kontrolle", der die wissenschaftliche und professionelle Selbstreflexion seit Beginn der 70er Jahre prägte. Subjektorientierte
Pädagogik wird weitgehend verstanden als Gestaltung von Hilfearrangements, die

---

[2] Die Forderung des Zugangs der Absolventinnen und Absolventen der Studiengänge Sozialer Arbeit zur Kinder- und Jugendpsychotherapieausbildung und zu einer Approbation hat
hierin ihre zentrale Begründung (vgl. Blume und Nauerth 2012).

[3] Die menschliche Verwirklichung ist gebunden daran, dass sie „im Rahmen institutioneller
Praktiken auf ein Gegenüber trifft, mit dem es ein Verhältnis wechselseitiger Anerkennung
deswegen verbindet, weil es in dessen Zielen eine Bedingung der Verwirklichung seiner
eigenen Ziele erblicken kann. In der Formel vom „Bei-sich-selbst-Sein im Anderen" ist also
eine Bezugnahme auf soziale Institutionen insofern immer schon mitgedacht, als nur einge-
spielte, verstehende Praktiken die Gewähr dafür bieten, dass die beteiligten Subjekte sich
wechselseitig als Andere ihrer Selbst anerkennen können; und nur eine solche Form von
Anerkennung ist es, die es dem einzelnen ermöglicht, seine reflexiv gewonnenen Ziele überhaupt umzusetzen und verwirklichen zu können" (Honneth 2011, S. 86 f).

gesellschaftliche Fremdbestimmungsambitionen potentiell abzuschirmen vermögen, im Interesse der Entfaltung wahrer Subjektivität innerhalb arrangierter Freiräume. Winkler betont hier die Bedeutung pädagogischer Orte (vgl. Winkler 1988, S. 258), Helmut Richter den Charakter lebensweltlicher Diskurse jenseits der Imperative des Systems (Richter 1998) und auch Timm Kunstreichs Entfaltung des Dialogs als sozialpädagogischem Handlungsprinzip sowie seine Überlegungen zur „Produzenten-Sozialpolitik" enthalten diese Vorstellung (z. B. Kunstreich 1996). Fabian Kessl versucht hingegen mit Foucault zu begründen, dass „Subjektivierungsweisen immer eine Ambivalenz von Unterwerfung und Subjektwerden beschreiben" und Herrschaftsstrukturen beinhalten, die auch an jenen pädagogischen Orten wirken, die auf das Subjekt hin orientiert sind (Kessl 2005, S. 63).

Lebensweltorientierung kann als exponiertester Ansatz verstanden werden, der „unterschiedliche, in Praxis und Theorie vorfindbare Tendenzen einer gesellschaftlich aufgeklärten Subjektorientierung konzeptionell bündelt" (Galuske 2002, S. 298) und zudem den Anspruch erhebt, dass in einer entsprechend ausgerichteten Sozialen Arbeit sich hilfsbedürftige Menschen „als Subjekte ihrer Verhältnisse erfahren können" (Thiersch und Grundwald 2002, S. 172). Er ist für große Teile der modernen Sozialen Arbeit zum zentralen Begriff geworden, der auch professionsidentitätsstiftenden Charakter über die alten Grenzen von Sozialpädagogik und Sozialarbeit hinweg hat. Auch wenn Hans Thiersch darauf Wert legt, dass „Lebensweltorientierung neben der Gesellschaftstheorie, der Theorie von Biographie und sozialen Problemen, der Theorie von Institutionen nur ein Aspekt einer sozialpädagogischen Theorie" (Thiersch 1993, S. 12) ist, so gilt sie spätestens mit dem Achten Jugendbericht der Bundesregierung (vgl. BMJFFG 1990) als ein grundlegendes Prinzip zunächst der Jugendhilfe und im Laufe der folgenden Jahre auch der Sozialen Arbeit insgesamt. Friedhelm Vahsen spricht 1992 von einem Paradigmenwechsel, der diesen Begriff zum zentralen Kristallisationspunkt ihrer Theorie und Praxis werden ließ (Vahsen 1992, vgl. Thiersch 1992b, vgl. Rauschenbach 1993). Lebensweltorientierung ist damit zu einem profilbildenden Proprium der Sozialen Arbeit geworden. „Nicht nur, dass Thiersch mit dem Alltag bzw. der Lebenswelt einen begrifflichen Fokus gefunden hat, der die Spezifika sozialpädagogischer Professionalität in Abgrenzung zu anderen ‚helfenden' Professionen auf einen Nenner bringt. Darüber hinaus stellt er mit dem Alltags- bzw. Lebensweltbegriff eine gesellschafts- wie handlungstheoretisch anschlussfähige Kategorie zur Verfügung" (Galuske 2002, S. 302).

Dieser subjektorientierte Paradigmenwechsel, wie er sich im Programm der Lebensweltorientierung zeigt, bezieht seinen zentralen Impuls von der Erkenntnis der Gefahren und unbeabsichtigten Nebenwirkungen einer zunehmenden Verrechtlichung und Vergesellschaftung menschlichen Lebens und zielt auf die Stärkung erfahrener Lebensräume und sozialer Bezüge und den in ihnen liegenden Möglichkeiten und Ressourcen. Thiersch schreibt dazu: „Lebensweltorientierte Soziale Arbeit ist das Produkt der zunehmenden Vergesellschaftung des Lebens. Lebensweltorientierung der Sozialen Arbeit nutzt ihre spezifischen Möglichkeiten eines institutionellen, professionellen und rechtlich abgesicherten Agierens, um Menschen in ihrer Lebenswelt zur Selbsthilfe, also zur Selbständigkeit in ihren Verhältnissen zu verhelfen" (Thiersch 1992a, S. 17). Die autonome Zuständigkeit aller Menschen für ihren je eigenen Alltag, unabhängig von externen Perspektiven, ist hierbei von großer Bedeutung. Es geht, um die Realisierung der Selbstverwirklichung der Menschen entsprechend ihrer eigenen Vorstellungen von gutem Leben und allgemeinen Vorstellungen von sozialer Gerechtigkeit.

Daraus folgt, auf der Ebene von sozialpädagogischen Konzepten, eine konsequente Orientierung an den Adressatinnen und Adressaten sozialer Arbeit mit ihren spezifischen Selbstdeutungen und individuellen Handlungsmustern, sowie den sich daraus ergebenden Optionen und Schwierigkeiten. Sie steht im Gegensatz zu paternalistisch-autoritären Fürsorgekonzepten, die ihre Funktionsbestimmung in der Herstellung von Anpassung und der Sicherung von Ordnung fanden. Vielmehr richtet sie „ihre Unterstützung, in Bezug auf Zeit, Raum, soziale Bezüge und pragmatische Erledigung, an den hilfsbedürftigen Menschen so aus, dass diese sich dennoch als Subjekte ihrer Verhältnisse erfahren können" (Thiersch et al. 2002, S. 172). „Das Insistieren auf der Eigensinnigkeit lebensweltlicher Erfahrung der AdressatInnen ist Versuch und Instrument der Gegenwehr zu den normalisierenden, disziplinierenden, stigmatisierenden und pathologisierenden Erwartungen, die die gesellschaftliche Funktion der Sozialen Arbeit seit je zu dominieren drohen" (Thiersch 1993, S. 13).

2.3.1 Theoretischer Exkurs: zur Konzeptionierung des Lebensweltbegriffes

Die theoretischen Grundlagen dieser Lebensweltorientierung sind verschiedene Wissenschaftskonzepte, in denen Lebenswelt als Denk- und Handlungskonzept entfaltet wird, allerdings auf jeweils unterschiedliche Art. Bedeutsam sind die hermeneutisch pragmatische Tradition der (geisteswissenschaftlichen) Pädagogik (Dilthey 1954; Nohl 1949) und ihre Weiterentwicklung zur kritischen Pädagogik (Mollenhauer 1964). Ausgangspunkt bei ihnen sind die Alltäglichkeit und die Eigenwelten der Menschen, sowie der in ihnen enthaltene Sinn. Im Zentrum steht die vorfindbare Lebenswirklichkeit in ihren historischen, sozialen und kulturellen Dimensionen, sowie im Zusammenspiel von Normen, Fakten, Erleben, Ausdruck.

Dieser Ansatz gelangt sodann zu Strukturmustern pädagogischen Handelns, Zielbestimmungen im Horizont sozialer Gerechtigkeit und Lerninteressen, kategoriale Gefüge von Lernräumen und pädagogischen Interaktionsmustern (vgl. Grundwald 2001, S. 107 f).

Als weiteres Wissenschaftskonzept grundlegend ist zudem die Phänomenologie, bei der es um die Rekonstruktion von Wirklichkeitsverständnissen und Handlungsmustern geht (Husserl 1962; Schütz 1974; Berger und Luckmann 1969). Edmund Husserl beschreibt Lebenswelt als die Welt der reinen Erfahrung, den Letzthorizont und Boden aller höherstufigen Sonderwelten, die ständig vorgegebene und im Voraus seiend geltende Welt, die in unserem konkreten praktischen Bewusstsein ständig als wirklich angenommen wird. Er gibt der Lebenswelt vier Attribute: zum ersten ist sie anschaubar bzw. wahrnehmbar, zum zweiten ist sie das Sinnesfundament für alle Wissenschaften, drittens gibt es verschiedene Lebenswelten, die subjektiv relativ sind und viertes ist die Lebenswelt eine Wesensstruktur für die Wahrnehmungswelt. Sie entsteht als Wirklichkeitsmuster und subjektive Konstruktion der Welt durch menschliches Handeln, sowie die Verarbeitung hier gemachter Erfahrungen und prägt die menschliche Weltwahrnehmung. Husserl schreibt: „Der Wahrnehmungsgegenstand ist, phänomenologisch betrachtet, nicht ein reelles Stück im Wahrnehmen und dessen dahinströmenden synthetisch sich einigenden Perspektiven und sonstigen Erscheinungsmannigfaltigkeiten. Zwei Erscheinungen, die sich mir vermöge einer Synthesis geben als Erscheinungen von demselben, sind reell getrennt, haben als getrennte reell kein Datum gemein, sie haben höchstens ähnliche und gleiche Momente. Dasselbe gesehene Hexaeder ist intentional dasselbe; das, was sich als Räumlich-Reales gibt, ist im mannigfaltigen Wahrnehmen ein Idealidentisches, Identisches der Intention, den Bewußtseinsweisen den Ich-Akten immanent, nicht als reelles Datum, sondern als gegenständlicher Sinn" (Husserl 1929). Diese Position bringt Husserl, in kritischer Absicht, in die erkenntnistheoretischen Auseinandersetzungen der Wissenschaft seiner Zeit ein. Er untersucht die Strukturen der Lebenswelt und versucht Wissenschaft von diesen her zu begründen. Mit seiner Methode der „phänomenologischen Reduktion" will er durch die subjektiven Anteile einer Wahrnehmung hindurch den Wesensgehalt der Phänomene erfassen und somit „einen klaren Schnitt... legen zwischen der in natürlicher Einstellung gegebenen Welt des Seienden und der Sphäre des reinen, konstituierenden Bewusstseins, das dem Seienden erst seinen Sinn verleiht" (Habermas 1988, S. 165). Diese transzendentale bzw. intuitive (Habermas) Vernunfterkenntnis begrenzte allerdings die Fruchtbarmachung seines Ansatzes für sozialwissenschaftliche Fragestellungen und die Klärung dessen, was unter „Lebenswelt" zu verstehen sei. Die phänomenologische Soziologie bemühte sich sodann darum, Husserl zu soziologisieren, in dem sie den Zusammenhang zwischen

Alltagsbewusstsein und gesellschaftliche Realität untersuchte. Peter Berger und Thomas Luckmann schreiben, dass das Lebenswerk von Alfred Schütz' „als ein Versuch der Ausführung des von Husserl aufgestellten Programms bezeichnet werden" (Berger und Luckmann 1980, S. 22) kann, und zwar in dem Sinne, „dass doch diese Lebenswelt in allen ihren Relativitäten ihre allgemeine Struktur hat. Diese allgemeine Struktur, an die alles relativ Seiende gebunden ist, ist nicht selbst relativ. Wir können sie in ihrer Allgemeinheit beachten und mit entsprechender Vorsicht ein für allemal und für jedermann gleich zugänglich feststellen" (Schütz, zitiert nach: ebenda, S. 22). Lebenswelt ist in diesem Konzept somit zu benennen als das, was „der wache und normale Erwachsene in der Einstellung des gesunden Menschenverstandes als schlicht gegeben vorfindet" (Schütz und Luckmann 1991, S. 25). Der Mensch, so Schütz, erfährt seine Welt im Handeln und Lebenswelt konstituiert sich in der Auseinandersetzung mit der Umwelt. Schütz geht hierbei von der These aus, dass nur das wirklich real für den Menschen ist, was zu ihm in Beziehung steht und für ihn von Interesse ist. Dabei bewegt er sich in verschiedenen Realitätsbereichen mit unterschiedlicher Bewusstseinsspannung, bzw. in geschlossenen Sinngebieten mit entsprechenden Erlebnis- und Erkenntnisstilen. Die Struktur dieser Lebenswelten lässt sich räumlich, zeitlich und sozial geschichtet typisiert beschreiben, entsprechend ihrer Wissensbestände sowie ihrer subjektiven Relevanzsysteme, durch die gesellschaftliche Interaktion und Kooperation der lebensweltlich Vereinzelten doch möglich wird (vgl. Kraus 2006, S. 5; auch Kraus 2014). Die wissenssoziologischen Arbeiten von Thomas Luckmann und auch Peter Berger schließen sodann hier an und bemühen sich um die Fortsetzung des unabgeschlossenen Forschungsprogramms von Alfred Schütz. (vgl. Berger und Luckmann 1980). Kennzeichnend für diesen so entfalteten Lebensweltbegriff ist dessen subjektive Perspektive, Lebenswelt somit als die fraglos gegebene, subjektive Wirklichkeit eines Menschen.

Zu erwähnen sind hier sodann auch noch die kritischen Lebenswelt- bzw. Alltagstheorien, die betonten, dass Alltag als Schnittstelle zwischen objektiven Strukturen und subjektiven Wahrnehmungs- und Bewältigungsmustern verstanden werden muss (z. B. Bourdieu 1979; Negt und Kluge 1978, 1981). Er enthält, so Michael May, neben der Erscheinung auch das Wesen, mit der Lähmung auch die Praxis, mit dem Gegebenen auch das Mögliche. Daraus lässt sich ein grundsätzlicher Respekt vor dem vorfindbaren Alltag begründen und gleichzeitig die Notwendigkeit, diesen im Namen der Ansprüche sozialer Gerechtigkeit und Humanität ggf. zu destruieren (vgl. May 2009, S. 42 ff).

Jürgen Habermas übernimmt drei wesentliche Charakteristika des Lebensweltkonzeptes von Schütz: Er versteht Lebenswelt ebenfalls als Realität, die den erlebenden Subjekten fraglos gegeben ist, so dass sie gar nicht problematisiert werden,

sondern allenfalls zusammenbrechen kann. Ihre Gemeinsamkeit liegt jedem möglichen Dissens voraus, sie kann nicht in intersubjektiv geteiltem Wissen kontrovers
werden, sondern höchstens zerfallen. Die Grenzen der Lebenswelt sind zudem
unüberschreitbar, auch in wechselnden Situationen. Sie bilden einen grundsätzlich unerschöpflichen Kontext (vgl. Habermas 1981 II, S. 198–202). Habermas
kritisiert aber die phänomenologischen Auffassungen von Lebenswelt aus einer
kommunikationstheoretischen Position. Die Analyse von Schütz′ setzte bei den
Kategorien des subjektiven Erlebens an, bei subjektiven Bewusstseinsstrukturen.
Habermas ersetzt diese subjektive Perspektive nun durch die Teilnehmerperspek-
tive. Er verweist auf eine immanente und allgemeine Rationalität der Lebenswelt-
strukturen, ein sprachliches Regelungswissen als universelle Gattungskompetenz
und als Erfahrungsapriori. Lebenswelt ist bei ihm eine durch kommunikatives
Handeln erfahrbare Wirklichkeit, ein von Akteuren bewohnter Kommunikationsraum der symbolischen Reproduktion (Privatsphäre und Öffentlichkeit). Diese
wird durch die moderne Gesellschaft ausdifferenziert, genauso wie ein grenzer-
haltendes System, verstanden als den Bereich der materiellen gesellschaftlichen
Reproduktion durch Arbeit (Wirtschaft und Politik). Diese doppelte Ausdifferenzierung von Lebenswelt und System beschreibt er als wesentliches Kennzeichen
der modernen Gesellschaft (vgl. Habermas 1981 I, S. 533). Beiden Bereichen
ordnet Habermas bestimmte Handlungstypen zu; dem Bereich des Systems die
strategisch bzw. zweckorientierten Typen: „teleologisches Handeln", „normatives
Handeln" und „dramaturgisches Handeln", der Lebenswelt den Typus „kommunikatives Handeln" (vgl. Habermas 1981 I, S. 126 ff). Das kommunikative Handeln
stellt eine gerichtete Suchbewegung dar, die auf Verständigung zielt, angetrieben
durch die Geltungsansprüche Wahrheit, Richtigkeit, Wahrhaftigkeit, Verständlich-
keit (vgl. Habermas 1981 I, S. 196 ff).

Die Lebenswelt selbst ist eine kommunikativ und intersubjektiv erzeugte Rea-
lität (was Habermas über Mead begründet) (vgl. Habermas 1981 II, S. 208). Ihre
Bestandteile sind jene symbolischen Gegenstände, die Menschen hervorbringen,
indem sie sprechen und handeln: „angefangen von den unmittelbaren Äußerungen
(Sprechhandlungen, Zwecktätigkeiten, Kooperationen) über die Sedimente dieser
Äußerungen (wie Texte, Überlieferungen, Dokumente, Kunstwerke, Theorien,
Gegenstände der materiellen Kultur, Güter, Techniken usw.) bis zu den indirekt
hervorgebrachten, organisationsfähigen und sich selbst stabilisierenden Gebilden
(Institutionen, gesellschaftlichen Systemen und Persönlichkeitsstrukturen)" (Ha-
bermas 1981 I, S. 159). Durch kommunikatives Handeln werden die strukturel-
len Komponenten der Lebenswelt reproduziert, nämlich Kultur (durch Verstän-
digung), Gesellschaft (durch Handlungskoordinierung) und Persönlichkeit (durch
Sozialisation). Unter Kultur versteht Habermas den Wissensvorrat, aus dem sich
Kommunikationsteilnehmer mit Interpretationen versorgen; unter Gesellschaft

die legitimen Ordnungen, über die sie Zugehörigkeit und Solidarität regeln; unter Persönlichkeit jene Kompetenzen, die ein Subjekt sprach- und handlungsfähig machen: „Unter dem funktionalen Aspekt der Verständigung dient kommunikatives Handeln der Tradition und der Erneuerung kulturellen Wissens; unter
dem Aspekt der Handlungskoordinierung dient es der sozialen Integration und der
Herstellung von Solidarität; unter dem Aspekt der Sozialisation schließlich dient
kommunikatives Handeln der Ausbildung von personalen Identitäten. Die symbolischen Strukturen der Lebenswelt reproduzieren sich auf dem Wege der Konti-
nuierung von gültigem Wissen, der Stabilisierung von Gruppensolidarität und der
Heranbildung zurechnungsfähiger Aktoren" (Habermas 1981 II, S. 208 f). Diese
Lebenswelt wird damit zum „transzendentalen Ort" der Begegnung, der für Verständigung als solcher konstitutiv ist (Habermas 1981 II, S. 192). In ihrer Struktur
sind die Kommunikationsmöglichkeiten grundgelegt. „Indem sich Sprecher und
Hörer frontal miteinander über etwas in einer Welt verständigen, bewegen sie sich
innerhalb des Horizonts ihre gemeinsamen Lebenswelt; dies bleibt den Beteiligten
als intuitiv gewusster, unproblematischer und unzerlegbarer holistischer Hintergrund im Rücken. Die Sprechsituation ist der im Hinblick auf das jeweilige Thema
ausgegrenzte Ausschnitt aus einer Lebenswelt, die für die Verständigungsprozesse
sowohl einen Kontext bildet wie auch Ressourcen bereitstellt. Die Lebenswelt bildet einen Horizont und bietet zugleich einen Vorrat an kulturellen Selbstverständlichkeiten, dem die Kommunikationsteilnehmer bei ihren Interpretationsanstren-
gungen konsentierte Deutungsmuster entnehmen" (Habermas 1988, S. 348). Sie
„speichert die vorgetane Interpretationsarbeit vorangegangener Generationen; sie
ist das konservative Gegengewicht gegen das Dissensrisiko, das mit jedem aktuellen Verständigungsvorgang entsteht" (Habermas 1981 I, S. 107). Zudem ist die
Lebenswelt Ort einer allgemeinen Rationalität bzw. kommunikativen Vernunft, die
sich potentiell dominant verhält gegenüber systemischen Imperativen. Sie findet
„nicht einfach den Bestand eines Subjekts oder eines Systems vor, sondern hat Teil
an der Strukturierung dessen, was erhalten werden soll. Die utopische Perspektive
von Versöhnung und Freiheit ist in den Bedingungen einer kommunikativen Vergesellschaftung der Individuen angelegt, sie ist in den sprachlichen Reproduktions-
mechanismen der Gattung schon eingebaut" (Habermas 1981 I, S. 533).

2.3.2 Lebenswelt und Lebenslage

Die Subjektorientierung Sozialer Arbeit, geleitet durch den Begriff der Lebenswelt, thematisiert auch deren Lebensbedingungen. Der Begriff „Lebenslage" ist
in diesem Zusammenhang als Versuch einer begrifflichen Präzisierung des Be-
zugspunktes Sozialer Arbeit zu verstehen und konzeptionell in großer Nähe zum

Lebensweltbegriff seit den siebziger Jahren entwickelt worden. Mit ihm erfolgen verschiedene Kategorisierungen der Rahmenbedingungen individueller Lebensweisen, die sich durchaus mit anderen soziologischen Konzepten überschneiden (z. B. soziale Milieus, Hradil 1987; Lebensstile, Lüdtke 1989). Lothar Böhnischs Konzept von Lebenslage und Lebensbewältigung ist hier prominent, das allerdings nicht auf Typisierungen und Kategorienbildung abzielt. Ausgehend von einem Verständnis, wonach Soziale Arbeit eine Antwort der Gesellschaft auf „die Bewältigungstatsache" (Böhnisch 1999, S. 41) sei, bestimmt er die Aufgabe Sozialer Arbeit als „Unterstützung von Menschen in kritischen Problemkonstellationen zur Wiedererlangung ihrer psychosozialen Handlungsfähigkeit sowie sozialen Orientierung auf der einen Seite und zum Aufbau neuer sozialer Bezüge auf der anderen Seite" (May 2009, S. 54). Lebenslagen sind „Ausdruck dafür, wie sich Menschen individuell und gesellschaftlich gleichermaßen reproduzieren müssen, wie sie ihre Interessen gleichzeitig subjektiv entfalten können und objektiv vordefiniert erfahren" (Böhnisch 1982, S. 86). Lebenslage als Konzept verweist „auf die Lebensverhältnisse als Handlungsspielräume individueller Lebensgestaltung, bindet diese aber gleichzeitig an die allgemeinen sozialökonomischen Bedingungen der Vergesellschaftung zurück. … Wichtig dabei ist, dass Lebenslagen immer auch eine Subjektperspektive enthalten. Nun haben Subjekte keine Lebenslage an sich; Lebenslage ist vielmehr ein theoretisches Konstrukt, in dem sich die Gesamtheit der Lebensbedingungen des Einzelnen unter einer spezifischen Perspektive strukturieren lässt: Unter der Perspektive der Handlungsspielräume zur alltäglichen Lebensbewältigung. Lebenslagen sind in diesem Sinne sozialstaatlich vermittelte Zustände von Chancen, Belastungen und Ressourcen" (Böhnisch et al. 2005, S. 103). Und Lebensbewältigung ist zu verstehen als „Streben nach subjektiver Handlungsfähigkeit in kritischen Lebenssituationen, in denen das psychosoziale Gleichgewicht – Selbstwertgefühle und soziale Anerkennung – gefährdet ist" (Böhnisch 2002, S. 202). Für die Soziale Arbeit bietet Böhnisch damit einen Bezugsrahmen, um die Zugänge der Individuen zu für sie notwendigen Ressourcen zu erfassen, die sie behindernden Barrieren als solche zu identifizieren und ihr Handeln in diesem Zusammenhang als Bewältigungsversuch zu verstehen (vgl. Chasse 1999, S. 153).

Björn Krauss schlägt sodann eine präzisere Differenzierung der Begriffe Lebenswelt und Lebenslage vor, die damit zugleich zum gemeinsamen Bezugspunkt sozialpädagogischer Handlungsorientierung werden können. Er geht aus von der Kritik an einer Banalisierung des Lebensweltbegriffs in der theoretischen und praktischen Sozialen Arbeit, der zwar, in der Thierschlinie, häufig mit Bezug auf seine phänomenologischen Wurzel begründet werde, aber doch in weiten Teilen unscharf geblieben sei und zum Terminus für „das Leben" des Klientel werde, mit dem nichts mehr präzisiert werden könne. Er schlägt sodann vor, Lebenslage zu verstehen als „die sozialen, ökologischen und organismischen Lebensbedingungen eines Menschen", als Lebenswelt sodann „die subjektive Wirklichkeitskonstruktion" eines Menschen, welches dieser unter den Bedingungen seiner Lebenslage bildet (Kraus 2013, S. 153). Da die Lebenswelt für Kraus aber, ausgehend von einem konstruktivistischen Verständnis, als ein für externe Beobachter unzugänglicher Raum der Subjektivität verstanden werden muss, der sich zugleich unter den analysierbaren Bedingungen der Lebenslage reproduziert, bedeutet „Lebensweltorientierung" für ihn, die Konzentration praktischer Sozialer Arbeit auf die Lebenslage als dem „Gewächshaus", innerhalb dessen Lebenswelten gedeihen, bzw. sich konstituieren (vgl. Kraus 2013, S. 143 ff). Er schreibt: „Wenn wir uns an der Lebenswelt unserer AdressatInnen orientieren wollen, können wir uns dieser über die fachliche Auseinandersetzung mit deren Lebenslage und über die professionelle Kommunikation mit den AdressatInnen nähern" (Kraus 2013, S. 155).

Kraus hier erfolgter Verweis auf Kommunikation zeigt aber zugleich den Weg aus einem hiermit verbundenen, drohenden Verstehenspessimismus auf. Mit dem von Habermas, über den Begriff Lebenswelt, beschriebenen Kommunikationsraum, innerhalb dessen erst die subjektive Wirklichkeit entsteht (die Kraus Lebenswelt nennt), wird der Blick frei für den kommunikativen Konstruktionsprozess dieser Wirklichkeiten und damit auch für dessen Medium: Sprache, die Verständigung ermöglicht. Sprache ist das Medium der Reproduktion von Lebenswelt, die sich vollzieht als kulturelle Reproduktion, soziale Integration und Sozialisation (vgl. Habermas 1981 II, S. 209). Aber sprachliche Verständigungsprozesse besitzen eine rationale Binnenstruktur und sie zielen auf einen Konsens, der auf der intersubjektiven Anerkennung von Geltungsansprüchen beruht. Diese können von den Kommunikationsteilnehmenden reziprok erhoben und grundsätzlich kritisiert werden. Eine solche Grundlegung der Entstehung von subjektiven Wirklichkeiten, eben als Ergebnis kommunikativen Handelns innerhalb von Lebenswelten, ermöglicht die Begründung der prinzipiellen Rekonstruierbarkeit dieser lebensweltlich geprägten subjektiven Realität Anderer.

Mit Bezug auf diese Konzeptualisierungsbemühungen, insbesondere der vorgenommenen Begriffsunterscheidung von Kraus, wird im 5. Kapitel ein erweiterter Vorschlag entfaltet und begründet, der die hier formulierten Aspekte in ein erweitertes Mehr-Ebenen-Modell zu integrieren beansprucht.

2.3.3 Das klassische Konzept der Lebensweltorientierung nach Thiersch

Wenn in der Sozialen Arbeit vom Paradigma der „Lebensweltorientierung" die Rede ist, ist es in der Regel ein auf Husserl fußender Begriff in der Erweiterung von Schütz, Luckmann und Thiersch. Die Rezeption von Habermas Theorie des kommunikativen Handelns erfolgte eher im Hinblick auf seine Gesellschaftstheorie, die darin enthaltene Krisenanalyse, sowie die Kolonialisierungsthese. Hiermit verbunden war eine theoretische Selbstverortung Sozialer Arbeit als Instanz, die als Teil einer staatlichen Steuerungsstrategie auf die symbolische Reproduktion von Lebenswelten Einfluss nimmt und zugleich als kritisch-reflektierte Profession Kolonialisierungen systematisch zu unterlassen trachtet (vgl. Müller und Otto 1986; May 2009, S. 52).

Der Ausgangspunkt von Thierschs Konzept einer lebensweltorientierten Sozialen Arbeit besteht in einer Verbindung des phänomenologisch-interaktionistischen Ansatzes mit der hermeneutisch pragmatischen Traditionslinie der Erziehungswissenschaft. Es beansprucht diese Tradition jedoch „im Kontext der kritischen Alltagstheorie" zu reformulieren „und auf heutige sozialpädagogische Fragestellungen" zu beziehen (Thiersch et al. 2002, S. 168). Dadurch wird Soziale Arbeit, über die Hilfe in sozialen Notlagen hinaus, zu einem "Strang innerhalb der modernen Sozialisations- und Therapiegesellschaft", die "ihre Funktion und Bedeutung neben anderen Formen moderner Lebensbewältigung gewinnt." (Thiersch 1992, S. 18). Sie weitet sich, über ihre ursprüngliche Randgruppenklientel, aus zu einer lebensweltorientierten Hilfe zur Lebensbewältigung. Eine solche Orientierung grenzt sich grundsätzlich ab von traditionell paternalistischen Handlungskonzepten. Sie hält Distanz zu professionellen Problemdeutungsmustern, zu Pathologisierungen, Hierarchisierungen und Defizitorientierungen, indem sie die Deutungs- und Handlungsmuster der AdressatInnen zum Ausgangspunkt professionellen Handelns erklärt und darauf abzielt, deren autonome Lebenspraxis durch unterschiedlichste Formen von Hilfearrangements zu ermöglichen. Hiermit verbunden sind eine ganzheitliche Sicht auf den Menschen innerhalb seiner Verhältnisse und ein starker Sozialraumbezug.

Laut Thiersch und Grundwald ergeben sich hieraus, zusammengefasst, folgende Aufgaben und Strukturen einer lebensweltorientierten Sozialen Arbeit. Ihre Leitorientierung ist Respekt und Destruktion: Respekt vor dem Eigensinn von Lebenswelten, aber auch die Bereitschaft zu deren Destruktion im Namen ihrer anderen Möglichkeiten und der darin angelegten Optionen. Beschrieben ist somit eine Pendelbewegung zwischen der Fähigkeit, sich auf die vorgegebenen Realität engagiert einzulassen, sie in ihrer Eigengesetzlichkeit zu akzeptieren und dem Vermögen zu kritischer Reflexion, um aus einer gewissen Distanz weitere Verstehensmöglichkeiten der Situation unter Bezug auf unterschiedlichste wissenschaftliche Konzepte in Betracht zu ziehen. Der Respekt muss hierbei gegen die schwer wiegende Tradition sozialer Arbeit (fürsorgliche Belagerung) durchgesetzt werden. Destruktions- bzw. Dekonstruktionsbereitschaft muss gegen die Versuchung durchgesetzt werden, das Gegebene als unabänderlich zu sehen. Dies ist konkretisiert in den

Strukturmaximen: Prävention, Alltagsnähe, Integration, Partizipation, Dezentrali-
sierung, Vernetzung. Jegliche Diagnose und Indikationsstellung muss verstanden
werden als Verstehen der Situation des Menschen in Verhältnissen und den darin
enthaltenen Ressourcen. Das Gefüge der sozialarbeiterischen Institutionen muss
bestimmt sein vom Bedarf der Adressatinnen und Adressaten der Hilfen. Als professionelles Handlungsmuster der Fachkräfte gilt die strukturierte Offenheit, verbunden mit „Verhandlung" als dem Medium pädagogischen Handelns, so dass die
AdressatInnen der Hilfe „vorkommen", ernst genommen und akzeptiert werden.
Das heißt verdichtet: Lebensweltorientierte Soziale Arbeit ist als kritisches und
normatives Konzept zu verstehen, das die Reflexion gesellschaftlicher, institutioneller und professioneller Strukturen und die professionelle Selbstreflexion der
eigenen Person verbindet, mit der Achtung vor dem gelebten Alltag der Adressatinnen und Adressaten Sozialer Arbeit, dem Respekt vor ihrem Leben mit seiner unmittelbaren, alltagsweltlichen Erfahrung. So formuliert verfolgt es damit auch kein
anderes Ziel als das Konzept der Lebensbewältigung. „Im disziplinären Diskurs
weisen die sozialpädagogischen Paradigmen vom gegebenen und gelingenderen
Alltag (Thiersch) und von regressiven und offenen Milieus der Lebensbewältigung
(Böhnisch) in eine ähnliche Richtung" (Böhnisch et al. 2005, S. 18).

2.4   Zusammenfassung

Der Eigensinn Sozialer Arbeit besteht in einem multiperspektivischen Zugang zur
Realität. In Wissenschaft und professioneller Praxis integriert sie in eigener Weise
verschiedene Perspektiven auf die Realität von Menschen zu ihrer eigenen For-
schungs- und Praxisperspektive. Mit den in der Sozialen Arbeit inzwischen ausgearbeiteten Begriffen Lebenswelt, Alltag und Lebenslage hat sich diese Abkehr von
der expertokratischen Monoperspektive konzeptionell verankert und etabliert, mit
weiter gehenden Auswirkungen. Nachdem in der Geschichte der Sozialen Arbeit
zunächst der „gesunde Menschenverstand des Bürgers" und später der „Experte"
das Monopol auf die Problemdeutung und die Entscheidung für die Intervention innehatte, geht dies nun an „Kooperationsverfahren" über, unter Einbezug der
Hilfsadressatinnen (vgl. Uhlendorf 2005, S. 524 ff). Die Problemdeutung liegt
nicht mehr beim Vorwegurteil des Professionellen, wohl aber die Verantwortung
für einen Verstehensprozess, der von sich weg zum Anderen führen muss und so
die Frage klärt, wer welches Problem hat und was aus fachlicher Sicht zu tun ist.

Die Notwendigkeit eigensinnigen Verstehens in der Sozialen Arbeit

Soziale Arbeit soll im Folgenden daraufhin untersucht werden, inwiefern sie eigenständige diagnostische Verstehensverfahren benötigt. Nach einer Hinführung zum Verstehensbegriff wird begründet, dass „Verstehen" zwar ein Grundmodus sozialpädagogischer Praxis ist, die unzureichende Entwicklung von Konzepten und Methoden sozialer Diagnostik aber zugleich eine Schwachstelle ihrer Fachlichkeit darstellen. Sodann wird aus dem multiperspektivischen Eigensinn der Sozialen Arbeit der Anspruch abgeleitet, ein multiperspektivisches Verstehen zu konzeptionieren, das dieser Sozialen Arbeit entspricht.

3.1 Verstehen und soziale Diagnostik

Mit „Verstehen" ist ein Begriff aufgenommen, der in der „wissenschaftlichen Familiengeschichte" der Sozialen Arbeit von großer Bedeutung war. Soziale Arbeit ist als angewandte Sozialwissenschaft Teil einer Geisteswissenschaft, die auch immer als „verstehende" beschrieben wurde. Thiersch schreibt dazu: „Verstehen als die Anstrengung, Erleben, Verständigungsmuster und Symbole aus sich heraus, in ihrem Eigensinn zu sehen und ernst zu nehmen, hat sich herausgebildet im Kontext der neuzeitlichen Zivilisation, mit ihrem Bewusstsein von den Vielfältigkeiten der Lebensmöglichkeiten, ihrer Betonung von Individualität und Innerlichkeit; dies ging einher mit der zunehmenden Arbeit an der Erschließung auch der sozialen und der inneren Lebenswelten und ... der Entstehung der Verhaltens- und Sozialwissenschaften mit ihrem methodologischen Konzepten des Verstehens" (Thiersch 1984, 20).

Johann Gustav Droysen verwandte den Begriff „Verstehen" erstmals zur Beschreibung des Zieles der wissenschaftlichen Erfassung von historischen Umständen und Personen. Er zielte damit auf die Überwindung der Subjekt-Objekt-Diffe-

© Springer Fachmedien Wiesbaden 2016
M. Nauerth, *Verstehen in der Sozialen Arbeit,*
DOI 10.1007/978-3-658-10075-9_3

renz zwischen Forschenden und ihrem Gegenstand und unterschied die drei wissenschaftlichen Verfahren: Erkennen (Philosophie), Erklären (Naturwissenschaft) und Verstehen (Geschichtswissenschaft). Wilhelm Diltheys Reduktion dieser begrifflichen Unterscheidung begründete sodann den Eigensinn der Geisteswissenschaften, in Abgrenzung zu den Naturwissenschaften, über den Begriff Verstehen. Ihm zufolge zielten die traditionellen Naturwissenschaften auf die Erklärung von Naturvorgängen, wohingegen die Geisteswissenschaften sozial-kulturelle Geschehnisse zu verstehen hätten, in dem sie aus den Ausdrucksformen den Sinn entschlüsseln, und zwar durch Hineinversetzen, Nachbilden, Einfühlen, Rekonstruktion und Nacherleben (vgl. Dilthey 1981). Dilthey prägte dementsprechend auch die Hermeneutik als wesentliche Methode, auf die sich sodann Martin Heidegger und Hans-Georg Gadamer beziehen. In der Nachfolge Diltheys beschrieb Max Weber die Aufgabe der Soziologie mit dem Begriff „Verstehen" und Sigmund Freud entwickelte eine Methodologie des analytischen Verstehens. Weber schrieb: „Die Sozialwissenschaft, die wir treiben wollen, ist eine Wirklichkeitswissenschaft. Wir wollen die uns umgebende Wirklichkeit des Lebens, in welches wir hineingestellt sind, in ihrer Eigenart verstehen – den Zusammenhang und die Kulturbedeutung ihrer einzelnen Erscheinungen in ihrer heutigen Gestaltung einerseits, die Gründe ihres geschichtlichen so-und-nicht-anders-Gewordenseins andererseits" (Weber 1968, 170 f). Im Positivismusstreit innerhalb der deutschen Soziologie fokussierte sich die Debatte sodann auf die Auseinandersetzung um „Verstehen" vers. „Erkennen", die erkenntnistheoretische Prämissen und methodischen Konsequenzen einer empirischen Sozialforschung, sowie die damit verbundene wesentliche Frage nach den Aufgaben einer kritischen Sozialwissenschaft. Dieser Debatte trug Theodor W. Adorno bei, dass sich die Verfahrensweise dem Gegenstand verstehend anzupassen habe, damit sie nicht „aus Liebe zu Klarheit und Exaktheit, verfehlt, was (sie) erkennen will" (Adorno 1993,126). Das Verstehen verdeckter gesellschaftlicher Zusammenhänge sei dementsprechend die vornehmste Aufgabe dieser Wissenschaft. Dem Geist nach wurde diese befreiende Intention der Sozialen Arbeit zur verpflichtenden Aufgabe: „Leben in seinem Eigensinn zu sehen und diesen Eigensinn auch da freizulegen, wo er unzulänglich erscheint ... Sie soll ... ihre Adressaten in den Problemen verstehen, die sie in sich selbst haben und sie in diesen ihren eigenen Schwierigkeiten und Aufgaben stabilisieren und in Schutz nehmen gegenüber denen, die mit ihnen Probleme haben, die sie also in fremde und äußere Normen hineinzwängen wollen" (Thiersch 1984, 21).

Wenn im Folgenden untersucht werden soll, warum Soziale Arbeit spezifischer diagnostischer Verstehenskompetenzen bedarf und damit der Fähigkeit zu sozialer Diagnostik, so geht es zunächst nicht um die Frage nach den Forschungsmethoden der Disziplin und den erkenntnistheoretischen Prämissen allgemeiner sozialwissenschaftlicher Welterkennung, sondern um Verstehensweisen der Profession im konkreten Zusammenhang von Hilfehandeln. Allerdings scheint diese Grundsatzdebatte im Diskurs über die Berechtigung von Diagnostik und die Art von Verstehensverfahren doch auf. Es soll untersucht werden, welche Bedeutung Verstehen in der Sozialen Arbeit hat und – damit verbunden – welche Relevanz sich hieraus für die Konzeptionierung und Methodisierung dieses Verstehens in der Form sozialer Diagnostik ergibt. Unter „soziale Diagnostik" wird hierbei zunächst ganz allgemein die zusammenfassende Beschreibung der wichtigsten Merkmale eines Sachverhaltes verstanden, bzw. die unterscheidende Beurteilung des Gegenstandsbereiches Sozialer Arbeit auf Grund von Beobachtungen und Untersuchungen. Es handelt sich bei ihr um den Vorgang, die diffusen Daten der Realität in eine Struktur zu transformieren, die Erkenntnis stiftet und sodann zur Begründung für weitere Handlungsschritte wird.

3.2   Keine Intervention ohne Verstehen

Die Bedeutung von Verstehen, und damit verbundener sozialer Diagnostik, ergibt sich zunächst aus der Tatsache, dass sozialpädagogisches Hilfehandeln ohne einen vorherigen Verstehensvorgang nicht denkbar ist. Die Auswahl konkreter Hilfemaßnahmen ist immer geleitet durch das Bild vom Problem, das zuvor verstanden wurde. Professionelle Soziale Arbeit realisiert sich im Kern in den beiden Grundmodi des Verstehens und der Intervention. Soziale Diagnostik ist ein unhintergehbarer Modus fachlichen Handelns, auf den logisch gar nicht verzichtet werden kann.

Analytisch ist soziale Diagnostik zu unterscheiden von der Anamnese, bei der es um die Erkundung von Kontexten geht, die Teil des Diagnosevorgangs sein können. Sie ist zudem zu unterscheiden von der Intervention, die die Ausführung von Handlungsschritten darstellt und von der Evaluation, bei der es um die Prüfung der Wirkung und Wirksamkeit erfolgter Handlungsschritte geht. Gleichwohl ist dies in der Praxis nur begrenzt möglich. Nicht nur Diagnostik, sondern auch Anamnese, Intervention und Evaluation dienen der kritischen Überprüfung von Erfahrungswissen und professionelles Handeln ist immer auch verstehend darauf ausgerichtet, das bis zu einem gegebenen Zeitpunkt entstandene Vorverständnis von der Sache zu überprüfen und ggf. zu revidieren (vgl. Müller 2009, 117 ff). Trotzdem ist die analytische Unterscheidung zwischen dem Moment des Verstehens und dem Moment der Intervention erkenntnisstiftend, weil sie den Blick öffnet für den sich doch immer vorgelagert vollziehenden Vorgang des Verstehens, auf den erst die Entscheidung für eine Intervention folgt. Staub-Bernasconi schreibt dazu: „Diagnostizieren, das heißt beobachten, unterscheiden, beschreibend kategorisieren, analysieren und bewerten tun wir alle und jederzeit – nur nennen wir es anders! Wir tun dies dank unserer psychobiologischen Ausstattung. Und wenn wir handeln, dann handeln wir aufgrund derjenigen Bilder, Kategorien, Interpretationen (Alltagstheorien), Wunschvorstellungen und Pläne, die dank den besagten affektiv gesteuerten Kognitions- und Bewertungsprozessen entstanden sind. Ohne diese, jedem Menschen über komplexe psychobiologische und sozialkulturell beeinflusste Entwicklungsprozesse entstehenden Fähigkeiten könnten wir gar nicht überleben" (Staub Bernasconi 2007, 287).

Das bedeutet: Diagnostik verstanden als das angemessene Verstehen des Sachverhaltes, der sodann Gegenstand professioneller Bearbeitung wird, ist ein fundamentaler Bestandteil sozialpädagogischen Handelns. Jede fachliche Intervention geht von einem entstandenen Verständnis aus, das bei der intervenierenden Fachkraft im Hinblick auf den Gegenstand ihres Handelns entstanden ist. Jedes fachliche Hilfehandeln gewinnt seine Richtung durch ein „Bild" vom Problem, das bearbeitet werden soll. Jeder Auswahl einer Maßnahme liegt eine gewonnene Annahme des Problems zu Grunde, auf das damit reagiert werden soll. Es kann nicht nicht diagnostiziert werden, denn immer wird ein Bild vom Fall entwickelt, das den nächsten Handlungsschritt begründet. Der wirklich radikal vollzogene Verzicht auf Diagnostik hieße, dass Fachkräfte der Sozialen Arbeit sich als ausführende Organe gleichsam blind handelnd an dem orientieren, was ihnen von anderen Stellen vorgegeben wird: a) die unmittelbare Hilfeaufforderung ihrer Adressatinnen und Adressaten oder b) Handlungsaufforderungen von Verwaltungsstellen, Kostenträgern und anderen diagnostizierenden Professionen. Der Verzicht auf Diagnostik könnte zudem bedeuten, sich c) am eigenen, immer schon vorhandenen, Expertinnenwissen über das Problem zu orientieren und damit verbundene Handlungsnotwendigkeiten, unabhängig von der konkreten Gestalt des auftretenden Problems, im Vorwege festzulegen. Hier erfolgte also ein Verzicht auf Diagnostik auf Grund der „Illusion von Vertrautheit" (Riemann 1999, 309). Da aber weder die Adressatinnen und Adressaten Sozialer Arbeit, noch externe Gutachten, noch das Vorverständnis der Fachkraft generell die letzte Instanz für die Problemdeutung sein können, bedarf es eines Verstehensprozesses, unter Einschluss der Fachkräfte, der Rationalität für sich in Anspruch nehmen kann und zugleich professionelles Willkürhandeln unwahrscheinlich macht.

Eine solche Rationalität des fachlichen diagnostischen Handelns ergibt sich aus der wissenschaftlichen Wissensbasis, die zu haben ein Charakteristikum von Professionen ist. Wie Mark Schrödter prägnant verdeutlicht, gehören Schamanen, Magier, Heiler, Hexen und Propheten deswegen nicht zu Professionen, weil sie diese Rationalität nicht bieten können, wohl aber Sozialarbeiterinnen und Sozialpädagogen. „So wie der Magier sein Orakel …, konsultiert der Professionelle den höhersymbolischen Sinnbezirk ... der Wissenschaft. Wie Propheten haben die Angehörigen von Professionen, als deren strukturelle Nachfolger (vgl. Oevermann 1996), einen besonderen Bezug zu der prinzipiell jedem zugänglichen Macht des Geistes. Als Hüter des Strukturortes der Vermittlung von Theorie und Praxis greifen sie in der stellvertretenden Bearbeitung praktischer Probleme auf in Ausbildung erworbenes wissenschaftliches Wissen zurück und reflektieren den Fall im Modus des zwanglosen Zwanges des besseren Argumentes, in dessen Logik sie einsozialisiert worden sind" (Schrödter 2003, 87). Das heißt: unterscheidbare Hilfemaßnahmen in der Sozialen Arbeit sind Antworten von voneinander unterschiedenen Problemen. Diese Unterscheidung hat bei Professionen durch wissenschaftlich begründete Verfahren zu erfolgen, weil diese ein Moment ihrer formalen Begründungsrationalität als Professionelle sind (vgl. Schrödter 2003, 87).

3.3 Verstehen als Schwachstelle sozialpädagogischer Fachlichkeit

Konstatiert werden kann somit ein hoher Bedarf an Verstehensverfahren in der Sozialen Arbeit, weil Verstehensprozesse in deren Praxis alltäglich vollzogen werden müssen. In der klassischen Fallarbeit erfolgt soziale Diagnostik im Sinne von Problemanalysen und Hilfebedarfsklärungen. Diese sind sogar gehalten die Lebenswelten ihrer Adressatinnen und Adressaten zu erfassen, insofern die anschließende Intervention den Anspruch erhebt, lebensweltorientiert zu sein. In diesem Sinne werden auch Sozialräume zum Gegenstand sozialer Diagnostik: eine sozialraumorientierte Intervention bedarf im Vorwege entsprechend ausgerichteter Raumanalysen. Jenseits der operativen Fallarbeit haben zudem Fachkräfte mit Planungsund Leitungsaufgaben oftmals die Aufgabe, die Notwendigkeit von Sozialprogrammen und konkreten Hilfeangeboten zu begründen. Vorlaufend benötigen sie hierfür soziale Diagnostik im Sinne der systematischen Analyse von Lebensrealitäten. Das heißt, diagnostiziert wird in der Sozialen Arbeit ständig, jedoch oftmals methodisch unzureichend abgesichert und anders etikettiert. Maja Heiner sieht hier eine „Schwachstelle Diagnostik in der sozialpädagogischen Fachlichkeit" (Heiner 2003, 25). Dieser so wesentliche Handlungsmodus Sozialer Arbeit ist unzureichend ausgearbeitet und geklärt, verbunden mit verschiedenen Folgeproblemen.

Ein Problem, das sich aus der methodischen Unterausstattung von Sozialer Arbeit im Hinblick auf ihre Verfahren sozialer Diagnostik ergibt, ist die verbreitete Übernahme diagnostischer Instrumente anderer Professionen nach Maßgabe von Nützlichkeitserwägungen oder die Übergabe der Diagnostikverantwortung an eben diese Berufsgruppen, die dank des Vorhandenseins eigener Verfahren auch eine höhere Autorität genießen. So lässt sich die medizinische und psychologische Dominanz klinisch-sozialpädagogischer Arbeitsbereiche auch als das Ergebnis mangelnder wissenschaftsbasierter Methoden und Begriffe der Sozialen Arbeit beschreiben, mit denen dem sozialpädagogischen Blick Rechnung getragen würde. Aber auch in vielen Beratungszusammenhängen dominieren die diagnostischen Kategorien der Psychologie oder psychotherapeutischer Schulen. Dies bedeutet, dass die spezifische Qualität eines multiperspektivischen Zugangs, der mit der Sozialen Arbeit verbunden ist, keinen Eingang in die „Bilder vom Fall" finden, die hier das weitere Hilfehandeln rechtfertigen, dass die Inklusionswünsche und Exklusionsbefürchtungen der Adressatinnen und Adressaten nicht in dem komplexen Maße betrachtet und entschlüsselt werden, wie es Sozialer Arbeit entspricht. Es ist somit ein Qualitätsproblem festzustellen: Weil der multidimensionale Zugang der Sozialen Arbeit nicht in professionelle Problem- und Bedarfsbeschreibungen übersetzt werden kann, dominieren stattdessen an vielen Stellen (psychologisch-psychiatrische) Kategoriensysteme. Diese haben selbstverständlich ihre Berechtigung in entsprechenden Hilfesettings, sind aber für sozialpädagogische Interventionsentscheidungen oftmals zu eindimensional.

Ein weiteres Problem, das sich aus dem Fehlen von sozialpädagogischen Verstehensverfahren ergibt, ist der Einsatz von alltagstheoretisch begründeten oder intuitiv entwickelten Verfahren. Fehlende Verfahren sozialer Diagnostik bei gleichzeitigem Handlungsdruck fördern die Improvisation. Gerade hier liegen jedoch die Gefahren, die bezogen auf Diagnostik in der Vergangenheit immer wieder beschrieben wurden. Wenn der Akt des Fallverstehen den Erfahrungen, der Intuition und dem Talent der jeweiligen Fachkräfte überlassen wird, ohne methodische Absicherung und Systematisierung des Erkenntnisprozesses, dann droht jene mit viel persönlicher Meinung gefüllte "üble Nachrede" und eine Machtfülle der Professionellen, die verhindert werden soll. Denn der Verzicht auf geregelte Verfahren sozialer Diagnostik und der Mangel an rationalen Kriterien und Verfahrenstransparenz immunisieren die ja doch permanent entstehenden Fallbeurteilungen gegen sachliche Widerlegung und Kritik und stellen dadurch ein besonders starkes Herrschaftspotential der Professionellen dar. Das gemeinsame Merkmal jener Herrschafts- und Ausschlussdiagnostik, die Soziale Arbeit seit den 60er Jahren erfolgreich bekämpfte, war ja gerade, dass sie keiner fachlich-wissenschaftlichen Überprüfung standhalten musste. Es waren monologisch gesetzte Behauptungen über die soziale Realität, die sich dadurch erhielten, dass sie sich gegen Infragestellungen im Hinblick auf ihren Realitätsgehalt abdichten konnten. Illegitime Herrschaft der Professionellen, üble Nachrede, Willkür und Stigmatisierung fußen auf der Fähigkeit, durch Intransparenz behaupten zu können ohne begründen und nachweisen zu müssen. Genau diese Machtposition nehmen jene Fachkräfte ein, deren Fallbeurteilungen praktische Relevanz für den weiteren Hilfeprozess haben, deren Entstehung gleichwohl nicht systematisch und transparent erfolgt und sich somit der Widerlegbarkeit entziehen. Der sicherste Schutz gegen fachliche Willkür ist daher die Bindung an Begründungen und Nachweis, also an rational geregelte Verfahren, nicht der Verzicht auf sie. Ein solcher Verzicht droht gerade das zu ermöglichen, was er zu verhindern anstrebt, nämlich die Dominanz der Professionellen, weil er sich durch Unklarheit faktisch abdichtet gegen systematische Infragestellung. Konsequenterweise ginge es daher, gerade aus einer kritischen Perspektive, um die systematische Selbstschwächung der Professionellen durch die Methodisierung ihrer Fallbeurteilungen und die damit verbundene Begründungspflicht im Hinblick auf das, was sie an diagnostischen Bildern zur Grundlage eigenen Handelns machen.

Zudem ergibt sich ein Problem, aus einer unzureichenden Rechtfertigungsfähigkeit, im Hinblick auf das, was aus fachlicher Sicht getan werden muss, wenn es nicht durch nachvollziehbare Ergebnisse von Diagnostikprozessen nachvollziehbar begründet werden kann. Nachdem Soziale Arbeit in den letzten zwei Jahrzehnten einen tiefgreifenden Wandel ihres Handlungsrahmens erfuhr, muss sie sich in neuer Form gegen Infragestellungen absichern und ihre Nützlichkeit ausweisen können. Durch die Installierung eines Quasi-Marktes, auf dem das politisch-administrative System als Nachfrager von Leistungen auftritt und neuartige Leistungsverträge sowie Kostensenkungen durchsetzen konnte, zeigen sich weitreichende Konsequenzen für die Profession. Zum einen erfolgt ein Wandel von personenbezogener bzw. professionsgebundener zu verfahrensbezogener Qualitätssicherung (Accountability) (vgl. Nauerth 2003, 238 ff). Hiermit verbunden „wird Management zu einer zentralen Bezugsgröße für die Legitimation einer professionellen, soziale Dienstleistungen erbringenden Organisation", weil Accountability nicht nur auf Qualitätsnachweise zielt, sondern auf gesteigerte Effizienz (Haller und Sommerfeld 2003, 4). Peter Sommerfeld und Dieter Haller sprechen hier sodann von der Notwendigkeit des Entstehens einer neuen, modernen Professionalität. Diese zeichnet sich dadurch aus, strukturelle Kopplungen mit dem politisch-administrativen System gestalten zu können, die die Verpflichtung zu Reflexivität und Selbstkontrolle beinhalten. Dies meint die Fähigkeit und Bereitschaft, die Schutzräume berufsalltäglicher Intransparenz und Diffusität zu verlassen und stattdessen daten- und wissensgestützt professionelle Begründungen für das fachliche Handeln liefern zu können. Denn von dieser Fähigkeit, diesem Sinn und Zweck des eigenen professionellen Handelns verständlich kommunizieren zu können, hängt in der Gegenwart und der überschaubaren Zukunft gesellschaftliche Legitimation ab (vgl. Haller und Sommerfeld 2003, 21). Gesicherte Verstehensverfahren, die nachvollziehbare Rechtfertigungen nachfolgender Hilfemaßnahmen zu liefern im

Stande sind, gewinnen dadurch zunehmend an Bedeutung, werden gebraucht und gesucht. Maja Heiner schreibt dazu: „Wer den externen Steuerungs- und Definitionsversuchen von Bedürfnissen, Bedürftigkeiten und Leistungsansprüchen etwas entgegensetzen möchte, sollte sich meines Erachtens der Schwachstelle ‚Diagnostik' in der sozialpädagogischen Fachlichkeit bewusst sein, sonst definieren andere den Bedarf – nach ihren Relevanzkriterien" (Heiner 2003, 25).

3.4   Multiperspektivisches Verstehen

Notwendige und wünschenswerte Verstehensverfahren, die dem transdisziplinären und multiperspektivischen Charakter der Sozialen Arbeit entsprechen, sind jedoch sehr voraussetzungsvoll. Sie müssen dem Anspruch genügen die Integration der jeweils individuellen Adressatinnenperspektive, als auch der komplexen fachlichen Perspektive zu bewerkstelligen, somit also die subjektiven Lebenswelten der Adressatinnen und Adressaten mit wissenschaftlichem Fachwissen und Professionswerten verknüpfen. Dies ist eine höchst anspruchsvolle Forderung an professionelles Handeln, dem damit die einfachen Wege versperrt sind.

Zu einem solchen einfachen Weg gehört der diagnostizierende „Expertinnenmonolog", somit ein diagnostisches Verfahren, dass die beobachtbare Realität generell einem Kategoriensystem zuordnet und auf diese Weise monologisch zu Diagnosen gelangt. Die Dominanz entsprechender Kategoriensysteme gilt für das laienhafte oder talentbasierte Verstehenshandeln, dass die soziale Realität in die Kategorien des Alltagsverständnisses einsortiert. Sie gilt ebenso für eindimensionale Kategoriensysteme spezifischer Wissenschaftszweige oder Theorietraditionen, seien es politisch-soziologische, psychologische oder medizinische. Versperrt ist damit auch der entgegen gesetzte Weg, nämlich die prinzipielle Bindung an die Fremdperspektive der Adressatinnen. Eine multiperspektivische Soziale Arbeit kann nicht auf einen eigenen, wissensbasierten Beitrag im Verstehensverfahren verzichten und damit die Problem- und Selbstbeschreibung ihrer Adressatinnen und Adressaten generell zum Ausgangspunkt der Hilfeplanung machen. Versperrt bleibt schließlich ebenso der pragmatische Einsatz diagnostischer Verfahren anderer Berufsgruppen, die im sozialpädagogischen Handlungszusammenhang mangels Alternative eingesetzt werden, genauso wie das Vertrauen auf Berufserfahrung, Talent und Intuition im diagnostischen Prozess.

Im Folgenden soll nun differenziert ausgeleuchtet werden, welchen Ansprüchen ein Verstehensverfahren Sozialer Arbeit genügen muss, das die anstrengenden Wege multiperspektivisch ausgerichteter sozialer Diagnostik zu gehen hat.

3.4.1 Wissenschaftsorientiertes Verstehen

Dass das umfangreiche Wissen der Fachkräfte Sozialer Arbeit in den Verstehensprozess einfließen muss, ist in Fachkreisen weitgehend unbestritten, denn dieser
Beitrag ist der Grund der Beteiligung dieser Profession an der Lösung hier thema-
tisierter Probleme. Professionen sind dadurch gekennzeichnet, dass sie für ihren
Zuständigkeitsbereich ein spezifisches Wissen in einen Verstehensprozess einbrin-
gen. Von akademisch ausgebildeten Fachkräften der Sozialen Arbeit ist zu erwarten, dass sie ein wissenschaftsgegründetes Wissen verfügbar halten. Gleichwohl ist
soziale Diagnostik in der Regel nicht als einfacher Anwendungsvorgang von Fachwissen zu konzeptionieren, weil das eingebrachte Vorwissen bedeutsam und relativ
zugleich ist und sich Fachkräfte bei Verstehensprozessen nicht auf ihre erarbeiteten
theoretischen Vorverständnisse verlassen können. Denn Verstehen, im Sinne einer
Einordnung der Realität in ein erfahrungs- oder durch wissenschaftliche Theorie
geprägtes Klassifikationssystem und die Zuordnung der Realität in dieses Raster,
wird dem Eigensinn und der Komplexität ihres Gegenstandes in vielen Bereichen
nicht oder nicht mehr gerecht. Dies ist viel und umfassend selbstkritisch durch
Profession und Disziplin reflektiert worden und es besteht weitgehendes Einvernehmen darüber, „das sich pädagogisches Handeln nicht nach dem Modell der
technischen Anwendung von Wissenschaft formieren lässt" (Dewe et al. 1993, 57).

Mit Klassifizierungsdiagnostik haben die Adressatinnen der Sozialen Arbeit in
der Vergangenheit oftmals schlechte Erfahrungen gemacht. Es gab Typenbildun-
gen, die immer schon als analytische Verstehenshilfen, im Sinne von Klassifizierungen, in der Praxis genutzt wurden. Dies erfolgte im Geiste einer Gesinnung,
die als konservativ, autoritär und reaktionär beschrieben werden muss, insofern
hier mit pseudowissenschaftlichen Kategorien gearbeitet wurde. „Landstreicher",
„Arbeitsscheuer", „Volksschädling", „Willensschwacher", „Störenfried", „Nicht-
sesshafter", abgeschwächt heute noch Psychopath, sozial Debiler, Verwahrloste ...
sind Etikettierungen, die als üble Nachrede nichts anderes leisten und geleistet haben, als symbolische Gewalt auszuüben und herrschaftliche Fürsorge zu legitimieren. Es waren Stigmata zur moralischen Vorverurteilung von Menschen zwecks
unhinterfragbarer Legitimation von deren Benachteiligung, Repression, Ausgrenzung oder sogar Vernichtung. Aber auch die kurzzeitige Tendenz innerhalb der
Sozialen Arbeit, dem Interesse an der Befreiung und Emanzipation ihrer Adressatinnen im Gegensatz dazu durch theoriegeleitete Etikettierungen Ausdruck zu ver-
leihen, war keine Lösung. Die Klassifizierung ihrer Adressatinnen, z.B. mit Hilfe
von marxistischen oder feministischen Termini, als vornehmlich und zunächst ent-
fremdete, verblendete, ausgebeutete, unterdrückte ... Opfer kapitalistischer Pro-
duktionsbedingungen und patriarchaler Herrschaftsstrukturen wurde- unabhängig

von der Richtigkeit der gesellschaftstheoretisch beschriebenen Tatbestände- im Vollzug von Fallverstehen der Komplexität auffindbarer Inklusionswünsche und Exklusionsbefürchtungen nicht hinreichend gerecht.

Hinzu kommt, dass das kategorial verdichtete Vorwissen im Zuge gesellschaftlicher Individualisierungs- bzw. Enttraditionalisierungsprozessen eine Relativierung erfährt (vgl. Beck 1986). Die Menschen verlieren in der modernen Industriegesellschaft zunehmend das „Nest", der sie leitenden und bindenden Traditionen, ökonomischen und moralischen Schranken und Sicherheiten. Sie verlieren bewährte Sicherheiten, im Bemühen um „gelingendes Leben", nicht nur im sozialökonomischen Sinne der ausreichenden Versorgung mit Ressourcen, sondern im Sinne der Klärung von Lebenszielen und Lebenswegen. Thomas Rauschenbach schreibt, dass „die ganz alltägliche Lebensbewältigung" zu einer „selbst zu bewältigenden Lebensaufgabe, zu einer ungewissheitsbelasteten, riskanten sozialen Aufgabe" wird (Rauschenbach 1994, 91). Die Menschen werden zum „Planungsbüro" ihrer eigenen Lebensführung. Dadurch wird Soziale Arbeit mit einem Zuwachs und mit einer Differenzierung an Problemlagen konfrontiert. Soziale Arbeit wird zum einen, über ihre traditionellen Hilfefelder hinaus, als Sicherungsinstanz in Lebenskrisen benötigt, wie ein Pannendienst auf den Straßen bei zunehmendem Verkehr. Aber für sie selbst löst sich auch Typisierbares auf, dass sie in ihren Verstehens- und Deutungsprozessen einbeziehen konnte, auf das sie zurückgriff. Die professionellen Fachkräfte verlieren die frühere Sicherheit im Hinblick auf, die Voraussetzungen individueller Zufriedenheit, zielführender Lebenswege und auf die Deutung von richtig und falsch, abweichend und normal, gesund und ungesund. Sie benötigen Zugänge zu der Realität, die ihr als Fall begegnet, die nicht in traditionelle Deutungsmuster verfällt, sondern offen ist für die ihr unbekannten Bedingungen des Lebensglücks Anderer, die ihnen als Adressatinnen und Adressaten ihrer Hilfe begegnen.

Mit den Begriffen Diversity und Anerkennung erfährt die Soziale Arbeit eine zusätzliche Verunsicherung dieses kategorialen Berufswissens in dem Maße, wie es im Lichte von Identitätspolitik nicht mehr nur um die Überwindung von Ungleichheit geht, sondern um Anerkennungskämpfe (vgl. Honneth 2003, 132 f). War die Soziale Arbeit bisher sehr stark davon geprägt, Ungleichheit in materiellen Ausstattungskategorien und über psychosoziale Ressourcen zu verstehen und entsprechende Unterversorgungen aufzuheben, Barrieren zu überwinden und Kompetenzmängel beheben zu wollen, so geht es nun zusätzlich um die Anerkennung der Ungleichen, als Anderssein der Anderen. Dies zeigt sich beispielsweise in den Untersuchungen von Axel Honneth und Nancy Fraser (vgl. Fraser und Honneth 2003). In deren Zentrum steht das Ringen um die Deutung aktueller Sozialbewegungen. Viele Sozialbewegungen zielen nicht mehr auf ökonomische

Gleichstellung und materielle Umverteilung, sondern auf die Respektierung derjenigen Eigenschaften, durch die sie sich kulturell verbunden sehen. Ethnische Minderheiten und allerlei Subkulturen kämpfen, so die Betrachtungsweise, nicht nur um soziale Gerechtigkeit im Sinne von Umverteilung, sondern um soziale Gerechtigkeit im Sinne von Anerkennung ihrer Identität, also um Inklusion. Ihre Kritik richtet sich nicht nur gegen illegitime Ungleichbehandlung, sondern gegen illegitime Angleichungsbestrebungen der Gesellschaft. Nancy Fraser schreibt dazu: „Wie sich immer deutlicher abzeichnet, stehen wir heute mit der ‚Politik der Anerkennung' vor einem zweiten Typus von Forderungen nach sozialer Gerechtigkeit. In ihrer bündigsten Formulierung zielt sie auf eine differenzfreundliche Welt, in der für Ebenbürtigkeit und Gleichbehandlung nicht mehr der Preis einer Assimilation an die Mehrheit oder herrschende kulturelle Normen zu zahlen wäre" (Fraser 2003, 15). Eine solche Perspektivenerweiterung verändert die Voraussetzungen für eine professionelle Praxis, die auf Gerechtigkeit zielt. Diese bedarf in der operativen Praxis systematischer Verstehensprozesse, im Wissen um die Andersartigkeit der Anderen bezüglich der Bedingungen ihres jeweiligen Lebensglücks. Notwendig erscheint ein verstehender Zugang zur jeweils individuellen Lebensrealität und sich hier zeigender Hilfebedarfe.

Damit ist das grundsätzliche Verhältnis zwischen wissenschaftlichem Gesellschaftswissen und sozialpädagogischer Praxis berührt, sowie die Frage wie Theorie und Praxis verbunden werden können. Ulrich Oevermann und Rudolf Stichweh haben die Vermittlung dieser Sphären für die Soziale Arbeit umfassend thematisiert. Oevermann spricht vom Strukturort Theorie und Praxis und charakterisiert die Professionalität des Handelns, durch die Vermittlung einer wissenschaftlichen und hermeneutischen Kompetenz als stellvertretende Deutung. Im Rahmen einer solchen stellvertretenden professionellen Vermittlungsposition zwischen Wissenschaft und alltäglicher Lebenspraxis „kann professionalisiertes Handeln im Kontext dieser Lesart als widersprüchliche Einheit von universalisierter Regelanwendung auf wissenschaftlicher Grundlage, inklusive der Neutralitätsverpflichtung und einem hermeneutischen Fallverstehen aufgefasst werden" (Dewe et al. 1993, 36, vgl. hierzu Oevermann 1996, 70 ff). Stichweh kritisiert an diesem Ansatz von Oevermann die Zweistelligkeit der beschriebenen Beziehung und betont im Unterschied hierzu deren Dreistelligkeit zwischen Sache, Klient und Professionellen, sowie die „intermediäre Position des Professionellen" in dieser Konstellation. Vermittlung, so Stichweh, betont „den Gesichtspunkt der Repräsentation einer autonomen Sinnperspektive oder Sachthematik durch den Professionellen im Verhältnis zu seinem Klienten" (Stichweh 1992, 44).

Hans Uwe Otto und weitere haben dem gegenüber mit dem Begriff der Relationierung eine Lösung vorgeschlagen, die als „reflexive Sozialpädagogik"

zugleich noch die Grundstrukturen eines eigenständigen neuen Typs dienstleis-
tungsorientierten Professionshandelns charakterisieren soll. Unter dem Begriff der
Relationierung wird die notwendige Verknüpfung von Theorie und Praxis konzeptioniert. Relationierung meint den Umgang mit den Urteilsformen „reflexives
Wissenschaftsverständnis" und „situative/sozialkontextbezogene" Angemessenheit (Dewe und Otto 2010, 210). Im Gegensatz zum Terminus „Vermittlung" geht
es hier um die „gleichzeitige Verpflichtung beider Urteilsformen … ohne eine zu
präferieren, nicht aber das Zusammenzwingen zweier Wissenskomponenten unter
einem Einheitspostulat. Professionen bilden eine Institutionalisierungsform der
Relationierung von Theorie und Praxis, in der wissenschaftliche Wissensbestände
praktisch-kommunikativ in den Prozess der alltäglichen Organisation des Handelns
und der Lösung hier auftretender Probleme fallbezogen kontextualisiert werden"
(Dewe und Otto 2010, 210). Dieses Professionswissen selbst ist aber „nicht unmittelbar vom Wissenschaftswissen abgeleitetes Wissen" (ebenda, S. 210). Es verhält
sich zum wissenschaftlichen Wissen eigensinnig, „kategorial als Bestandteil des
Handlungswissens im Sinne einer … praktischen Kompetenz" (ebenda, S. 210).
Dieses erwirbt man durch Praxiserfahrungen, also „auf dem Wege des berufsförmi-
gen Vollzugs dieser Tätigkeiten im Sinne der Routinisierung und Habitualisierung,
d. h. durch den Eintritt in ein kollektiv gültig gemachtes Wissen" (ebenda, S. 211).
Ein professioneller Verstehensprozess vollzieht sich daher für die Autoren „situativ
und unter Ungewissheitsbedingungen, auf den jeweiligen Fall bezogen, gleichsam
uno actu" (ebenda, S. 206). Zur Vermeidung „ungewollter Normativität" zielen sie
nicht auf Verfahren, sondern auf die Öffnung zu einer „professionellen Rekonstruktion und Kontextualisierung im gesellschaftlichen Zusammenhang" (ebenda,
S. 206).

Allerdings entkommen die Autoren damit nicht der Frage nach Verstehensverfahren, sondern führen sie mit großer Dringlichkeit in dem Maße vor Auge, wie
sie die Forderungen an diese beschreiben. Sie sprechen von dem Vorgang der prak-
tisch-kommunikativen, fallbezogenen Kontextualisierung, der Rekonstruktion,
hierin eingeschlossen einer Re-Kontextualisierung … des Handelns in Bezug auf
Wissenschaftswissen. Die Überbrückung allgemeiner Theorie und des Einzelfall
bedarf der reflexiven Kompetenz. Diese impliziert ein „deutendes Verstehen" sowie „Interpretieren". (ebenda, S. 205). „Reflexiv orientierte Professionalisierungs-
theorie hebt die Aufgabe hervor, die Notempfindungen und Hilfestellungen der
AdressatInnen im Rahmen von deren Plausibilitäten zu interpretieren und aufgrund
solcher Relationierung in Kommunikation mit ihnen ‚richtige', d. h. stets auch situativ und emotional tragbare Begründungen für praktische Bewältigungsstrategien
zu entwickeln" (ebenda, S. 205). Die Autoren können somit nochmals verdeutlichen, dass ein Diagnostikvorgang das, über den Einzelfall hinaus, vorhandene

gültige sozialarbeitswissenschaftliche Wissen mit in die Erstellung des Bildes vom Fall einbeziehen muss. Sie vergrößern und verdeutlichen den Anspruch, dem dieser Vorgang genügen muss. Aber sie ersetzen ihn nicht und entheben Disziplin und Profession nicht der Klärung der Frage danach, wie sich „deutendes Verstehen", „interpretieren", „rekonstruieren" ... professionell vollziehen lassen. Es bleibt also auch hier die Frage zu beantworten, nach welchem rational begründbaren und wissenschaftlich ausgewiesenen Verfahren die erfahrene und kompetente Praktikerin Probleme von Individuen rekonstruiert und eine Rekontextualisierung im Lichte sozialwissenschaftlicher Theorie vornimmt, somit soziale Diagnostik betreibt.

3.4.2 Lebensweltorientiertes Verstehen

Die Selbstbindung der Sozialen Arbeit an eine Subjekt-, Alltags- und Lebensweltorientierung hat zur Folge, dass professionell Handelnde „das Subjekt" bzw. fremde Lebenswelten verstehen müssen. Denn die Orientierung des fachlichen Handelns kann nur an einem Gegenstand erfolgen, der zuvor verstanden wurde. Formal geht es um das Verstehen einer Vergangenheit, die in die Gegenwart hineinreicht und zwar im Interesse an der Möglichkeit eines zukunftsorientierten Handelns, das in der Gegenwart ermöglicht werden soll (vgl. Winkler 1984, 99). Verstanden werden müssen die, in der Vergangenheit entstandene und in die Gegenwart hineinragende, Lebenslage der Menschen, sowie ihr subjektives Wirklichkeitskonstrukt im Hinblick auf diese Lebenslage. Im Prozess des Vollzugs einer sozialen Diagnostik muss es Fachkräften der Sozialen Arbeit möglich werden, einen „Sprung über die Grenze" der eigenen lebensweltlichen Hintergrundüberzeugungen und Konstruktionsmuster systematisch zu vollziehen, um beim „Nicht-Eigenen" ansetzen zu können, beim noch fremden Anderen (vgl. Grundwald 2001, 109). Man kann sagen, Lebensweltorientierung gibt die Problemdeutung aus der Hand und zwingt sich selbst zu einem verstehenden Suchvorgang, der „zum Anderen" vordringen muss. Erst am Ende des Suchvorgangs steht das „Verstandenhaben". Und dieses „Verstandenhaben" ist sodann keine Stillstellung oder Verdinglichung des Gegenüber, sondern ein Bild von der Realität, dass belastbar und begründbar ist und vorläufige Gültigkeit beansprucht, aber aufgehoben und erweitert wird, wenn neue Erkenntnisse dies nahe legen.

In der Sozialen Arbeit gibt es vor diesem Hintergrund vielerlei begriffliche Annäherungsversuche an den Verstehensgegenstand. Das bekannte kritische Alltagskonzept von Hans Thiersch benennt beispielsweise die „Schnittstelle objektiver Strukturen und subjektiver Verständnis- und Bewältigungsmuster" (Thiersch 1992, 47). Björn Krauss schlägt mit Verweis auf die verbreitete Unterscheidung von „Wirklichkeit" und „Realität" vor, Lebenswelt als die unhintergehbare subjektive Wirklichkeit eines Menschen zu verstehen, Lebenslage hingegen als die ihn umgebende objektive Realität (vgl. Krauss 2013, 153). Eric Mührel konkretisiert diesen Verstehensgegenstand, der das objektive und subjektive Moment zusammenfasst, in seinen Reflexionen zur professionellen Haltung in der Sozialen Arbeit mit Bezugnahme auf Ortega y Gasset als „Lebensweise" (vgl. Mührel 2008, 71 f). Dessen Kerngedanke lautet, dass der Mensch sehr abstrakt und grundsätzlich zu verstehen ist als innere Kraft, einem „Ich", das sich in Auseinandersetzung befindet mit seinen Lebensumständen. Soziologisch ist auch hier die Trennung von Mikro- und Makroebene vollzogen, um sie aber sogleich wieder aufeinander zu beziehen. Denn das „Ich" ist sodann als ein „ich und dessen Lebensumstände" zu verstehen und die Lebensweise eines Menschen die zum Ausdruck kommende Selbstgestaltung seines „Ich". Das, was wir als „Lebenswelt" verstehen, muss als in dieses „Ich" inbegriffen verstanden werden. Das, als Kraft bezeichnete, „Innere" ist zu begreifen als Gesamtheit von mikrosoziologisch beschreibbaren Motivationen und Kognitionen, die ihrerseits wiederum nur im Zusammenhang mit individuellen Lebenswelten zu verstehen sind (vgl. Kap. 5). Die lebensweltlich geprägte subjektive Perspektive des Anderen, seine objektiv beschreibbaren Lebensumstände und die lebensweltlich geprägte Perspektive des Anderen auf seine Lebensumstände, die als Lebensweise zum Ausdruck kommt, werden zum Gegenstand des Verstehens. Verstehen bedeutet demnach, in diesem Licht, „hinter den Ausdruck der Lebensweise zu kommen. Dies mit dem Ziel, letztlich die Dynamik der Entwicklungen, Antagonismen, Paradoxien des individuellen ‚Ich bin ich und meine Lebensumstände' des Anderen zur Sprache zu bringen" (Mührel 2008, 73).

Der Einbezug der Hilfsadressatin und ihrer Perspektive in das diagnostische Bild vom Fall, das durch professionelles Handeln entstehen muss, ist somit unabdingbar. Mührel spricht einer Sozialen Arbeit geradezu die Existenzberechtigung ab, die nicht „auf dem Verstehen der Lebensweise ihrer Adressaten fundiert" und das heißt eben, deren Perspektive mit in die Entstehung des diagnostischen Bildes mit aufnimmt (Mührel 2008, 97). Eine solche Soziale Arbeit könnte dann, so Mührel, „nur Teil einer Verwirklichung eines totalitären Gesellschafts- und Menschenbildes sein, das Menschen zu disziplinieren trachtet, und damit eine Pseudosozialpädagogik, die in ihrer Verirrung ihres eigenen Grundes beraubt ist" (ebenda). Verstehen, in einem professionellen Sinne Sozialer Arbeit, zielt daher auf Verständigung ab, muss aber der Gefahr entgehen, dass entsprechende Bemühungen „zur distanzlosen Anbiederung oder aber zu geschwätzigen Bemächtigung verkommen, wenn sie nicht auf einem Verstehen aufbauen, das die Perspektive des anderen empathisch und kritisch nachvollzieht und von fördernd-entwickelnder Absicht geprägt ist" (Scarbath 1984, 13). In Bezug auf einen erzieherischen Handlungszusammenhang zieht Scarbath hieraus folgenden Schluss: „Pädagogisches Verstehen heißt für mich, a) dass ich etikettierende Bewertung und sanktionierende Reaktion angesichts ‚normalen' wie ‚devianten' Verhaltens hintanstelle. b) dass ich mich bemühe, die lebensweltliche Position, den lebensgeschichtlichen Kontext und die subjektiven Definitionsleistungen des anderen von dessen Perspektive her nachzuvollziehen (was dialogisch-mäeutische Haltung und Anerkenntnis von Fremdheit und Grenze einschließt!); c) dass ich mich dabei gerichtet, aber offen in die Beziehung zum anderen begebe (Haltungen einer nichtintentionalen Intentionalität, vgl. Buber und Gadamer); d) dass ich versuche, zu einer kontextbezogenen Interpretation verbaler wie nonverbaler (und in beidem möglicherweise symbolisch verschlüsselter) Signale des anderen zu gelangen, und zwar (das erscheint wesentlich!) unter zunehmend reflexiver Beteiligung des anderen (divinatorisches, d. h. erratendes Verstehen); e) dass ich produktive Ichleistungen bzw. Selbstgestaltungen identifiziere und unterstütze – und zwar selbst noch (und gerade) in solchen Verhaltensweisen, die oberflächlich gesehen deviant und destruktiv sind" (Scarbath 1984, 16).

Damit ist zugleich verdeutlicht, dass soziale Diagnostik nicht lediglich als Rekonstruktion der Adressatinnenperspektive gedacht werden kann, ebenso wenig wie Theorie als einfaches Klassifikationsraster für die soziale Diagnostik operationalisierbar ist. Auch hier geht es also um einen Vorgang der Relationierung, somit um die Verknüpfung von Lebenswelt und Praxis. Verknüpft werden müssen lebensweltliche Perspektiven und damit verbundene Urteilsformen, mit situativer Angemessenheit. Soziale Arbeit institutionalisiert in diesem Zusammenhang somit einen Prozess, in dem lebensweltlich geprägte Hintergrundüberzeugungen und Beurteilungen bewusst werden und praktisch kommunikativ in den Prozess der Aufklärung über den Sachverhalt einfließen.

3.4.3 Werteorientiertes Verstehen

So ist bis hierhin zu sagen: Soziale Diagnostik ist die Anstrengung der Integration verschiedener Perspektiven, Expertisen, Erfahrungsweisen, Wissensbestände in ein Bild vom „Fall", die sich als „Verstehen der Lebensweise" vollzieht. Die Aufgabe der Professionellen ist es, in diesen Vorgang ihre spezifische Perspektive als Professionelle einzubringen: wissenschaftliche Wissensbestände, professionelles Erfahrungswissen und zudem diagnostisches Methodenwissen. Die Adressatinnen bringen ihre subjektive Perspektive auf das Problem und dessen Ursache ein. Von professionellen Verfahren soziale Diagnostik muss erwartet werden können, dass sie sodann in einem Prozess der Relationierung der verschiedenen Perspektiven ein Bild von der Fallrealität zu entwickeln in der Lage sind.

Allerdings muss dieses Handeln der Professionellen schließlich auch in seiner Werteverankerung begriffen werden. Bereits die allgemeine Gestaltung von Verstehensprozessen selbst erfolgt wertebasiert, insofern eine Subjekt- und Lebensweltorientierung in spezifischer Humanität wurzelt und sich aus Menschenrechten begründet. Aber auch die spezielle Realisierung von Verstehen ist durch Werte geprägt, insofern als die Hervorbringung eines sozialdiagnostischen Bildes, das anschließende Hilfehandeln begründet, Wertvorentscheidungen in sich trägt. Diese Vorentscheidung besteht in der Antwort auf die Frage danach, was „gut" ist und man dem entsprechend tun darf und muss. Antworten auf diese Grundfragen ergeben sich zum einen aus den Rechtsgrundlagen und der Rechtspraxis eines Staates, von der Soziale Arbeit zudem einen wesentlichen Teil ihrer Handlungsermächtigung bezieht. Sie leiten sich zudem als ethische Prinzipien aus der Theologie und Philosophie ab und verdichten sich zunehmend zu einer sozialarbeiterischen Professionsethik (vgl. Engelke et al. 2009 b, 272 ff). Bereits in der Erklärung, der „International Federation of Social Workers" von 1996, „International Policy of Human Rights" wird die Verantwortung der Sozialen Arbeit für die Verwirklichung von Menschenrechten herausgehoben und deren Rolle folgendermaßen beschrieben: „Social Workers deals with common human needs. They work to prevent or alleviate individual, group and community problems, and to improve the quality of life for all people. In doing so, they seek to uphold the rights of the individuals or groups with whom they are working. The value base of social work with its emphasis on the unique worth of individual has much common with human rights theory" (zitiert nach; Engelke et al. 2009 b, 293). In der aktuellen Definition (2014) der "International Federation of Social Workers" wird formuliert: „Soziale Arbeit ist eine praxisorientierte Profession und eine wissenschaftliche Disziplin, dessen bzw. deren Ziel die Förderung des sozialen Wandels, der sozialen Entwicklung und des sozialen Zusammenhalts sowie die Stärkung und Befreiung der Menschen ist. Die Prinzipien der sozialen Gerechtigkeit, die Menschenrechte, gemeinsame Verantwortung und die Achtung der Vielfalt bilden die Grundlagen der Sozialen Arbeit. Gestützt auf Theorien zur Sozialen Arbeit, auf Sozialwissenschaften, Geisteswissenschaften und indigenem Wissen, werden bei der Sozialen Arbeit Menschen und Strukturen eingebunden, um existenzielle Herausforderungen zu bewältigen und das Wohlergehen zu verbessern." (DBSH 2014)

Für den Vorgang des multiperspektivischen Verstehens folgt daraus, dass Fachkräfte der Sozialen Arbeit in den Prozess einer sozialen Diagnostik immer auch als ethisch gebundene Vertreterinnen von Interessen treten. Das von Silvia Staub-Bernasconi begründete Tripelmandat wird auch hier relevant. Sie hatte vorgeschlagen, die analytische Unterscheidung von zwei Mandaten – von den Hilfeadressatinnen und von den gesellschaftlichen Instanzen – um ein drittes zu erweitern: das Mandat aus sich selbst heraus als Profession. Voraussetzung hierfür sei eine wissenschaftliche Beschreibungs- und Erklärungsbasis im Hinblick auf ihren Gegenstandsbereich, sowie eine ethische Basis, auf die sich die Professionellen in ihren Entscheidungen berufen können, unabhängig vom „Zeitgeist", dem Druck des Trägers oder der Adressatinnen. Diese sollte ihrer Meinung nach in den allgemeinen Menschenrechten begründet liegen. Dies würde dazu führen, dass sich Soziale Arbeit auf diese Weise eigenbestimmte, wissensbasierte Aufträge zu geben in der Lage sei. Im Hinblick auf die Konsequenzen für den diagnostischen Prozess schreibt sie: „ als regulative Idee bieten die Menschenrechte die Möglichkeit, Probleme (Diagnosen) und Auftrag nicht nur aus legalistischer oder vorgeschriebener Vertrags-, sondern zusätzlich aus menschenrechtlicher Perspektive zu durchdenken, sich sowohl von den möglichen Machtinteressen und Zumutungen der Träger, fachfremden Eingriffen anderer Professionen wie der Vereinnahmung durch illegitime Forderung durch die Adressatinnen kritisch zu distanzieren" (Staub-Bernasconi 2007, 201).

Diese Selbstbindung an eine professionelle Ethik fügt dem Perspektivenpool eine weitere hinzu, die in den Prozess der Relationierung aufgenommen werden muss. Sie schafft zugleich kritische Distanz und verhindert eine „distanzlose Anbiederung" wie auch die „geschwätzige Bemächtigung", zu der, so Scarbath, sozialpädagogische Verstehensbemühungen verkommen, „wenn sie nicht auf einem Verstehen aufbauen, das die Perspektive des anderen empathisch und kritisch nachvollzieht und von fördernd-entwickelnder Absicht geprägt ist (Scarbath 1984, 13). Auch Klaus Grundwalds Verweis auf das Spannungsfeld zwischen dem gelebten Alltag und der kritischen Auseinandersetzung mit ihm „im Interesse anderer, neuer Möglichkeiten", das nur durch kasuistisch-kunstvolle Entdeckungsvorgänge aufzuheben sei, impliziert einen Maßstab für Kritik, den die Professionellen mitbringen und der nur als ethische Selbstbindung zu denken ist (Grunwald 2001, 107).

3.5 Resümierende Schärfung des Diagnostikbegriffs

Vor diesem Hintergrund muss der Begriff „soziale Diagnostik" konkretisiert werden. Er ist im Lichte dieser Erörterungen zu verstehen, als die unter Einbezug der lebensweltlich geprägten Adressatinnenperspektive, wie auch der fachwissenschaftlich geprägten Außenperspektiven, zu vollziehende Zusammenfügung der wichtigsten Merkmale eines Sachverhaltes zu einer Struktur, die Erkenntnis stiftet und sowohl die Notwendigkeit als auch die Zielrichtung nachfolgenden professionellen Hilfehandelns begründet. Verstehen in der Sozialen Arbeit, das als „soziale Diagnostik" zu professionellen Verfahren systematisiert wurde, muss also dem Anspruch genügen, entsprechend dem Selbstverständnis einer subjekt- und lebensweltorientierten Praxis, den Eigensinn der Perspektive ihrer beteiligten Adressatinnen mit dem wissenschaftsgegründeten Eigensinn der Professionellen zu verknüpfen, so wie er sich aus ihrem multiplen wissenschaftlichen Referenzsystem ergibt. Dies meint nicht, dass der lebensweltlich geprägten Einschätzung der Adressatinnen die Einschätzung der Professionellen entgegen gestellt werden sollte, um sodann Argumente für die jeweils eigene Betrachtungsweise und ggf. Kompromisse zu suchen. Vielmehr geht es um einen methodisch gegründeten Suchvorgang, der die verschiedenen Perspektiven wie Lichtstrahler nutzt, die von verschiedenen Seiten auf den zu entdeckenden Gegenstand gerichtet werden. Jeder Lichtstrahl erhellt einen Teil des Gegenstandes, vermag ihn aber nur im Miteinander, in seinem Zusammenhang und seiner Struktur zu erfassen. Professionelle Diagnostik bringt immer die fachlich-wissenschaftliche Perspektive mit ein, sowie eine Methode, mit der sie in der Lage ist, die lebensweltlich geprägte Innenperspektive für die Erkenntnis des Ganzen zu mobilisieren. An Subjekt- und Lebensweltorientierung gebildete soziale Diagnostik ist daher immer auch entdeckend, da sie die Wissensvoraussetzungen ihres Erkennens nicht mitbringt, sondern nur das Verfahren, durch das Entdeckung ermöglicht wird. Ein solches Verstehen, das Situationen und Personen in ihrem Eigensinn erkennen möchte, ist kritisch. Hans Thiersch schreibt dazu: „In solcher Anstrengung eines Verstehens, das sich der notwendigen Offenheit eines vielperspektivischen Ansatzes bewusst ist, liegt eine Widerstands- und Sprengkraft in Bezug auf Enge, Ausblendung und darin begründete Manipulation, die freizusetzen eine der Hoffnungen in der so vertrakten Ineffektivität unseres Verstehensbetriebes ist" (Thiersch 1986, 214).

Die Verstehenszweifel

4

Die konstatierte Schwachstelle sozialpädagogischer Professionalität, im Hinblick auf ihre Konzepte und Methoden sozialer Diagnostik, hat ihre Ursache auch in ausgeprägten Selbstzweifeln der Profession. Diese Zweifel rühren zum einen aus der Frage, inwiefern soziale Diagnostik ein in professionellen Hilfesettings immer schon vorhandenes Machtgefälle zwangsläufig verfestigt und zum Instrument der Herrschaft von Professionellen wird. Diese Zweifel rühren zum anderen aus einer Einsicht in den enormen Anspruch, der damit verbunden ist, der Komplexität bio-psycho-sozialer Problemlagen entsprechende Verstehensverfahren zu entwickeln, die dann auch halten können, was sie begrifflich versprechen, entsprechend den Ausführungen in Kap. 2. Es ist also der Zweifel an der technisch-methodischen Realisierbarkeit von multiperspektivischen Verstehensverfahren, die sich von intuitions- und talentbasierten Alltagsverfahren entfernen und zugleich Distanz wahren zu eindimensionalen medizinisch-psychiatrisch-psychologischen Betrachtungsweisen. Während sich die Berechtigung der Zweifel an der Realisierbarkeit multiperspektivischen Verstehens ggf. durch evaluierte Praxis überprüfen ließe (was auch zunehmend stattfindet), bremsen die grundlegenden Zweifel an der Legitimität von sozialer Diagnostik deren Entwicklung. Daher sollen diese sozialarbeiterischen Selbstzweifel an den eigenen Verstehensabsichten im Folgenden erörtert und in ihrer Relevanz für die weitere Konzeptentwicklung sozialer Diagnostik betrachtet werden.[1]

---

[1] Nicht weitergehend erörtert wird an dieser Stelle der immer vorhandene erkenntnistheoretische Zweifel an Verstehensvorgängen überhaupt, ausgehend von der Annahme, jegliches Verstehen sei eine diskursabhängige Konstruktion von Relevanz. Verstehensvorgänge stehen in diesem Zusammenhang immer unter dem Verdacht, das „an sich" Vorhandene nicht erkennen zu können, sondern es im Vollzug qua Appellation zu erschaffen (vgl. Butler 2001). Zudem sind sie womöglich, durch einen ihnen innewohnenden Drang zur Wahrheit, Ausdruck eines hegemonialen Willens zur Macht, der sich selbst nicht erkennt (vgl. Foucault 1981).

© Springer Fachmedien Wiesbaden 2016
M. Nauerth, *Verstehen in der Sozialen Arbeit*,
DOI 10.1007/978-3-658-10075-9_4

4.1   Der Diagnostikdiskurs in der Sozialen Arbeit

Nachdem in der Frühzeit der öffentlichen Fürsorge zunächst der „gesunde Menschenverstand" den Maßstab für die Beurteilung der Situation festlegte und ein
Hilfehandeln dem entsprechend entwarf, stand Diagnostik als ein „Handeln von
Expertinnen und Experten" am Beginn der Professionalisierung Sozialer Arbeit
(vgl. Uhlendorf 2005, S. 524 f). Soziale Diagnostik wurde zum zentralen Begriff
einer fortschrittlichen Entwicklung, die die Beschreibung der Probleme und die
Klärung von deren Verursachung erstmals in formaler Begründungsrationalität zu
verankern versuchte. Alice Salomon, Bezug nehmend auf Mary Richmond, verstand unter Diagnostik eine Kompetenz der Armutsbekämpfung, die durch Expertinnen zu erfolgen habe und sich in fünf Schritten vollziehe: „den Erkundigungen,
der Ressourcenermittlung, der Deutung, der Planung und der Evaluation. Die Ausführung der Hilfe erfolgte zwischen den beiden letzten Schritten und bestand in
Bereitstellung erforderlicher Ressourcen (Wohnen, Ausbildung, materielle Unterstützung) oder in Beratung und Ermutigung" (Kuhlmann 2004, S. 17). Soziale
Diagnostik zielte hierbei letztlich auf die Unterscheidung, „ob tatsächlich nur eine
äußere Hilfeleistung nötig ist, oder weitere persönliche Hilfen gewünscht und notwendig sind" (ebenda, Seite). Dieser fachliche Impuls von Alice Salomon fand in
Deutschland aber zunächst keine Resonanz über das Jahr 1933 hinaus. Während
der nationalsozialistischen Regierungsphase musste Salomon emigrieren. Diagnostik wurde fester Bestandteil der herrschenden sozialen Auslese- und Vernich-
tungspolitik. Nach 1945 arbeitete auch der Fürsorgebereich bis in die 60er Jahre
hinein mit diagnostischen Zuschreibungen wie „arbeitsscheu", „sittlich verwahr-
lost", „nichtsesshaft" oder „unerziehbar". Zudem wurde auf psychiatrische sowie

---

Diese Infragestellung enthebt jedoch angewandte (und forschende) Wissenschaften, wie die
Soziale Arbeit, nicht von der Aufgabe, verantwortbare Verstehensverfahren zu entwickeln,
deren Ergebnisse belastbar sind und nachfolgendes Interventionshandeln begründen. Sie bedürfen als Prämisse einer kritischen Ontologie.
  Die Berechtigung hierzu ergibt sich aus der Logik von Foucault et al. selbst. Sie können
keinen erhabenen Standpunkt einnehmen, von dem aus sie die Wahrheit über die Unmög-
lichkeit von Wahrheit auszusprechen in der Lage sind. Auch ihre wahrheitskritische Position
ist in der Konsequenz ihres Denkweges nicht „wahr" und steht genauso unter dem Verdacht,
Ausdruck eines hegemonialen Machtwillens zu sein sowie das Ergebnis einer bestimmten
Wahrheitspolitik. Sie wäre somit kontextual verständlich, aber nicht wahrer als ihr Gegenteil
– und relativ. Das heißt: Mit Foucault et al. lernen wir, unsere Sprech- Denk- Verstehens-
und Forschungsposition kritisch zu reflektieren und über die Bedingungen der Möglichkeit
entsprechenden Handelns nachzudenken. Zugleich können wir es zu unterlassen, die damit
verbundene Relativierung zu essentialisieren bzw. all unsere Objekterfahrungen bzw. Erkenntnisse zu relativieren. Auch die Relativierung ist relativ.

theologisch-seelsorgerliche Klassifizierungen zurückgegriffen, was erst durch den politisch-kulturellen Aufbruch der 60er Jahre grundlegend kritisiert wurde und auch den Diskurs innerhalb der Sozialen Arbeit in einer Weise veränderte, der als Paradigmenwechsel verstanden werden kann. In die Kritik gerieten zunehmend die sozialen Verhältnisse, nicht mehr jedoch die sich in ihnen individuell vollziehenden Normabweichungen. Auf sie bezogene moralische oder klinische Zuschreibungen wurden erfolgreich delegitimiert, stattdessen Normabweichungen oftmals als Akt individueller Emanzipation unter den Bedingungen staatlicher Repression gedeutet. Über einen langen Zeitraum wurde „soziale Diagnostik" in Wissenschaft und Profession Sozialer Arbeit daher wenig erörtert, erforscht und entwickelt, weil, so Timm Kunstreich, diese in der Sozialen Arbeit verbreitete Kritik an diagnostischer Praxis so umfassend wirkte, „dass der Begriff Diagnose (wie auch Anamnese, Indikation, Behandlung, usw.) entweder nicht oder nur in Anführungszeichen benutzt wurde ... Aus kritischer Perspektive war klar: Dieses Herrschaftswissen macht die Adressaten zu Objekten, degradiert ihre Lebenswelt zur Abweichung und instrumentalisiert sie für den herrschenden Normalitätsdiskurs" (Kunstreich 2003a, S. 7). Allerdings nimmt seit Ende der 90er Jahre die Bedeutung von „Verstehen" und „Diagnostik" wieder zu. Dies zeigt sich in einschlägigen Publikationen und Konferenzthemen, die z. T. hierbei auch wieder an die frühen Arbeiten von Salomon anzuschließen versuchen, (so z. B. Peters 2002; Ader et al. 2001; Widersprüche 2003; Heiner 2004; Pantucek und Röh 2009, Archiv für Wissenschaft und Praxis der sozialen Arbeit, Nr. 4, 2010; Zeitschrift für Sozialpädagogik, Nr. 1, 2011). Es zeigt sich aber auch in den verschiedenen Praxisfeldern: Beispielsweise wird in der Pädagogik der frühen Kindheit vermehrt auf entwicklungs- und sprachdiagnostische Instrumente zurückgegriffen, in der Schulpädagogik auf Lernstandserhebungen, in der klinischen Sozialen Arbeit Hilfebedarfs-, Behinderungs- und Kompetenzeinstufungen, in der Kinder- und Jugendhilfe Gefährdungseinstufungen und Förderbedarfsanalysen, in der beruflichen Bildung ein diagnostisch unterstütztes Fallmanagement, in der Altenhilfe die evidenzbasierte Hilfebedarfsanalyse (vgl. Thole et al. 2007, S. 315).

Die jüngere Entwicklung zur Berechtigung und Notwendigkeit sozialer Diagnostik hat drei Gruppen hervorgebracht, die ihre Argumente austauschen und an Konzepten und Methoden arbeiten. Es gibt a) jene Wissenschaftlerinnen und Praktikerinnen, die soziale Diagnostik als standardisiert-klassifizierendes Expertinnenhandeln operationalisieren wollen (vgl. z. B. Röh 2010, S. 79 ff; Röh 2010a, S. 44 ff; Heiner 2010, S. 14 ff; Pantucek 2010, S. 56 ff). Hierbei gehen sie davon aus, dass die Herstellung einer möglichst großen Klarheit, im Hinblick auf Problemlagen, Entstehungsbedingungen, vorhandene Bedürfnisse, Motivationen, Lösungskompetenzen ... eine Voraussetzung für professionelle Interventionen darstellt. Dieser Ordnungsvorgang sei zudem möglich und auf eine Weise gestaltbar, dass entwertende Etikettierungen, Stigmatisierungen und Entmündigungen unterbleiben. In den letzten Jahren sind verschiedene Diagnostikinstrumente dieser Art entstanden. Hierzu gehören sowohl empirisch validierte Instrumente, aber auch Checklisten für die Überprüfung des Vorhandenseins von bio-psycho-sozialen Befunden. Mancherlei, in der Praxis angewandte, Verfahren sind aus verwandten Bereichen stillschweigend ausgeliehen worden und zu Instrumenten der Sozialen Arbeit mutiert. Insbesondere im Bereich der klinischen Sozialen Arbeit finden Verfahren aus der psychologischen und medizinischen Diagnostik Anwendung. Viele sozialarbeiterische Verfahren sind zudem unter anderen Begriffen verbreitet. Peter Buttner verweist hier u. a. auf Anamnese- und Assessmentverfahren, verschiedene Arten von standardisierten Dokumentationen, Fähigkeitsanalysen, Hilfeplanungssysteme, Problem- und Situationsanalysesysteme (vgl. Buttner 2010, S. 7). Es gibt zudem b) jene Wissenschaftlerinnen und Praktikerinnen, die soziale Diagnostik als sinnverstehende hermeneutische oder heuristische Vorgehensweise operationalisieren (vgl. z. B. Uhlendorf 2002; Jakob und Wiensierski 1997; Nauerth 2005, S. 211 ff). Ausgehend von den traditionellen Kunstlehren des Verstehens wird, oftmals mit starkem Bezug auf Gadamer, eine soziale Diagnostik handlungstheoretisch und methodisch entwickelt, die analytisch-rekonstruktiv ein komplexes Bild vom Fall entwickeln kann. In der Regel erfolgt dies, durch die Trennung der Vorgänge der Datenerhebung einerseits (in der Form der Durchführung von Gesprächen und der Erstellung von Gesprächsprotokollen) und der Auswertung dieser Daten andererseits, auf der Basis von Verfahren, die auch in Sozialforschungszusammenhängen gebräuchlich sind. Besonders betont wird bei den Protagonistinnen dieser Verfahren, dass sie die Selbstdeutung der Adressatinnen und Adressaten mit einbeziehen und sich auf diese Weise von expertokratischer Klassifizierung fern halten. Expertinnen sind die Fachkräfte hier nur im Hinblick auf die Anwendung der Methode, dem Selbstverständnis nach aber nicht als Verstehende. Eine dritte Gruppe hat sich c) in Kritik zu beiden Bestrebungen entwickelt. Ihre Argumentation steht in der Kontinuität einer kritischen Pädagogik, die seit den 70er Jahren nicht nur die Überwindung autoritärer Fürsorgekonzepte und schwarzer Pädagogik betrieb, sondern auch neuere Subjekt- und Lebensweltorientierungen kritisch hinterfragte. Micha Brumlik deutete hier sehr früh vermeintlich progressive Verstehensabsichten als Ausspionierung bisher nicht erfasster Lebenswelten, die dem Zwecke dienten Normabweichungen zu unterbinden. Soziale Arbeit werde so zur Akteurin einer Kolonialisierung von Lebenswelten. Die mit ihrem Erscheinen verbundene Verberuflichung des Verstehens übertrage die Definitionshoheit über soziale Probleme den Professionellen, verbunden mit der Ausbreitung sozialer Kontrolle und Entmündigung auf Seiten ihrer Adressatinnen. Konsequenterweise

habe sich die professionelle Bearbeitung sozialer Probleme daher in Politik aufzulösen (vgl. Brumlik 1980, S. 310 ff; zusammenfassend Sünker 1984, S. 144 ff). In,
durchaus kritischer, Fortsetzung dieser Denktradition untersuchen die „Anti-Neo-
Diagnostiker" diagnostische Vorgehensweisen von Professionellen auf ihren herr-
schaftsstabilisierenden Gehalt, begründeten, mit Habermas Kommunikationstheo-
rie (und gegen diesen frühen Brumlik), Emanzipationspotentiale in pädagogischen
Arrangements (vgl. Sünker 1984) oder, mit Bezug auf Foucault, die funktionale Integration von Sozialer Arbeit in herrschende Regierungsweisen (vgl. Kessl 2005).
Zugespitzt kritisiert Kunstreich soziale Diagnostik als Akt übler Nachrede und
expertokratischen Herrschaftsmonolog, weil professionellem Wissen ein höherer
Wert beigemessen werde als der Klientinnensichtweise, wofür es keine Grundlage
gebe. (vgl. Kunstreich 2005, S. 58 f). Befürchtet wird die Verletzung der Selbst-
bestimmungsrechte der Adressatinnen Sozialer Arbeit durch die Deutungsmacht
Professioneller. Diese komme zwar fortschrittlich im Gewande wissenschaftlicher
Expertise daher, bleibe aber letztlich subjektiv, moden- und konjunkturabhängig,
was sich an der Geschichte diagnostischer Bilder in der Sozialen Arbeit zeige,
wie zum Beispiel die bekannten Zuschreibungen „Nichtsesshafte", „Asoziale",
„Krank", „Irre" (z. B. Kunstreich 2003, S. 204). Da das Ziel emanzipatorischer
Sozialer Arbeit immer auch die Befreiung von undurchschautem Zwang sei und
der Maßstab guten Lebens nicht von außen an die Adressatinnnen der Hilfe herangetragen werden dürfe, müsse auch auf eine diagnostizierende Praxis verzichtet
werden, die eben diese gesellschaftlichen Normen zwangsläufig als Maßstab be-
inhalte (vgl. Sünker 1984, S. 133 ff).

Burkhard Müller variiert sodann die Grundfrage des Diagnostikprozesses und
damit auch den Gegenstandsbereich einer Diagnostik, wenn er darauf hinweist,
dass die Frage danach „was das Problem ist", bereits auf der Vorentscheidung darüber beruhe, wer das Problem hat. Er schlägt stattdessen vor, statt die Frage zu
stellen „was ist das Problem?", nun danach zu fragen „wer welches Problem hat".
„Diagnostik heißt hier nicht", so schreibt Müller, „herauszufinden, was mit der/
dem Betroffenen ‚eigentlich' los ist, sondern herauszufinden, was in einer Situation zu tun ist (ohne dabei zu vergessen, dass auf die jeweils möglichen Schritte
andere Schritte folgen müssen)" (Müller 2009, S. 118). Damit besteht die Chance,
aus der immer drohenden Willkür von Vorab-Problemzuschreibung herauszukom-
men und offen zu bleiben für die Komplexität der Problemlagen, die perspektiven-
abhängig erlebt werden.

Die Grundsatzfragen über die Legitimität von Diagnosen sind inzwischen in
den Hintergrund getreten. Dies hängt auch damit zusammen, dass dieser Grund-
satzstreit zum Teil auf ungeklärten Begrifflichkeiten beruhte, somit Abgrenzungen
erfolgten und Uneinigkeiten festgeschrieben wurden, die inhaltlich nicht fundiert

waren. Insbesondere der Begriff „Diagnostik" selbst war oftmals nicht exakt definiert, so dass in der Folge auch scharfe Kritik in Bezug auf einen Gegenstand entfaltet wurde, der in dieser Form kaum noch existierte, die Kritik somit ins Leere lief. Zudem zeigte sich, dass das Verständnis einer auf autonome Subjektivität ihrer Adressatinnen und Adressaten abzielende Soziale Arbeit Konsens war, ebenso grundlegende fach- und gesellschaftspolitische Überzeugungen. Dissens bestand im Hinblick auf die richtige Form der methodischen Absicherung gemeinsam geteilter Werte (vgl. den Diskurs in Widersprüche 2003, Nr. 88).

Hinzu kommt, dass die Protagonistinnen der Diagnosekritik zwar beeindruckende kritische Theoriebildung vollzogen sowie Handlungsprinzipien entwarfen, aber eine spezifische Operationalisierung zu anwendbaren Methoden und Instrumente unterblieb. Taktvoll zu handeln, ist ein früher Vorschlag von Brumlik, mit Verweis auf Gadamer (vgl. Brumlik 1984, S. 2). Dieser schrieb: „Wir verstehen unter Takt eine bestimmte Empfindlichkeit und Empfindungsfähigkeit für Situationen und das Verhalten in ihnen, für die wir kein Wissen aus allgemeinen Prinzipien besitzen. Daher gehört Unausdrücklichkeit und Ausdrückbarkeit dem Takt wesentlich zu. Man kann etwas taktvoll sagen. Aber das wird immer heißen, das auszusprechen, was man nur übergehen kann. Übergehen heißt aber nicht: von etwas wegsehen, sonder es so im Auge zu haben, dass man nicht daran stößt, sondern daran vorbei kommt. Daher hilft Takt dazu, Abstand zu halten, vermeidet das Anstößige, das Zunahetreten und die Verletzung der Intimsphäre der Person" (Gadamer 1972, S. 13). Kunstreich postuliert, in dieser Tradition, später sozialpädagogisches Verstehen als „prospektiven Dialog", basierend auf der Anerkennung der Perspektiven aller Dialogpartnerinnen als gleichwertig, somit gewissermaßen eine Konsenspflicht als ethische Forderung für die Geltung der Diagnosen. Für ihn ist Verstehen nur als Verständigung legitimierbar (vgl. Kunstreich 2003, S. 26 ff). Unter dem Begriff der reflexiven Professionalität subsumiert Bernd Dewe sodann einen Verstehensvorgang, der in einer „diskursiven Auslegung und Deutung von lebensweltlichen Schwierigkeiten und Einzelfällen" besteht. Es ist die reflexive Professionelle, die ihren komplexen theoretischen Wissensbestand in der Praxis „relationiert", d. h. situativ reflektiert (vgl. Dewe 2009, S. 100 f).

Jedoch: die Methodisierung dessen, wie sich taktvolle und dialogische Verstehensprozesse sowie relationierende Deutungs- und Auslegungsprozesse zu vollziehen haben, blieb bisher Fragment. Damit verbunden auch, was erfüllt sein muss, damit ein professioneller Verstehensprozess als taktvoll, dialogisch und relationierend bezeichnet werden kann, von seinem Gegenteil zu unterscheiden ist und wie professionelle Deutung und Auslegung im Detail sich vollziehen muss, um der Gefahr zu entgehen, die Realität unter der Kategorie des Vorwissens zu subsumieren. Es unterblieben somit die Ausarbeitung von Gütekrieterien, sowie die Beschreibung eines Geltungsbereiches für diese Verstehenspraxen, somit die Differenzierung der Praxen im Hinblick auf den jeweiligen Verstehensgegenstand. Damit stehen solche Ansätze in der Gefahr als Schutzschilder für eine Praxis missbraucht zu werden, die für ihre methodefreien Vollzüge einen Legitimierungsbedarf hat.

4.2 Die Diagnostikzweifel als Präzisierungshilfe für Verstehensverfahren

Gegenwärtig erfolgt der aktuelle Fachdiskurs in der Sozialen Arbeit zwischen den auf den Einzelfall fokussierten, verstehenden und rekonstruktiven Ansätzen, also den interpretativ-hermeneutischen Verfahren und den standardisiert-klassifikatorischen Verfahren auf der anderen Seite, entsprechend der Debatte um qualitative und quantitative Forschungsansätze (vgl. Buttner 2010, S. 4). Nicht mehr die Grundsatzdebatten, ob soziale Diagnostik überhaupt angemessen sind, sondern Diskussionen darüber, wie diese auszusehen haben, prägen den Diskurs. Gleichwohl, so die hier vertretene Position, sind in den Debatten über die grundlegenden Verstehenszweifel Argumente entfaltet worden, die auch in der fortgesetzten Konzept- und Methodenarbeit von Bedeutung sein sollten. Sie liefern wichtige Kriterien für die Gestaltung sozialpädagogischer Diagnostik, an denen entstehende Verfahren sich kritisch messen lassen müssen. Die Argumente des Zweifels sollen daher im Folgenden nochmals entfaltet und sodann ihre Bedeutung für die Soziale Arbeit dargestellt werden.

4.2.1 Der Zweifel daran, richtig verstehen zu können

Im Theoriediskurs der Sozialen Arbeit wird, insbesondere mit Verweis auf die Geschichte der Profession, ein Zweifel daran wach gehalten, inwiefern es durch Methodisierung möglich ist, Diagnostikverfahren zu realisieren, die ein Verstehen der Fallrealitäten gewährleisten. Unter dem Gesichtspunkt von Gütekriterien geht es hier auf einer personalen Seite um die Zweifel an der Objektivität möglicher Verfahren, auf einer technischen Seite geht es um den Zweifel an deren Validität.

Bezogen auf die Güte eines Diagnostikverfahrens meint das Kriterium der Objektivität die Unabhängigkeit des Ergebnisses von den Rahmenbedingungen seines Einsatzes, insbesondere von den persönlichen Ambitionen der diagnostizierenden Akteure, ihren Intentionen, Prägungen und Interessen. Ein verbreiteter zentraler Zweifel, an der Möglichkeit mittels Verfahrens sozialer Diagnostik zu einem angemessenen Bild von der Fallrealität zu gelangen, bezieht sich auf dieses Gütekriterium. Befürchtet wird die Indienstnahme des Verfahrens, durch die Professionellen, zum Zwecke der Bestätigung ihrer Vorannahmen. Hierfür finden sich in der Geschichte der Sozialen Arbeit auch sehr gute Gründe. Es lässt sich zeigen, dass sozialdiagnostisches Handeln in der jüngeren Vergangenheit oftmals als rein herrschaftlicher Etikettierungsvorgang praktiziert wurde, mit dem Ziel der Stigmatisierung, Auslese, Sanktionierung und Disziplinierung. Die Vorannahmen und Interessen der handelnden Akteure dominierten die Verfahren und führten dazu, dass ein ergebnisoffener Untersuchungsvorgang der Fallrealität unterblieb. Die entstandenen Diagnosen, wie z. B. „Landstreicherin", „Nichtsesshafte" oder „Asoziale", dienten nie zu fachlich qualifizierten Beschreibungen von Problemen und deren anschließender Lösung, sondern waren Instrumente der Ausgrenzung von Abweichenden. Ein zentraler Zweifel, an neuerlichen Entwicklungs- und Systematisierungsversuchen sozialer Diagnostik in der Sozialen Arbeit, wird daher durch den Verdacht genährt, die entstehenden Diagnosen werden auch zukünftig nicht den Gegenstand abbilden, den abzubilden sie vorgeben. Vielmehr werden sie weiterhin durch die diagnostizierenden Fachkräfte geprägt, entsprechend ihrer theoretischen Vorlieben, sowie der gesellschaftlichen Wertvorstellungen und Normierungsbedürfnisse, die sie vertreten. Hinzu kommen professionelle Interessen: Kunstreich et al. schreiben hierzu: „Die Renaissance der Diagnostik in der Sozialen Arbeit kann als eine freiwillige Unterwerfung der Profession unter die gesellschaftlichen Machtverhältnisse gedeutet werden, vor allem als eine Unterwerfung unter den mit den neuen Steuerungsmodellen verbundenen manageriellen Effizienzdiskurs" (Kunstreich et al. 2004, S. 27 f). Neben der alten Herrschaftspraxis, die mittels Diagnosen ein Eingriffshandeln rechtfertigen will, stehe das aktuelle Ansinnen im unmittelbaren Zusammenhang mit betrieblicher Legitimation von Arbeitsaufträgen (vgl. ebenda, S. 28) und wird zudem von einem Professionalisierungsbedürfnis der Sozialen Arbeit angetrieben, somit also von sachfremden Kriterien gesteuert. Weil es, so Kunstreich, für die Anerkennung als Profession spezieller Bearbeitungsformen und der Unterscheidung von anderen Professionen spezifischer Problemdeutungsweisen bedarf, wird soziale Diagnostik vorangetrieben und entwickelt (vgl. Kunstreich 2003, S. 9). So wie in der Vergangenheit gesellschaftliche Normalitätsvorstellungen und Anpassungserwartungen die Begriffsbildung der Sozialen Arbeit steuerten, so tun es in Zeiten neoliberaler Steuerungen zusätzlich noch betriebswirtschaftliche Erwägungen und Profilierungsbedürfnisse der Berufsgruppe auf dem Sozialmarkt. In der Unterstellung, soziale Diagnostik sei nichts als „üble Nachrede", verdichtet sich dieser Zweifel prägnant (Kunstreich 2003, S. 8). Zum Ausdruck gebracht wird hier die Annahme, dass soziale Diagnostik immer nur strategisches Instrument der Professionellen zur Durchsetzung sachfremder Interessen ist, nie aber ein Verfahren im Rahmen einer fachlichen Expertise, die ihren

Gegenstand sachangemessen wahrnimmt und dem Gütekriterium der Objektivität entsprechen kann.

Neben den damit festgestellten unlauteren Motiven für die Entwicklung von Diagnostikverfahren begründen die Protagonisten dieser Position allerdings auch noch die Aussichtslosigkeit des Unterfangens, klassifizierend oder hermeneutisch Diagnosen zu erstellen, die ihren Untersuchungsgegenstand angemessen erfassen können. Dies ist ein Zweifel an der Validität der Verfahren, also daran inwiefern das Verfahren wirklich die Realität erfassen kann und die Verfahrensergebnisse diese Realität wirklich abbilden. Grundsätzlich formuliert es Micha Brumlik: „Menschen können einander nicht restlos verstehen, d. h. die Gründe und Regeln des jeweiligen Handelns so explizieren, dass sowohl ihr zukünftiges Handeln als auch ihre vergangenes Verhalten restlos verstanden und erklärt werden kann. Ich möchte dies in die Behauptung fassen, dass menschliches Handeln prinzipiell opak ist" (Brumlik 1984, S. 69). Im Detail wird, entsprechend der Kritik an quantitativen Verfahren empirischer Sozialforschung, bei klassifizierenden Verfahren in Frage gestellt, ob die Subsumption von sozialen Daten unter die zuvor erarbeiteten Begriffe mehr sein könne als die Verdoppelung der Forschungsvorurteile, die sodann dem Zweck der Legitimation professioneller Handlungsabsichten dienen.

Auch hermeneutische Verfahren geraten unter diesen Verdacht fehlender Validität. Im Rahmen von klassifizierender Diagnostik oder als eigenständige Verfahrensform entwickelt, drohen sie ihren Untersuchungsgegenstand systematisch zu verfehlen, weil sie patriarchal strukturiert bleiben und monologisch ein vermeintlich höheres Wissen zum Einsatz bringen. Die Transformation der diffusen Realität in ein begriffliches Raster mittels hermeneutischer Verfahren stiftet keine wirkliche Erkenntnis über diese Realität, wenn die Perspektive und der Eigensinn der Hilfsadressaten von geringerer Bedeutung sind als das professionelle Wissen. Einzig die Anerkennung der Gleichwertigkeit der Wissensdomänen der Adressatinnen und die Sicherstellung von deren gleichwertiger Einflussnahme auf die Diagnose würden einen Ausweg aus dieser hermeneutischen „Blindheit" ermöglichen (vgl. Kunstreich 2004). Den Ausweg verspricht in diesem Zusammenhang nur ein dialogisches Verfahren, dass darauf verzichtet, die Adressatinnen und Adressaten Sozialer Arbeit überhaupt zum Objekt systematischen Verstehens zu machen, in dem es die Perspektiven der Adressatinnen als gleichwertig anerkennt und sowohl die Verstehensprozesse, wie auch die Hilfeprozesse, als Handeln konzeptioniert, das von den Adressatinnen als „nützliche Assistenz" erfahrbar wird (vgl. Muth und Nauerth 2007). Es vermeidet damit auch ein Kräftemessen, zwischen den guten Gründen der Adressatinnen und der Professionellen, im Prozess der Rekonstruktion eines einheitlichen diagnostischen Bildes und verzichtet offensiv auf jede professionelle Vorherrschaft. Zugleich zielt es nicht mehr auf die Legitimationen für pädagogi-

sche Eingriffe und verlässt die „menschenbildnerische Perspektive zugunsten des
Versuchs einer gemeinsamen Praxis, einer Praxis des Dialogs und der Aufklärung"
(Kunstreich et al. 2004, S. 37). Mit einem Dialog zwischen Gleichen sollen „Bil-
dungsprozesse beim pädagogischen Gegenüber" angestoßen und begleitet werden
und Professionelle zu „Hebammen" werden, die sich in einer geburtshelfenden
Haltung in die Selbstbildungsprozesse ihres Gegenüber partnerschaftlich einbrin-
gen (vgl. Kunstreich et al. 2004, S. 35). Mit dieser radikalen Konzeptionierung
der Gleichwertigkeit von Perspektiven in den Praxisprozessen der Sozialen Arbeit,
und der damit verbundenen Zuspitzung, selbst Aushandlungsprozesse durch eine
mäeutische Haltung überwinden zu wollen, erfolgt offensichtlich der Ausstieg aus
jeglichen Verstehensabsichten.

Gegen einen, insbesondere bei Kunstreich, vorhandenen Gütepessimismus
lässt sich anführen, dass auch der Verzicht auf Verstehensverfahren und der damit
verbundene Bezug auf Talent, Erfahrung und Intuition keinen höheren Gütegrad
des Verstehens versprechen. Professionelle diagnostizieren immer, auch wenn es
anders genannt wird. Zu klären ist, durch welche Praxis die Gefahr mangelnder
Objektivität und Validität minimiert werden kann.

Für die Arbeit an angemessenen Verfahren ergeben sich jedoch aus den hier beschriebenen Verstehenszweifeln drei gewichtige und berechtigte Anfragen an Verstehensprozesse in der Sozialen Arbeit. 1) Liegt der Arbeit an Diagnostikverfahren
und deren Einsatz ein Interesse zugrunde, das weniger fachlich-professionell motiviert ist, vielmehr im Zusammenhang steht mit betrieblichen Legitimationsbe-
dürfnissen? 2) Agieren die Fachkräfte, mit Hilfe lieber Diagnostikverfahren, im
Dienste der Lösung von sozialen Problemen und der Klärung von Entwicklungs-
zielen oder aber als hegemonial Regierende, die patriarchal ihre Eingriffsrechte
legitimieren wollen? 3) Etablieren sich entwickelte Verfahren sozialer Diagnostik
auf der Basis der Ergebnisse rationaler Validierung oder auf Grund sachfremder
Kämpfe um professionelle Anerkennung?

Verstehensverfahren der Sozialen Arbeit müssen diese Zweifel an ihrer Reliabilität, ihrer Validität und ihrer Objektivität als Gütetestfragen behandeln und sodann
konzeptionell integrieren, somit durch die nachgewiesene Qualität ihrer Verste-
henskonzepte beantworten.

4.2.2 Der Zweifel an der Güte zu genauen Verstehens

Ein zweiter Verdacht begleitet die Verstehensbemühungen Sozialer Arbeit. Er ist
ebenfalls grundlegend und von einem fortschrittlich-emanzipatorischen Ansinnen
geprägt, thematisiert aber mit seinen Zweifeln eine Befürchtung, die der zuvor be-

schriebenen entgegen gesetzt ist. Ging es dort um den Zweifel, ob diagnostische Verstehensverfahren überhaupt in der Lage sind, ihren Gegenstand abzubilden bzw. erkennbar zu machen, so geht es hier um den Zweifel daran, inwiefern ein genaues Verstehen überhaupt wünschenswert ist. Nicht die Möglichkeit des Verstehens wird bezweifelt, vielmehr wird in Frage gestellt, dass genaues Verstehen ein erstrebenswertes Ziel sein kann. Bezweifelt wird der fachliche Gewinn der Möglichkeit, sehr genau zu verstehen!

Foucault hatte, mit seinen Ausführungen zur Mikrophysik der Macht, bereits die These zu begründen versucht, dass die Entwicklung der Humanwissenschaften letztlich aus einem wachsenden Kontrollbedürfnis der gesellschaftlichen Macht über den menschlichen Körper herrührt. Nicht funktionale Zustände des Menschen werden zum Gegenstand der Wissenschaften und der Berufsgruppen, wie etwa Erzieherinnen, Ärztinnen und Psychologinnen, sondern die Kontrolle ihrer Abweichung. Sie alle sind Teil eines „gesellschaftlichen Disziplinierungsprozesses, der sich der Körper nicht mehr durch Folter, Kerker und das Rad direkt bemächtigt, sondern sie durch das Postulieren innerer Instanzen („der Seele", „des Charakters") gefügig macht. Die Humanwissenschaften greifen nach den menschlichen Körpern, indem sie ihren Gegenstandsbereich überhaupt erst konstituieren" (Brumlik 1984, S. 40). Sie sind Ausdruck eines modernen Willen zum Wissen, welches „das Ensemble der Regeln (bestimmt), nach denen das Wahre vom Falschen geschieden und das Wahre mit spezifischen Machtwirkungen ausgestattet wird" (Foucault 1978, S. 53).

Die Fortentwicklung der Fähigkeit in der Sozialen Arbeit, die Lebensweise ihrer Adressatinnen komplex zu verstehen, ist in diesem Licht als ein „Angriff auf die letzten noch der Öffentlichkeit entzogenen Bereiche des privaten Lebens vor allem der Unterschichtsbevölkerung" deutbar, der letztendlich „auf die Enteignung ihres Bewusstseins" abzielt (Brumlik 1984, S. 40). Der zunächst unverfügbare lebensweltliche Eigensinn, seine soziokulturelle Natur und die hier geltenden Selbstverständlichkeiten und Hintergrundüberzeugungen geraten unter Beobachtung, werden thematisiert, damit ihrer urwüchsigen Geltung beraubt und schließlich umprogrammiert. Zu beschreiben ist dies, als eine Veränderung des kulturellen Rahmens von Menschen, ja sogar als Kolonialisierung der Lebenswelt durch Expertinnen im Allgemeinen und durch Pädagogisierung im Besonderen, sofern man Lebenswelt nicht transzendental- sondern objektwissenschaftlich verwendet. Bei Habermas wurde der Vorgang einer solchen Kolonialisierung ursprünglich folgendermaßen formuliert: „Das Alltagsbewusstsein sieht sich an Traditionen verwiesen, die in ihrem Geltungsanspruch bereits suspendiert sind, und bleibt doch, wo es sich dem Bannkreis des Traditionalismus entzieht, hoffnungslos zersplittert. An die Stelle des ‚falschen' tritt heute das fragmentierte Bewusstsein, das der Aufklärung über den Mechanismus der Verdinglichung vorbeugt. Erst damit sind die Bedingungen einer Kolonialisierung der Lebenswelt erfüllt: die Imperative der verselbständigten Subsysteme dringen, sobald sie ihres ideologischen Schleiers entkleidet sind, von außen in die Lebenswelt – wie Kolonialherren in einer Stammesgesellschaft – ein und erzwingen die Assimilation; aber die zerstreuten Perspektiven der heimischen Kultur lassen sich nicht soweit koordinieren, dass das Spiel der Metropolen und des Weltmarktes von der Peripherie her durchschaut werden könnte" (Habermas 1981 II, S. 522). In diesem Zusammenhang wäre soziale Diagnostik somit als die Durchdringung der kulturellen Reproduktion, der sozialen Integration und der Sozialisation zu verstehen, die dann einsetzt, wenn, mit Berufung auf eine kommunikative Rationalität, ein rationales Verstehen sozialintegrierter Lebenszusammenhänge erfolgt und – hiermit verbunden – deren funktionalistische Umpolung im Namen der Vernunft (vgl. Richter 1984, S. 154).

Diese Gefahr wächst, je größer das Verstehenspotential der eingesetzten Verfahren ist. In diesem Licht verkehrt sich sodann die Bewertung der Verfahren auf paradoxe Weise. Klassifizierende Verfahren erscheinen, gerade auf Grund ihrer Grobrasterung der sozialen Wirklichkeit, als geradezu ungefährlich, wohingegen hermeneutische oder gar dialogische Verfahren genau dadurch fragwürdig werden, dass sie kommunikativ in die Alltags- und Lebenswelten ihres Gegenübers besonders tief einzudringen vermögen und dadurch ein Machtpotential entfalten. Gerade der partnerschaftliche und von Solidarität geprägte Charakter entsprechender Verstehens- und Hilfesettings verkehrt sich in eine besonders ausgeklügelte Herrschaftstechnik, die sogar das hier entstehende Vertrauen und damit verbundene Offenheit als Ressource eigener Herrschaft zu nutzen vermag.

Entgegen gehalten werden kann dieser Interpretation von sozialer Diagnostik als Praxis gesellschaftlicher Kolonialisierung autonomer Lebenswelten zum einen, dass – wie Sünker darlegt – auch hermeneutisches Verstehen durchaus kritisch zu bleiben in der Lage ist, sofern sie a) ein Verständnis vom richtigen Leben entwickelt, das aber b) nicht manipulativ von außen eingebracht wird, sondern sich im Akt der Erinnerung bei den Adressatinnen Sozialer Arbeit entwickelt. „Das impliziert, ... dass in solcher Praxis die Entscheidung darüber, was das gute Leben ist, letztlich dem Subjekt selber überlassen bleiben muss, das sich in einem Prozess der Bildung vom Zwang befreit. Soll das Wissen, das in emanzipatorischer Praxis vermittelt wird, zu einem guten Leben anleiten, muss es das Individuum zur Möglichkeit befreien, von sich aus zu bestimmten, welche Form diese Leben annehmen soll" (Giegel, zitiert nach Sünker 1984, S. 147 f). Helmut Richter verortet Sozialpädagoginnen, gerade durch ihren Zugang zu Lebenswelten, als wichtige Gesprächs- und Geschäftspartnerinnen ihres Klientels, indem sie in verständigungsorientierten Handlungssituationen die Aufklärung über Aspekte der kulturellen und der Sozialisation unterstützen und die Austauschprozesse zwischen System und Lebenswelt vermitteln (vgl. Richter 1984, S. 158). Brumlik selbst verweist sodann auf den ungeklärten Begriff der Kolonialisierung und die hiermit verbundene Frage, inwiefern die Eigenwelten der Anderen überhaupt als zugänglich angenommen werden können. So gesteht er resümierend zu, dass die These einer zwangsläufigen Kolonialisierung von Lebenswelten oder der Manipulation der kulturellen Rahmungen ihrer Adressatinnen nicht zu bestätigen ist und letztlich offen bleiben muss. Seine Lösung lautet „pädagogischer Takt" als Antwort auf die wahrgenommene Gefahr von Kolonialisierungen (Brumlick 1984, S. 72).

Zusammengefasst ergibt sich aus diesen Zweifeln an der Güte sozialpädagogischer Verstehensfähigkeit, die Anfrage an jegliche soziale Diagnostikpraxis im Hinblick auf ihren Verstehensumfang. Zu klären wäre, welches Wissen Professionelle in welchen Handlungszusammenhängen wirklich benötigen. Dem entsprechend müssten Instrumente und Verfahren ausweisen, inwiefern die durch sie mögliche Verstehensintensität bzw. Erkenntnistiefe dem Anlass entsprechen, auf den sich beziehen.

4.3 Resümee

Wie dargelegt wurde, ist die Arbeit an Verstehensverfahren für die Praxis der Sozialen Arbeit von zwei grundlegenden Zweifeln begleitet, die Disziplin und Profession auf sich selbst und ihre mögliche Praxis beziehen. Zum einen ist dies der Zweifel an der Validität und der Objektivität eingesetzter Verfahren. Infrage gestellt wird die Möglichkeit, den Gegenstand durch einen Verstehensvorgang überhaupt gesichert erfassen zu können. Befürchtet wird, dass der Verstehensvorgang, auf Grund seiner Verformung durch sachfremde Interessen und der Komplexität des Verstehensgegenstandes, keine wirkliche Erkenntnis über diesen Gegenstand ermöglichen kann, die Verstehensverfahren daher keine Gültigkeit, Zuverlässigkeit und Objektivität gewährleisten. Befürchtet wird zudem, dass, im Gegensatz hierzu, der Verstehensvorgang sogar sehr genau erfolgen kann, aber gerade dadurch unerwünschte Effekte erzielt, dass es zu einer illegitimen Durchleuchtung und Beobachtung bisher verborgener lebensweltlicher Bereiche auf Seiten des Klientels kommt, ein Vorgang, der als Kolonialisierung beschrieben werden kann.

Beide Zweifel sind herrschaftskritisch ausgerichtet. Ihnen ist gemeinsam, dass sie im Vorgang des Verstehens eine Bemächtigung der Adressatinnen Sozialer Arbeit durch die Profession befürchten. Sowohl die Verkennung, als auch die Erkennung des Gegenstandsbereiches gerät als ein Problem in den Blick insofern, als es die Möglichkeit von illegitimer Herrschaftsausübung ermöglicht.

In der Sozialen Arbeit ist die Beschäftigung mit Machtungleichgewichten im Hilfeprozess nicht neu. Die handlungstheoretische Begründung und Konzeptionierung von Subjekt- und Lebensweltorientierung kann auch als Ausdruck des Bemühens gesehen werden, die immer drohende Bemächtigung des Klientels, im Vollzug sozialpädagogischer Hilfeerbringung, unwahrscheinlicher werden zu lassen. Sie ist eine Konsequenz aus dem Willen, sich nicht auf ein Instrument von Ordnungspolitik reduzieren zu lassen. Gleichwohl gesteht auch Thiersch zu, dass die Versuchung zur Macht damit weiterhin gegeben ist, gerade auch im Prozess des notwendigen tiefer gehenden Verstehens von Lebensweisen (vgl. Thiersch 1984, S. 33). In den Bemühungen um die Systematisierung und Methodisierung professionellen Verstehens in der Sozialen Arbeit muss dementsprechend beachtet werden, dass die Güte entstehender Verfahren immer gefährdet ist durch das in ihnen enthaltene Potential, sich der Adressatinnen ihrer Hilfe zu bemächtigen. Hieraus wären sodann Konsequenzen für die Entwicklung von Verfahren sozialer Diagnostik zu ziehen. Es geht an dieser Stelle um die „kritische Reflexion gegen die missbräuchlichen Techniken des Regierens und die ethische Suche nach dem, was die individuelle Freiheit zu begründen gestattet" (Foucault 1984, S. 900).

Wenn diagnostische Macht „sich nicht zur Herrschaft verfestigen (soll), so müssen sich Diagnosesysteme in den Dienst der Macht-Unterworfenen stellen" (Thole et al. 2007, S. 319). Dies kann durch die Absicherung ihrer Güte erfolgen, die grundsätzlich auf zwei Weisen realisierbar ist: durch die klassische „Testung" der Instrumente im Prozess ihrer Entwicklung, wie auch durch die Festlegung von Verfahrensstandards und damit verbundene Gütesicherungen im Vollzug ihres Einsatzes. Verfahren können im Sinne von Gütetestungen darauf hin überprüft werden, ob sie in ihrer Anwendung Personenunabhängigkeit gewährleisten, technisch zuverlässig sind und ihre Ergebnisse Gültigkeit beanspruchen können. Hinzu kommt die logische Begründung des Geltungsbereichs entstehender Ergebnisse. Auch wenn solche Absicherungen nicht immer analog der Entwicklung von Messinstrumenten empirischer Sozialforschung erfolgen können und nicht in jedem Falle durch Testungen nachweisbar sind, so geht es doch um eine maximale Annäherung an die hier enthaltenen Güteansprüche.

Die Arbeit an der Objektivität von Verfahren sozialer Diagnostik könnte darin bestehen, Handlungsanweisungen für die Nutzerinnen auszuformulieren und diese in Anwendungsmanualen zu verdichten. Hinzu käme die Beschränkung des Einsatzes der Instrumente durch die Definition von Nutzungsrechten im Zusammenhang mit abgeschlossenen Fortbildungen. Diese müssten sowohl operative Anwendungskompetenzen, als auch ethisch gegründete Haltungen und Anwendungsprinzipien, vermitteln und zudem Raum schaffen für die Einübung der Fähigkeit,

selbstreflexiv die Bedingungen ihres eigenen Erkenntnisprozesses zu rekonstruieren und dafür geeignete Settings zu produzieren (vgl. Müller 2003, S. 15 f).
Die Arbeit an einer Reliabilitätssicherung und Validierung von Verfahren würde entsprechende Testungen bedeuten. Dies meint eine Überprüfung ihrer, sich aus dem Strukturaufbau ergebenden, prinzipiellen Mess-, Beschreibungs-, Rekonstruktionsgenauigkeit auch auf eine Weise, die an klassische Retest- oder Paralleltestverfahren sowie Konsistenzprüfungen angelehnt sein kann (Reliabilität). Überprüft werden sollte mithin, so gut es geht, ob sich das Verfahren, von seiner fachlich-inhaltlichen und strukturellen Logik her, dafür eignet, spezifische Erkenntnisprozesse anzuleiten. Schließlich ginge es um den anspruchsvollen Nachweis der Gültigkeit dessen, was mit Hilfe der Instrumente erkennbar wird (Validität). Überprüft werden müsste somit, ob das Instrument erfasst, was es erfassen soll. Geht es bei der Reliabilitätsprüfung um eine Reaktion auf die Befürchtung falschen Verstehens, so würde diese Prüfung auch der Befürchtung zu genauen Verstehens Rechnung tragen. Geprüft würde somit, ob das Instrument sich auf das beschränkt, was im Handlungszusammenhang von Bedeutung ist und damit grenzverletzende Ausforschungen vermeidet. Es nimmt die Befürchtungen systematischer Kolonialisierungen gerade auch durch die potentielle Analysekraft qualitativer Verfahren ernst und prüft, ob das Verfahren den Teilbereich erfasst und sich auf diesen beschränkt, auf den bezogen es eingesetzt wird. Hierzu gehört sodann zwingend die Benennung des Geltungsbereichs der mit diesem Instrument hervorgebrachten Erkenntnissen. Hier wird der Ausschnitt der Realität bestimmt, auf den bezogen die Instrumente gültige Aussagen zu machen beanspruchen.

Zugleich ist die Absicherung der Objektivität, Reliabilität und Validität der entwickelten Instrumente, wie auch die Einhaltung ihres Geltungsbereiches, im Vollzug ihres Einsatzes grundsätzlich möglich. Das zentrale Mittel ist die Beteiligung der Adressatinnen und Adressaten am Verstehensverfahren, die Transparenz aller Verfahrensschritte und eine damit verbundene Widerspruchs- und Korrekturmöglichkeit aller Ergebnisse, die im diagnostischen Zusammenhang entstehen. Eine, in diesem Sinne, konstruktive Schwächung der Herrschaftsposition von Professionellen im diagnostischen Verfahren ist in dem Maße zu gewährleisten, wie systematische Multiperspektivität und darin enthaltene Gewährleistung von Partizipation ein Kernbestandteil des Verfahrens werden. Gegen die immer drohende Verkennung des Gegenstandsbereiches oder dessen übermäßige Ausleuchtung und die drohende illegitime Machterweiterung der Professionellen im diagnostischen Prozess wirken Validierung, systematische Partizipation, die Klärung von Geltungsbereichen und die Zertifizierung des Zugangs zur Nutzung der Instrumente durch entsprechend ausgebildete Fachkräfte.

Eine solche soziale Diagnostik wäre dementsprechend zu verstehen, als die
– unter Einbezug der lebensweltlich geprägten Adressatinnenperspektive und
fachwissenschaftlich begründete Außenperspektive transparent erfolgte – Zusammenführung der wichtigsten Merkmale eines Sachverhaltes zu einer Struktur, die
Erkenntnis stiftet, damit vorläufige Begründungen liefert für die Notwendigkeit
als auch für die Zielrichtung nachfolgenden professionellen Hilfehandelns, diese
zugleich aber auch der kritischen Überprüfung zugänglich macht.

Über den Verstehensgegenstand in der Sozialen Arbeit. Das erweiterte handlungstheoretische Mehr-Ebenen-Modell (eMEM)

Begründet werden sollte bis zu diesem Punkt, dass Soziale Arbeit einen multiperspektivischen Zugang zur bio-psycho-sozialen Realität ihrer Adressatinnen zu realisieren hat und hierbei ihre fachwissenschaftliche Expertise ins Verhältnis setzen muss, zur Perspektive derer, die ihrer Hilfe bedürfen. Die Überwindung einer expertokratischen Monoperspektive ist mit den in der Sozialen Arbeit verbreiteten Begriffen Lebenswelt, Alltag und Lebenslage vermacht. Eine diagnostische Kompetenz realisiert sich, nicht im Expertenurteil des distanziert analysierenden Professionellen, vielmehr in einem komplexen Verstehensprozess, der „das Andere" erfassen muss, um die entscheidenden Fragen der Sozialen Arbeit zu klären: wer hat welches Problem und was ist aus fachlicher Sicht zu tun? Entsprechend dem Selbstverständnis einer subjekt- und lebensweltorientierten Praxis Sozialer Arbeit geht es um die Verknüpfung der eigensinnigen Perspektive der beteiligten Adressatinnen, mit dem Eigensinn der Professionellen, so wie er sich aus ihrem multiplen wissenschaftlichen Referenzsystem ergibt. Die Entwicklung entsprechender Verstehensverfahren muss Konsequenzen aus den, im Fachdiskurs Sozialer Arbeit entfalteten, Gefahren fehlender Objektivität, Reliabilität und Validität ziehen, sowie die Geltungsbereiche der jeweiligen Verfahren zu benennen in der Lage sein.

Ein verstehender Zugang zur eigensinnigen Lebensweise der Anderen ist, sowohl eine erkenntnistheoretische Herausforderung (vgl. z. B. Krauss 2011), als auch eine methodische Herausforderung (vgl. u. a. Heiner 2004, 2011; Pantucek und Röh 2009; Muth und Nauerth 2007), der sich die Soziale Arbeit gerade auch wieder besonders stellt. Er bedarf aber ebenfalls der Verständigung über den Gegenstandsbereich des Verstehens und beinhaltet damit zudem auch eine handlungstheoretische Herausforderung. Hierum soll es nun im Folgenden gehen. Die Frage lautet, was eine verstehende Soziale Arbeit zu verstehen hat, wenn sie hier verstehen will. Welches theoretische Verständnis hat sie vom handelnden Menschen als solchen und dessen Eigensinn, der erschlossen werden muss?

© Springer Fachmedien Wiesbaden 2016
M. Nauerth, *Verstehen in der Sozialen Arbeit,*
DOI 10.1007/978-3-658-10075-9_5

Das im Folgenden entfaltete „erweiterte Mehr-Ebenen-Modell" (eMEM) ist in diesem Zusammenhang ein Angebot zur Verständigung über die Dimensionen dessen, was beim Verstehen verstanden werden soll. Es modelliert und generalisiert den Gegenstandsbereich sozialpädagogischer Verstehensbemühungen, (nämlich menschliches Handeln) und beschreibt jene Komponenten, die Handeln bestimmten und damit in den Fokus der Aufmerksamkeit einer verstehenden Sozialen Arbeit gelangen müssen. Vergleichbar mit einer Landkarte kartografiert dieses Modell die unübersichtliche bio-psycho-soziale Landschaft menschlichen Handelns und schließt hierbei an Grundlagentheorien der Sozialwissenschaften allgemein und zentrale Begriffe der Sozialen Arbeit im Besonderen an.[1]

5.1 Der handelnde Mensch als Bezugspunkt sozialpädagogischer Verstehensbemühungen

Ausgangspunkt der folgenden Überlegungen ist die Annahme, dass sich Soziale Arbeit auf Menschen als Handelnde bezieht. Nach Hannah Arendt sind Sprechen und Handeln, die sie analytisch trennt, „die Modi, in denen sich das Menschsein selbst offenbart. ...Kein Mensch kann des Sprechens und des Handelns ganz und gar entraten.... Sprechend und handelnd schalten wir uns in die Welt der Menschen ein, die existierte, bevor wir in sie geboren wurden und die Einschaltung ist wie eine zweite Geburt, in der wir die nackte Tatsache des Geborenseins bestätigen, gleichsam die Verantwortung dafür auf uns nehmen" (Arendt 2007, S. 214 f.). Wenn man nun Sprechen, als „kommunikatives Handeln" ebenfalls dem Handeln zuordnet, ließe sich formulieren: der Mensch konstituiert sich als Handelnder und ist nur als ein in die Welt hinein Handelnder denkbar. In seinem Streben nach Wohlbefinden und Zufriedenheit hat er zugleich als Handelnder permanent „Situationen zu bewältigen" (vgl. Habermas 1981; II, S. 204). Professionelle Soziale Arbeit reagiert auf einen hierbei entstehenden Hilfe- und Unterstützungsbedarf. Dieser ergibt sich aus einer Diskrepanz zwischen dem Handlungsziel der Menschen und real erzielten (oder absehbaren) Handlungseffekten, bzw. aus fortgesetzten Bedürfnisspannungen (vgl. Obrecht 2011). Nahezu alle Arten der sozialarbeiterischen

---

[1] *Dieses Kapitel geht von handlungstheoretischen Ausarbeitungen aus, die ich in der Zeitschrift „Neue Praxis" vor einigen Jahren veröffentlicht habe (Nauerth 2006). Diese, wie auch die nun hier vorliegende grundsätzliche Überarbeitung und damit verbundene theoretische Vertiefung, Modifizierung und Präzisierung verdanken sich auch theoretischen Studien von Reinhard Giese und Peter Runde von der Arbeitsstelle für Rehabilitations- und Präventionsforschung der Universität Hamburg, die zum Teil veröffentlicht wurden (vgl. Runde et al. 1997, 1998, 1999).*

Erziehungs-, Bildungs-, Eingliederungs- und Notlagenhilfe lassen sich hierunter subsumieren. Das Verständnis von Sozialer Arbeit als „Bewältigungshilfe" kann als ein zentrales Paradigma der modernen Sozialen Arbeit verstanden werden (vgl. Böhnisch 2002, S. 199 ff.).

In Bezug auf diese Menschen, deren Handeln auf eigensinnige Ziele gerichtet ist und die zu Adressatinnen und Adressaten Sozialer Arbeit werden, benötigen die Fachkräfte ein ausreichend komplexes Handlungsentstehungs- bzw. Handlungsereignungsverstehen. Notwendig sind daher ein Begriff vom Handeln, sowie eine Klarheit über Bedingungen des Zustandekommens konkreten menschlichen Handelns, unter Einschluss des theoretischen Wissens, dass in der Sozialen Arbeit hierzu vorgehalten wird. Dieses theoretische Handlungsverständnis sollte aber ausreichend komplex sein und, ausgearbeitet als Handlungsmodell, die verschiedenen Ebenen integrieren, deren Zusammenhang für die praktische Soziale Arbeit von großer Bedeutung ist: die gesellschaftliche Struktur- oder auch Makroebene, sowie die individuelle Handlungs- und Erlebnisebene oder auch Mikroebene. Mit deren Zusammenführung würde nicht nur dem in der Sozialen Arbeit weit verbreiteten und konzeptionell ausgearbeiteten Verständnis von „Person-in-Umwelt-Modellen" entsprochen, die die Situation des Menschen grundlegend als die Auseinandersetzung eines Subjekts mit seinen Lebensumständen beschreiben. Dieter Röh schlägt zudem vor, mit deren Verbindung zugleich den Zusammenhang von Sozialarbeit und Sozialpädagogik zu klären, über einen solchen Zusammenhang also zu einer allgemeinen Theoriebasis der Sozialen Arbeit zu gelangen.[2]

Gleichwohl erheben die folgenden Ausführungen nicht den Anspruch der Grundlegung einer allgemeinen Theorie der Sozialen Arbeit. Vielmehr geht es ihnen um eine sozialwissenschaftliche Modellierung menschlichen Handelns, die in die Perspektive der sozialpädagogischen Anwendung eingerückt wird und dem Zweck dient, über den Gegenstand sozialarbeiterischer Verstehensbemühungen genauer aufzuklären. Diese erfolgt mit Bezug auf klassisch soziologische Vorarbeiten und unter Einschluss von Termini, die in der wissenschaftlichen Sozialen Arbeit verbreitet sind.

---

[2] Er bestimmt die Makroebene als „Existenz" und die Mikroebene als „Essenz". Beide könnten „als zusammengehörige Teile der Wirklichkeit gleichermaßen als Gegenstandsbereiche der Sozialen Arbeit verstanden werden. In einem ersten Zugriff wäre daher die „Existenz" des Lebens sozialarbeiterisch und die „Essenz" des Lebens sozialpädagogisch zu bearbeiten" (Röh 2009, S. 202). Sowohl die sozioökonomische und sozioökologische Intervention (Sozialarbeit) als auch Interventionen, die über Bildung, Erziehung und Therapie auf individuelle Handlungsmuster der Menschen gerichtet sind (Sozialpädagogik) ließen sich hierdurch vereinen – und dadurch auch professionelle Selbstbeschreibungen entwickeln, die ihren Fokus gerade auf die Verbindungen zwischen beiden Ebenen legen, statt sich über die Fixierung auf die jeweiligen Pole „Subjekt" und „Gesellschaft" fortgesetzt auseinander zu dividieren (vgl. Röh 2009, hier auch Kessl 2008).

5.2 Begriffliche Grundlegungen

Nach Max Weber ist die Soziologie eine Wissenschaft, die soziales Handeln deutend verstehen- und dadurch in Ablauf und Wirkung ursächlich erklären will. Sie sucht nach den allgemeinen Gesetzen sozialen Handelns. Dementsprechend wird in den Sozialwissenschaften, auch den angewandten, an Modellen zur Erklärung sozialen Handelns bzw. an der Erkenntnis genereller Regeln menschlichen Verhaltens gearbeitet. Allerdings ist kein Modell allgemein anerkannt, da die ontologischen und epistemologischen Prämissen nicht allgemein geteilt werden. Als theoretische Hauptströmungen stehen weiterhin zwei Handlungskonzepte nebeneinander, ohne auf eine Weise verbunden zu sein, die allgemein anerkannt wird. Zum einen das Handlungskonzept der Ökonomie (homo oeconomicus) und die mit diesem verbundene rational choice Theorie (utilitaristisches Handlungsmodell). Zum anderen die Theorietradition des wissens-, werte- und normenregulierten Handelns, zu denen auch die sinnverstehenden und wissenssoziologischen Handlungsansätze zu zählen sind. Man kann sagen, dass ihnen das Ringen um ein richtiges Verhältnis von Struktur und Handlung, von gesamtgesellschaftlichen Sachverhalten und Mikroereignissen, von Subjekt und Gesellschaft gemeinsam ist, aber ihre Grundannahmen sich zentral unterscheiden. Sind soziale Ordnungen das Ergebnis individueller rationaler Handlungen (rational choice und Tausch) oder sind, umgekehrt, individuelle Handlungen das Ergebnis gesellschaftlicher Zwänge (Marx, Weber). Reproduziert sich gesellschaftliche Ordnung durch individuelle Subjekte (Psychologie, Pragmatismus), oder ist menschliche Subjektivität nur eine Widerspiegelung gesellschaftlicher Tatsachen (Internalisierung von Normen)?

Mit Bourdieu, Giddens und auch Beck lassen sich drei populäre Vertreter der Soziologie benennen, deren theoretische Modelle eine Überwindung dieser Mikro-Makro-Distanz beinhalten. Ihnen zufolge, schaffen gesellschaftlich geprägte Individuen die Gesellschaft als kollektive Kraft durch kontingente, freie Handlungen und andererseits, so beispielsweise die Forschungsergebnisse von Bourdieu, muss ihr Verhalten als Ausdruck verinnerlichter, habitualisierter Wahrnehmungs-, Bewertungs- und Verhaltensmuster verstanden werden. Es sind Muster, die die konkreten Praktiken der Akteure strukturieren, sie aber nicht determinieren. Ein menschlicher Habitus entsteht demnach durch analysierbare gesellschaftliche Prozesse und markiert die Grenzen individueller Verhaltensmöglichkeiten (vgl. Bourdieu 1982; vgl. kritisch dazu auch Heidenreich 1998). Giddens beschreibt den wechselseitigen Reproduktionsprozess von Akteuren und gesellschaftlichen Strukturen, den er die Dualität von Struktur nennt. „Gemäß dem Begriff der Dualität von Struktur sind die Strukturmomente sozialer Systeme sowohl Medium wie Ergebnis der Praktiken, die sie rekursiv organisieren" (Giddens 1988, S. 77).

Hierbei fasst er Strukturen nicht einseitig als eine einschränkende, dem Handeln zugrundeliegende gesetzmäßige Logik auf, sondern demgegenüber als Medium und als Resultat eines aktiv strukturierenden Handelns: Strukturen können einschränken und ermöglichen. Auch die zentrale Theorie von Ulrich Beck muss in diesen Zusammenhang eingeordnet werden. Seine Theorie der Risikogesellschaft thematisiert Gefährdungen im Zusammenhang mit gesellschaftlichen Modernisierungsprozessen, die durch menschliches Handeln hervorgebracht wurden. Dieses Handeln untergräbt die Voraussetzungen und Rahmenbedingungen der modernen Gesellschaft und zwingt diese daher zu einer ungewollten Selbstinfragestellung, somit zu einer Modernisierung der Grundlagen ihrer Modernisierungsdynamik. Die berühmte Individualisierungstheorie ist sodann ein Teilaspekt dieser Gesellschaftstheorie, insofern hier rückwärtsgelegene Folgewirkungen der industriegesellschaftlichen Entwicklungsdynamik beschrieben werden: die Auflösung von Traditionen, die das soziale Binnengefüge der Industriegesellschaft ausdünnen und umschmelzen (vgl. Beck 1986).

Allerdings sind diese Modelle, trotz ihrer Überwindung des Mikro-Makro-Gegensatzes, noch keine hinreichende Vorarbeit für das Bemühen, individuelles Handeln im Kontext sozialer Strukturen verorten zu können und hierfür zu einem ausreichend differenzierten, allgemeinen Handlungs(entstehungs)modell zu gelangen, dass für sozialpädagogische Verstehensprozesse operationalisierbar wäre. Zwar begründen sie existierende Wirkungszusammenhänge, aber liefern keine ausreichend genauen Beschreibungen der jeweiligen Faktoren bzw. Komponenten auf der Mikro- und Makroebene, ihrer spezifischen Wirkungen und Wechselwirkungen. Werner Obrecht weist zudem darauf hin, dass nahezu alle soziologischen Ansätze die biologischen Grundlagen menschlichen Verhaltens ausblenden und nicht thematisieren, inwiefern der menschliche Körper als Faktor für menschliches Handeln verstanden werden muss. Hierzu kam es bereits im Konstitutionsprozess der wissenschaftlichen Soziologie, als im Übergang zum 20. Jahrhundert „Gesellschaft" der zentrale Forschungsgegenstand dieser neuen Wissenschaft wurde und somit auch der „Begriff Gesellschaft", der „nach dem zweiten Weltkrieg in den Sozialwissenschaften die engeren Entitäts-Begriffe Staat, Nation und Volk verdrängte" (Obrecht 2011, S. 5).

Daher soll im Folgenden von Weber, Parsons und Habermas ausgegangen werden, um sodann von deren Grundlegungen her, unter Einbezug der Ausarbeitungen von Hartmut Esser, ein Mehr-Ebenen-Modell zu begründen und dessen mögliche Funktion in den Verstehensprozessen der Sozialen Arbeit zu verdeutlichen. Ihre Konzepte gelten als klassische Ansätze einer Handlungstheorie, auf die sich auch darüber hinaus gehende, integrierende Konzepte immer beziehen.

5.2.1 Handlungstypen bei Weber, Parsons und Habermas

Weber unterscheidet zweckrationales, wertrationales, affektuales und traditionales Handeln. Als zweckrational handelnd wird eine Person bezeichnet, die ihr „Handeln nach Zweck, Mittel und Nebenfolgen orientiert und dabei sowohl die Mittel gegen die Zwecke, wie die Zwecke gegen die Nebenfolgen, wie endlich auch die verschiedenen möglichen Zwecke gegeneinander rational abwägt" (Weber 2003, S. 33). Wertrationales Handeln ist bestimmt durch den „Glauben an den – ethischen, ästhetischen, religiösen oder wie immer sonst zu deutenden – unbedingten Eigenwert eines bestimmten Sichverhaltens rein als solchen und unabhängig vom Erfolg" (Weber 2003, S. 32). Das affektuale Handeln ist durch aktuelle Affekte und Gefühlslagen bestimmt, „oft jenseits dessen, was bewusst sinnhaft orientiert ist", emotional gesteuert und enthemmte Reaktion auf außeralltägliche Reize (vgl. Weber 2003, S. 32). Das traditionale Handeln ist an die den Akteur umgebenden Konventionen gebunden, „oft nur ein dumpfes in der Richtung der einmal eingelebten Einstellung ablaufendes Reagieren auf gewohnte Reize" (Weber 2003, S. 32). Dieses Schema ist allerdings eine typologisierende Beschreibung zur Kennzeichnung von Handlungen. Sie kann reflexiv Handelnde (zweck- und wertrational) von nicht-reflexiv Handelnden unterscheiden (traditional und affektual), aber auf der reinen Handlungsebene keine weitergehende analytische Qualität liefern. Gleichwohl ist bei Weber die Strukturebene in seine Handlungstheorie eingewoben. Der Typus des zweckrationalen Handelns bindet zunächst das utilitaristische Handlungsmodell dadurch ein, da es auf Effizienz- und Effektivitätskriterien verweist. Diese sind bei Weber wiederum normativ an eine kapitalistische Ethik gebunden, beruhen somit auf bestimmten gesellschaftlichen normativen Standards, die es ermöglichen, diese Form des Handelns anzuwenden. Das Streben nach Nutzenmaximierung, unter Effizienz- und Effektivitätsgesichtspunkten, ist somit die Folge einer spezifischen Gesinnungsethik und einer spezifischen kapitalistischen Wirtschaftsordnung, deren Existenz wiederum sozialevolutionär erklärt werden muss (s. z. B. die Protestantismusthese). Diese Perspektive unterscheidet Webers Ansatz von solchen utilitaristischen Ansätzen, die Nutzenmaximierung als individuelles Grundbedürfnis ansehen und dementsprechend auf eine strukturelle Normen- und Werteebene zur Erklärung von Handeln verzichten können. Struktur und Handlung sind bei ihm kausaldeterministisch bestimmt. Anhand der normativen Standards bzw. gültiger Wertsphären lässt sich ableiten, auf welche Weise gehandelt wird (bzw. gehandelt werden muss). Die eigentliche Analyse zur Erklärung des Handelns ist auf der strukturellen Ebene der Normen und Werte, der Ethiken, der Wertsphären bzw. der Ideenwelten und Interessen zu leisten. Der Zusammenhang dieser Makroebene mit der Mikroebene ergibt sich bei ihm sodann „problemlos", durch den angenommenen Zusammenhang von unterschiedlichen Handlungsfeldern und deren normativen Standards. Es kann aber gut begründet werden, dass eine solche theoretische Perspektive im Zusammenhang mit gesellschaftlichen Individualisierungs- bzw. Enttraditionalisierungsprozessen nicht ausreicht, vielmehr die Handlungsebene als eigenständige akteurbezogene Erklärungsebene einbezogen werden muss und sich die Frage stellt, wie die Ebene der Normen und Werte dazu positioniert werden kann.

Parsons handlungstheoretische Konzeption baut auf den Weberschen Überlegungen auf und bemüht sich um eine genauere Begründung des Zusammenhangs zwischen Struktur- und Handlungsebenen. Er übernimmt vom Utilitarismus die wahlrationale Zweck-Mittel-Rationalität und berücksichtigt zudem motivational-affektuelle Aspekte der Bedürfnisbefriedigung. Diese bindet er an die strukturelle Ebene der Normen. Sie beeinflussen nicht nur direkt die Entscheidung eines Akteurs im Hinblick auf verschiedene Handlungsalternativen, sondern beeinflussen auch indirekt die individuellen psychischen Dispositionen. Insofern schließt Parsons an Weber an. In Erweiterung von Weber kann Parsons aber dann begründen, dass es verschiedene, voneinander unterscheidbare, Typen rationalen Handelns gibt. Die berühmten „pattern variables" sind an dieser Stelle als formalsoziologische Kategorien zu verstehen, die den Rahmen möglicher normativer Standards festlegen, begrenzen und einen Zusammenhang zwischen Gesellschaft und Persönlichkeit herstellen. Mit Bezug auf Ferdinand Tönnies' Unterscheidung von Gemeinschaft und Gesellschaft hatte Parsons grundlegende Möglichkeiten der Handlungsorientierung dichotomisch einander gegenübergestellt: Universalismus versus Partikularismus, Leistungsorientierung versus Zuschreibung, Spezifität versus Diffusität, Neutralität versus Affektivität (vgl. Parsons 1951). Unterschieden sind damit Handlungsbereiche und in ihnen geltende Rationalitäten, mit deren Hilfe analysiert werden kann, wie kulturelle Werte den Entscheidungsspielraum von Handelnden strukturieren, somit zu handlungsanleitenden Orientierungsmaßstäben werden. Durch Sozialisation internalisierte kulturelle Werte fungieren als Muster für eine Wahl zwischen Handlungsalternativen. Sie bestimmten die Orientierungen eines Handelnden dadurch, dass sie Präferenzen festlegen, ohne die Kontingenz der Entscheidungen zu berühren (vgl. Habermas 1981 II, S. 333). Ein Aktor, so Parsons, ist in einer konkreten Handlungssituation mit einer Reihe wichtiger Orientierungsdilemmata konfrontiert, was dazu führt, dass er eine Reihe von Selektionen vollziehen muss, bevor die Situation in ihrem Sinn für ihn bestimmt ist (vgl. Parsons 1951, S. 76; vgl. auch Honneth 2011, S. 345 ff.).

Ungelöst bleibt aber auch bei Parsons das, schon bei Weber vorhandene, Problem, analytisch nicht zwischen verinnerlichten Grundüberzeugungen und Handlungskoordinierungsmechanismen unterscheiden zu können, sie also in einem

Maße zu trennen, dass sich beide Ebenen unabhängig voneinander entwickeln und verändern können. Die Erklärung einer in diesem Sinne autonomen Entstehung und Reproduktion von intersubjektiv gültigen Normen, Werten, Wissensbeständen und individuellen Dispositionen fehlt. Das heißt, Parsons Modell erscheint dort stark, wo er institutionalisierte Handlungsbereiche in den Blick nimmt und im Hinblick auf ihre handlungsleitende Wirkung hin analysiert. In dem Maße, wie eine Gesellschaft zur Bewältigung einer Handlungssituation aber unterschiedliche handlungsanleitende Werte und Grundüberzeugungen ebenso ermöglicht, wie unterschiedliche Koordinierungsprinzipien, trägt das Modell von Parsons nicht mehr.

Habermas' Theoriemodell des kommunikativen Handelns bietet hier sodann eine Lösung an, dadurch dass es intersubjektivistisch bzw. kollektiv angelegt ist. Wie bereits im zweiten Kapitel dargestellt, ist für Habermas die Ausdifferenzierung einer symbolisch strukturierten Lebenswelt und eines grenzerhaltenden Systems das wesentliche Kennzeichen einer modernen Gesellschaft. Aus der Teilnehmendenperspektive handelnder Subjekte ist Gesellschaft die Lebenswelt einer sozialen Gruppe. Aus der Beobachterperspektive ist sie dagegen ein System von Handlungen, „wobei diesen Handlungen, je nach ihrem Beitrag zur Erhaltung des Systembestandes, ein funktionaler Stellenwert zukommt" (Habermas 1981, S. 179). Die Steuerungsmodi dieser Bereiche unterscheidet er mit den Begriffen Sozial- und Systemintegration. „Im einen Fall wird das Handlungssystem durch einen, sei es normativ gesicherten oder kommunikativ erzielten, Konsens, im anderen Fall durch die nicht-normative Steuerung von subjektiv unkoordinierten Einzelentscheidungen integriert" (Habermas 1981, S. 226). Beiden Bereichen ordnet Habermas bestimmte Handlungstypen zu. Dem Bereich des Systems die strategisch bzw. zweckorientierten Typen „teleologisches Handeln", „normatives Handeln" und „dramaturgisches Handeln", der Lebenswelt den Typus „kommunikatives Handeln" (vgl. Habermas 1981 I, S. 126 ff.). Das strategisch-zweckorientierte Handeln wird weitgehend durch norm- und wertfreie Mechanismen gesteuert, entsprechend den „Subsystemen zweckrationalen Wirtschafts- und Verwaltungshandelns, die sich nach Webers Diagnose gegenüber ihren moralisch-praktischen Grundlagen verselbständigt haben", so dass sich „die normativ eingebetteten Interaktionen in erfolgsorientiert betriebene Transaktionen" verwandeln (Habermas 1981 II, S. 230 und 265). Das kommunikative Handeln zielt dagegen auf Verständigung, auf einen „Konsens, der auf der intersubjektiven Anerkennung von Geltungsansprüchen beruht" (Habermas 1981 I, S. 196), nämlich auf Wahrheit, Richtigkeit, Wahrhaftigkeit (vgl. ebenda, 198). Ihr Medium ist die Sprache, über die sich kulturelle Reproduktion, soziale Integration und Sozialisation im Horizont der Lebenswelt vollziehen. Sie entsteht aus Hintergrundüberzeugungen, die zur Quelle für Situationsdefinitionen werden. Habermas schreibt dazu: „Eine erfolgsorientierte

Handlung nennen wir instrumentell, wenn wir sie unter dem Aspekt der Befolgung technischer Handlungsregeln betrachten und den Wirkungsgrad einer Intervention in einen Zusammenhang von Zuständen und Ereignissen bewerten; strategisch nennen wir eine erfolgsorientierte Handlung, wenn wir sie unter dem Aspekt der Befolgung von Regeln rationaler Wahl betrachten und den Wirkungsgrad der Einflussnahme auf die Entscheidungen eines rationalen Gegenspielers bewerten. ... Hingegen spreche ich von kommunikativen Handlungen, wenn die Handlungspläne der beteiligten Aktoren nicht über egozentrische Erfolgskalküle, sondern über Akte der Verständigung koordiniert werden. Im kommunikativen Handeln sind die Beteiligten nicht primär am eigenen Erfolg orientiert; sie verfolgen ihre individuellen Ziele unter der Bedingung, dass sie ihre Handlungspläne auf der Grundlage gemeinsamer Situationsdefinitionen aufeinander abstimmen können" (Habermas 1981 I, S. 385).

Allerdings ist damit noch nicht geklärt, wie die Makroebene der intersubjektiv entstehenden Lebenswelt mit der utilitaristischen Handlungsrationalität von Akteuren verknüpft sein kann, die ihre Ziele verfolgen und daher zweckorientiert agieren. Habermas verlagert instrumentelles und strategisches Entscheidungshandeln in weitgehend „normfreie" Räume, innerhalb derer die Bedeutung lebensweltlicher Verständigungsprozesse unklar bleibt. Die systemischen Handlungsmodelle bezeichnet er als „Grenzfälle kommunikativen Handelns" (Habermas 1981 I, S. 143). Nur im kommunikativen Handeln ist Sprache als Medium unverkürzter Verständigung operationalisiert. Allerdings wäre die gänzliche Entbindung strategisch-instrumentellen Handelns von lebensweltlichen Bezügen nicht zu begründen, wie auch, umgekehrt, die Reinigung kommunikativer Handlungsakte von jeglichen strategischen Orientierungen, zumal strategische Handlungen selbst soziale Handlungen darstellen (vgl. Habermas 1981 I, S. 384 f.). Hierauf verweist auch Honneth, der, im Blick auf diese Habermas'sche Position, darlegt, dass „die institutionelle Sphäre des Marktes gerade nicht im Sinne eines normfreien Systems aufgefasst werden darf; wird nämlich so verfahren und damit diese Sphäre als gesellschaftlich hinlänglich legitimiert betrachtet, ... dann gerät gänzlich aus dem Blick, in welchem Maße ihre soziale Akzeptanz auch an die Erfüllung vormarktlicher Normen und Werte gebunden ist" (Honneth 2011, S. 346 f.). Das heißt, Habermas Position ist für die handlungstheoretische Verknüpfung nicht ausreichend, weil theoretische Instrumente und Begrifflichkeiten fehlen, die es ermöglichen würden, lebensweltliches Verständigungshandeln und utilitaristische Wahlrationalität nicht alternativ, sondern als Bestandteile eines speziellen kognitiven Organisationsmusters mit handlungsanleitender Qualität analytisch zu erfassen.

5.3   Eine Modellierung von Handeln

Aufbauend auf diesen Vorüberlegungen soll nun ein erweitertes handlungstheoretisches Mehr-Ebenen-Modell (eMEM) vorgestellt werden, dass die verschiedenen Faktoren zu integrieren vermag und die Mikro- und Makroebenen mit einem
Frame-Konzept verbindet. Es fokussiert den handelnden Menschen und fragt nach
den, beim Handeln wirksam werdenden, Bedingungsfaktoren. Dadurch gelangt es
zu einer Systematik, die das „soziale Sein" des Menschen auf der Ebene seiner
Normen, Wertvorstellungen und Wissensbestände, auf der Ebene seiner Handlungsspielräume, seiner körperlichen Bedürfnisse und Befähigungen, sowie auf
den Ebenen seiner motivationalen und kognitiven Dispositionen erfassen kann.
Mit seinem Frame-Konzept verbindet es Handlungs- und Strukturtheorie, und damit mikro- und makrosoziologische Erklärungsansätze, zu einem Mehr-Ebenen-
Schema, dass die Komplexität menschlichen Handelns und dessen Eigensinn im
Kontext von körperlicher Konstitution, Lebenswelt und Soziallage zu beschreiben
in der Lage ist.

Wie im Folgenden deutlich werden soll, bietet es professionellen Verstehensprozessen im Bereich sozialpädagogischer Fallarbeit auf diese Weise ein analy-
tisches Raster. Es ist sowohl ein stilisiertes und vereinfachendes Deutungsmuster
von Realität, beschreibt und erklärt also soziale Wirklichkeit in generalisierender
Weise, ist aber gleichzeitig auch ein Deutungsmuster für das Handeln in der Wirklichkeit (vgl. Klatetzki 1995, S. 10).

5.3.1   Mikroebene: Wert-Erwartungs-Theorie (WET)

Menschliches Handeln als nutzenmaximierend zu verstehen ist, insbesondere in
den Wirtschaftswissenschaften, umfassend erfolgt. In der Soziologie ist die Rational Choice Theorie (bzw. die Theorie der rationalen Wahl) eine sehr umfassend ausgearbeitete theoretische Perspektive innerhalb des methodologischen Individualismus. Sie beansprucht, allgemeine Erklärungen für soziale Prozesse liefern zu können, abgeleitet aus dem Handeln menschlicher Akteure und deren Rationalität. Die
Wert-Erwartungs-Theorie (WET) ist eine bekannte Variante des Rational Choice
Ansatzes, die einen ersten Baustein dieses Modells darstellt (vgl. Abb. 5.1). Sie
besagt, dass bei einer Wahl zwischen mehreren Handlungsalternativen ein Akteur
jene bevorzugt, bei der das Produkt des erwarteten Wertes (Nutzen minus Kosten)
mit der wahrgenommenen Wahrscheinlichkeit ihn zu erreichen (Erwartung) maximal ist. Hartmut Esser verdichtet es auf die Forderung: „Versuche dich vorzugs-
weise an solchen Handlungen, deren Folgen nicht nur wahrscheinlich, sondern Dir
gleichzeitig auch etwas wert sind! Und meide ein Handeln, das schädlich bzw. zu

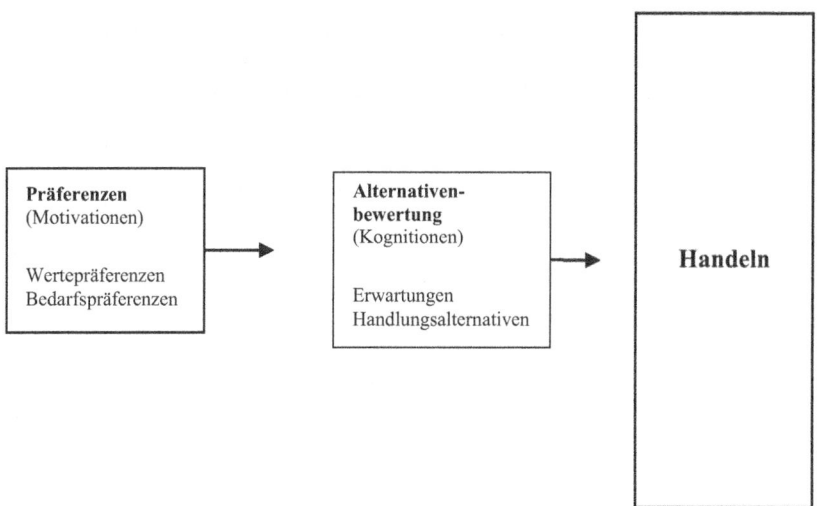

Abb. 5.1 WET. (Quelle: Runde et al. 1998, S. 26)

aufwendig für Dich ist und/oder für Dein Wohlbefinden keine Wirkung hat" (Esser 1999, S. 248). Für die Rekonstruktion von Entscheidungshandeln sind hierbei fünf Annahmen zentral. 1) Jedes Handeln ist eine Wahl zwischen Alternativen, 2) Jedes Handeln hat Folgen, 3) Die Folgen werden vom Akteur bewertet hinsichtlich des Nutzens, den sie für ihn haben. 4) Die Folgen treten mit unterschiedlicher Wahrscheinlichkeit auf. Die Vermutungen über die Auftrittswahrscheinlichkeit sind Erwartungen. 5) Die Handlungsalternativen werden einer Evaluation (bzw. Gewichtung) unterzogen (Wert-Erwartungs-Gewicht). „Die Nutzenerwartung einer Handlung ergibt sich also aus dem Produkt der subjektiven Wahrscheinlichkeit, mit der einer Handlung gewisse Folgen zugerechnet werden und dem bewerteten Nutzen dieser Handlung" (Schützeichel 2004, S. 296). Es wird stets die Handlungsalternative ausgewählt, deren „Wert-Erwartungs-Gewicht" maximal ist. Das Verhalten erklärt sich damit also, „als ein Entscheidungsverhalten, bei dem, den persönlichen Präferenzen folgend, mögliche Handlungsalternativen hinsichtlich ihrer jeweiligen Handlungsfolgen bewertet werden und die jeweilige Alternative gewählt wird, die den höchsten persönlichen Nutzen erwarten lässt" (Runde et al. 1998, S. 26). Unter Nutzen versteht Esser ein „Gefühl der Zuträglichkeit" (Esser 1999, S. 92), dass sich einstellt, wenn zwei Grundbedürfnisse gestillt sind: physisches Wohlbefinden und soziale Wertschätzung. Für die Mikro-Ebenen-Komponente des hier entwickelten Handlungsmodells lassen sich aus diesen Annahmen der Wert-Erwartungs-Theorie zentrale Variablen ableiten: die Präferenzen, die subjektiv wahrgenommenen Handlungsalternativen einschließlich ihrer erwarteten Konsequenzen, die erwartete Auftrittswahrscheinlichkeit der Handlungskonsequenzen, sowie die subjektive Nutzeneinschätzung. Sie lassen sich auf „Präferenzen" und „Alternativenbewertungen" verdichten. Eine Präferenz bezeichnet eine vorhandene Vorliebe für eine zur Wahl stehende Alternative und kommt als Motivation zum Ausdruck. Diese Motivation kann wert- und zweckrational, aber auch affektual oder traditional begründet sein, ihre Herkunft der Akteurin somit bewusst und nicht bewusst sein.

Als Alternativenbewertung wird ein, hiervon getrennter, kognitiver Vorgang bezeichnet, durch den das Auftreten spezifischer Handlungseffekte kalkulierend geprüft wird, somit Erwartungen entwickelt werden und vorhandene Handlungsalternativen gesichtet und vergleichend bewertet werden.

Verhalten wäre somit, in dieser noch eingeschränkten Sichtweise, zu begreifen als ein rationaler Entscheidungsprozess, dem bestimmte Motivationen zugrunde liegen und dem ein Denkvorgang vorausging, durch den Alternativen kalkulierend überprüft wurden.

Dieser Theorie-Baustein allein erklärt aber Verhalten nicht ausreichend, denn es zeigt sich immer wieder, dass „theoretisch nicht erwartbare aber empirisch beobachtbare Verstöße handelnder Individuen gegen Voraussagen dieses Modells stattfinden" (Stierle 2006, S. 62). Das heißt, menschliches Handeln folgt selten den Maximierungsregeln des homo oeconomicus, zum Beispiel bei Routinehandlungen oder leitbilddominiertem Verhalten (Habits), bei kognitiver Beschränktheit oder jenseits der Grenzen menschlicher Willenssteuerung eigenen Handelns (z. B. Gefühle, Affekt, Triebe…). Zudem, so der interaktionistische Einwand, sind Präferenzen und Erwartungen in einer Situation niemals stabil und fix, sondern werden in der Situation jeweils definiert, auf der Basis von Bedeutungen innerhalb eines Relevanzrahmens (Frame). Daher ist grundsätzlich immer zu hinterfragen, ob Entscheidungsprozesse im Sinne von Wahlalternativüberlegungen überhaupt stattfinden. In der Konsequenz heißt dies, dass es von Bedeutung ist, die Bedingungen sozialen Handelns zu thematisieren: also Handlungskontexte, innerhalb derer Akteure über Präferenzen und Alternativenbewertungen zum Verhalten gelangen. Es geht um die Antwort auf die Frage: „Was konstituiert den gesellschaftlich ‚definierten', für die Akteure nicht einfach hintergehbaren, objektiven Rahmen, aus dem heraus sie ihre subjektiven Definitionen der Situation vornehmen" (Esser 1996, S. 6).

5.3.2 Handlungskontexte

Für die genauere Klärung dieses Rahmens werden nun in diesem Modell drei Kontexte unterschieden, innerhalb deren Akteure handeln: der biologisch-körperliche Mensch, die Lebenswelt und die Lebenslage. Spezifisch an dem Körperkontext ist, dass er in sozialwissenschaftlicher Handlungstheorieentwicklung nur eine sehr geringe Beachtung erfährt und weitgehend nicht reflektiert wird. Hierzu kam es „bereits im Zuge der Entstehung der Disziplin, in der es darum ging, einen Begriff des Gegenstandes der Soziologie zu entwickeln" und sowohl beim Begriff „Gesellschaft", als auch beim Begriff des „sozialen Akteurs" eine Distanzierung von naturalistischen Modellen dazu führte, das biologische Fundament allen menschlichen Handelns kaum noch zu beleuchten (Obrecht 2011, S. 5). Gleichwohl sind biologische Ausstattungen der handelnden Akteurin eine wesentliche Bedingung ihres Entscheidungshandelns.

Spezifisch an den hier entwickelten Kontexten Lebenswelt und Lebenslage ist, dass sie intersubjektive Geltung beanspruchen, auf strukturelle Zusammenhänge verweisen und deshalb prinzipiell dem Bereich der Makro-Ebene und nicht der Individualebene zuzuordnen sind. Der Begriff Lebenswelt wird, nicht über Husserl und Schütz als subjektives Wirklichkeitskonstrukt eines Menschen verstanden, sondern über Habermas als durch kommunikatives Handeln entstehender intersubjektiv gestalteter Kommunikationsraum, den Akteure als Teilnehmende zugleich gestalten und erfahren. Zudem wird mit dem Begriff Lebenslage eine analytische Unterscheidung vom Begriff Lebenswelt vorgenommen, somit die Betrachtung der material-sozialen Lage einer Akteurin getrennt von der Betrachtung der Entstehungsbedingungen subjektiver Wirklichkeit im Hinblick auf diese soziale Lage – damit also der Bereich des kommunikativen Handelns und des instrumentell-strategischen Handelns unterschieden.

5.3.2.1 Der biologisch-körperliche Mensch

Für die Entwicklung eines handlungstheoretischen Modells von großer Bedeutung sind die, in sozialwissenschaftlichen Modellierungen oft vernachlässigten, körpergebundenen Bedingungen von Handlungen, die sich nicht aus sozialen Zusammenhängen ableiten lassen, wohl aber Handeln wesentlich beeinflussen. „Die Körpererfahrung ist kulturell geprägt; aber der Körper selbst, dessen Erfordernisse nicht kulturbedingt sind, setzt den möglichen Erfahrungen Grenzen und sorgt für viele Überschneidungen" (Nussbaum 1999, S. 50). Relevant wird der Körper hier zum einen als Quelle (unelastischer) Bedürfnisse, wie auch als Träger von Kompetenzen, bzw. Fertig- und Fähigkeiten.

Menschen haben auf Grund ihrer biologischen Ausstattung Bedürfnisse, die wiederum handlungswirksam werden können. Bedürfnisse sind dabei zu verstehen als interne Zustände, die von einem befriedigenden Zustand des Organismus (Wohlbefinden) abweichen. Diese Abweichung wird innerhalb des Nervensystems als Spannungszustand registriert und sodann der Organismus motiviert, durch ein nach außen gerichtetes Verhalten, eine Kompensation zu erzielen. Die Wiederherstellung von „inneren Soll-Werten" ist somit als biologisch verankerter Antreiber für Handlungsmotivationen in bestimmten Handlungssituationen identifizierbar. Bedürfnisse werden zu Wünschen, verstanden als bewusst gewordene Bedürfnisse, die in Begriffen des jeweiligen Individuums definiert werden und auf die Formierung mehr oder weniger konkreter Handlungsziele einwirken. Die Verankerung dieser Bedürfnisse als Soll-Werte im Organismus macht sie zudem universell, im Unterschied zu den Normen und Werten, sowie den Ressourcen und (Sozial-) Politiken (vgl. zu diesen Ausführungen: Staub-Bernasconi 2007, S. 170 f.; sowie Obrecht 2011, S. 11 ff.).

Zur Klärung derlei organismischer Bedürfnisse gibt es verschiedene Ansätze. Für die Soziale Arbeit ausgearbeitet liegt ein Ansatz von Obrecht vor. Er beinhaltet eine dreifache Unterscheidung menschlicher Bedürfnisse, die bio-psycho-sozial verankert sind und die die hier genannten Aspekte mit einschließen: 1) biologische Bedürfnisse, die der Organismus als Lebewesen bzw. autopoietisches System hat und zwar a) nach physischer Integrität, b) nach den für die Autopoiese erforderlichen Austauschstoffen, c) nach Regenerierung und d) nach sexueller Aktivität. 2) biopsychische Bedürfnisse, die ihren Ursprung im Steuerungssystem des Organismus haben. Hierzu gehören Obrecht zufolge u. a. sensorische Stimulation, ästhetische Stimulation, Abwechslung, nach Orientierung und subjektivem Sinn, sowie nach Kontrolle und Kompetenz. 3) biopsychosoziale Bedürfnisse wie z. B. Liebe, Zuwendung und Anerkennung (vgl. Obrecht 2011, S. 18).[3] Das heißt, der Mensch ist als ein Wesen zu beschreiben, dass sich durch eine grundlegende Bedürftigkeit auszeichnet, die sich in biologischer, psychischer und sozialer Dimension zeigt. Eine „kurzfristige Bedürfnisversagung ist im Leben aller Menschen allgegenwärtig, länger- oder langfristige Versagung in spezifischen biografischen Phasen ist nicht selten und bei bestimmten Bevölkerungsgruppen verbreitet chronisch. Dabei mögen einzelne, ganze Gruppen oder die meisten Bedürfnisse betroffen sein" (Ob-

---

[3] Zu verweisen ist an dieser Stelle auch auf Nussbaum und Honneth. Nussbaum unterscheidet in ihren Ausführungen zu einer Gerechtigkeitstheorie und den Aufgaben des Sozialstaates a) Das Bedürfnis nach Essen und Trinken von b) dem Bedürfnis nach Schutz und c.) dem Bedürfnis nach sexueller Aktivität sowie d) dem Bedürfnis nach Mobilität (vgl. Nussbaum 1999, S. 50 f.). Honneth wiederum hat „Anerkennung" als zentrales Bedürfnis in der modernen Gesellschaft bezeichnet, ein Begriff, mit dem er zugleich die Motivationsquellen sozialen Unbehagens analysiert und kritischer Gesellschaftstheorie einen neu präzisierten Ausgangspunkt zuweist. Er begründet, dass die kapitalistische Gesellschaft als eine institutionalisierte Anerkennungsgesellschaft zu beschreiben ist, die drei soziale Anerkennungssphären ausdifferenziert hat: Liebe, Recht und Solidarität. Der moderne Mensch ist ihm zufolge auf die intersubjektive Anerkennung in diesen drei Sphären angewiesen, hat also ein grundlegendes Bedürfnis danach (und moralisches Recht darauf), an diesen Stellen Anerkennung zu erfahren – und er muss sich vor Missachtung schützen (vgl. Honneth 2003, S. 162 ff.; vgl. Honneth 1992).

recht 2007, S. 18). Allerdings steht diese allgemeine biologische Disposition nicht in einem monokausalen Verhältnis mit den entstehenden Handlungsabsichten. Vielmehr wirken auf jenes Handeln, das der Reduzierung entstandener Bedürfnisspannungen dient, verschiedene soziale Faktoren ein.

Als ein auf Handeln einwirkender Faktor müssen hier zudem die Kompetenzen von Menschen angesehen werden, verstanden als die Fähigkeiten und Fertigkeiten, über die ein Individuum verfügt. Diese sind als körperliche, geistige und psychische Struktur in den Körper „eingelagert" (vgl. z. B. Weinert 2001, S. 27). Fertigkeiten sind die erworbenen Anteile der Handlungsfähigkeit, Fähigkeiten sind die diese Handlungsfähigkeit voraussetzenden gegebenen Anteile. Das heißt, als Fähigkeit wird die Ausstattung eines Individuums bezeichnet, seine aktive Potenzialität im Hinblick darauf, handeln zu können. Fertigkeiten sind die Handlungspotenzen, die hiervon ausgehend und darauf aufbauend erlernt wurden. Das Vorhandensein und die Realisierung von Fähigkeiten ist somit zu verstehen, als eine notwendige (wenn auch nicht hinreichende) Bedingung der Ausbildung von Fertigkeiten. In Tab. 5.1 wird das Verhältnis von Bedürfnissen und Kompetenzen sowie den Ebenen ihrer körperlichen Einlagerungen zusammengefasst (vgl. Tab. 5.1).

Tab. 5.1 Bedürfnisse und Kompetenzen. (Quelle: ©Eigene Darstellung)

	Unelastische objektive Bedürfnisse	Kompetenzen	
		Fähigkeiten	Fertigkeiten
Physisch			
Geistig			
Psychisch			

Diese individuelle Ausstattungsdimension menschlichen Handelns ist auf verschiedene Weise konzeptionalisiert und verbreitet. Verschiedene handlungstheoretische Modelle unterschiedlicher Forschungsrichtungen und Wissenschaften lassen sich hier genauer verorten und damit in dieses Modell integrieren.

Die körperliche Dimension menschlicher Handlungsbedingungen wird bereits im Capability Ansatz konzeptioniert, zentral verbunden mit den Namen Amartya Sen und Martha Nussbaum (vgl. Sen 1993; Nussbaum 1999). Im Rahmen der allgemeinen Analyse der Grundlage von Verwirklichungschancen gerät das Vermögen eines Menschen in den Fokus, seinen Wünschen entsprechende Ziele zu erreichen. Gefragt wird danach, welche Möglichkeiten jemand hat, das Leben zu führen, das er oder sie führen möchte. Hierbei werden zum einen „external capabilities" Gegenstand der Analyse, also außerhalb der handelnden Personen verortbare Ressourcen. Zudem geraten jene Bedingungsfaktoren im Sinne von Kompetenzen oder Fähigkeiten in den Blick, die körperlich an den Menschen gebunden sind. Nussbaum spricht von „basic capabilities" bzw. einem „innate equipment" und meint damit „jene Grundfähigkeiten, die eine Person ausmachen, vor allem die Fähigkeit zum Denken und zu Entscheidungen sowie zum sinnvollen Handeln" (Röh 2013, S. 124). Hiervon trennt sie die „internal capabilities", die einer Person für die Gestaltung des eigenen Lebens zur Verfügung stehen und die „vor allem durch das Erziehungswesen, das Gesundheitswesen und angemessene Arbeitsverhältnsse gefördert werden" (Nussbaum 1999, S. 63).

Die Verwirklichungschancen einer Person sind also in dieser Perspektive zum einen von ihren Ressourcen abhängig, zu verstehen als strukturelle Verwirklichungsgelegenheiten (die im erweiterten Mehr-Ebenen-Modell in den Dimensionen der Lebenslage und Lebenswelt verortet werden). In den Blick geraten aber auch die davon zunächst unabhängigen körpergebundenen Fähig- und Fertigkeiten eines Menschen, einschließlich seiner körperlichen, geistigen und psychischen Dispositionen (talents, skills and handicaps) (vgl. auch Lessmann 2011).

Diese Körperdimension menschlichen Handelns ist auch im Fokus der Neurowissenschaften und wird hier besonders betont. Gerhard Roth verweist beispielsweise auf psychologische, entwicklungspsychologisch-psychotherapeutische und neuro-biologische Aspekte und modelliert Handeln in Abhängigkeit von vier Determinanten: „der individuellen genetischen Ausrüstung, den Eigenheiten der individuellen (vornehmlich vorgeburtlichen und frühen nachgeburtlichen) Hirnentwicklung, den vorgeburtlichen und frühen nachgeburtlichen Erfahrungen, besonders den frühkindlichen Bindungserfahrungen und schließlich ... den psychosozialen Einflüssen während des Kindes- und Jugendalters" (Roth 2011, S. 13 f.). Die bei ihm bedeutsame körperliche Komponente ist das Gehirn, als angeborene physiologische Grundausstattung, aber auch als Speicher von emotional-sozialen Erfahrungen in der frühen Sozialisation. „Die Grunderfahrungen knüpfen unmittelbar an die genetische Grundausstattung an. Sie verfestigen sich sehr rasch zu einer weiteren, nahezu physiologisch verfestigten Grobverdrahtung des Gehirns und können später kaum noch geändert werden. Sie bilden die Basis für alle weiteren Prozesse des späteren Erwerbs von kognitiven Modellen" (Esser 2001, S. 211 f.).

Für das hier vorliegende Modell ist an dieser Stelle von Bedeutung, dass Roth den Körper als physische Grundausstattung, sowie als Speicher der Ergebnisse daran anschließender Lernprozesse einbezieht und auf diese Weise als Komponente einer umfassenden Theorie menschlichen Handelns registriert. Zugleich kann jedoch gut begründet werden (und dies ist Teil des Wissensbestandes der Sozialen Arbeit als angewandter Sozialwissenschaft), dass sich menschliches Handeln, über die psychologisch-neurowissenschaftliche Modellierung hinausgehend, nicht nur aus angeborenen Fähigkeiten und Einflüssen aus dem Zeitraum zwischen frühester

Kindheit und Jugendphase ergibt. Vielmehr nehmen darüber hinaus auch die (ganz gegenwärtigen) Erfahrungen der jeweiligen Lebenswelt, sowie die Ressourcen und Barrieren der Lebenslage Einfluss auf die Ausgestaltung menschlichen Handelns, sowie die diesem zugrundeliegenden Motive und Kognitionen (vgl. z. B. Murali und Oyebode 2004). Habermas wirft Roth in diesem Zusammenhang Reduktionismus vor, insofern er die Lebensform von Individuen übersieht, die von „problemlösenden Sprach- und Kooperationsgemeinschaften" sozialisiert werden (Habermas 2009, S. 171). Er schreibt: „Der Reduktionismus, der alle mentalen Vorgänge deterministisch auf die wechselseitigen kausalen Einwirkungen zwischen Gehirn und Umwelt zurückführt und dem „Raum der Gründe" oder, wie wir auch sagen können: der Ebene von Kultur und Gesellschaft die Kraft zur Intervention bestreitet, scheint nicht weniger dogmatisch zu verfahren als der Idealismus, der in allen Naturprozessen auch die begründende Kraft des Geistes am Werke sieht" (Habermas 2009, S. 170). Die personengebundenen Fähigkeiten, wie auch Fertigkeiten, einer Akteurin sollten somit als notwendige, wenn auch nicht hinreichende, Information für eine allgemeine Theoriebildung menschlichen Handelns und für die jeweils konkrete Analyse menschlichen Handelns verstanden werden.

Mit dem Begriff des biologisch-körperlichen Menschen wird in diesem Modell somit die biologische Substanz des Menschen als Kontext für menschliches Handeln operationalisiert, weil Akteure in ihrem Entscheidungshandeln als biologischkörperlich gebunden zu verstehen sind. Sie sind gebunden an ihre Bedürfnisse, an ihre Fähigkeiten, sowie an ihre Fertigkeiten, die das Ergebnis von Lernprozessen sind und sich körperlich ablagern. Ihre Bedürfnisse lassen sich als eine Quelle der Entstehung von Motivationen verstehen, die Handlungsentscheidungen mit beeinflussen. Es können Bedürfnisse sein, von deren Erfüllung das subjektive Wohlbefinden oder auch die Lebensfähigkeit eines Menschen abhängen kann. Bedürfnisse im Zusammenhang z. B. von Hunger und Durst, Kälte und Schmerz, Ausgrenzung und Missachtung, sind das Ergebnis von Versagungen, die lebensgefährlich sind oder zu physiologischen Stressoren werden, „wobei chronischer Stress physisch wie psychisch pathogen ist und schwerwiegende Folgen hat, die sich in chronischen Erkrankungen verbunden mit markanter Reduktion der Lebenserwartung äußern" (Obrecht 2011, S. 18). Für körpergebundene Fertigkeiten und Fähigkeiten (talents, skills and handicaps) handelnder Akteure gilt, dass sie als zur Verfügung stehende persönliche Technologien für die Bewältigung von Situationen verstanden werden müssen. Das Maß ihrer Ausprägung wird als Ermöglichung für, oder Einschränkung von Handeln wirksam und beeinflusst Motivationen, sowie Kognitionen. Hierzu gehören alle Arten von sgn. Behinderungen, psychischen Dispositionen, Emotionen, Talenten und Begabungen.

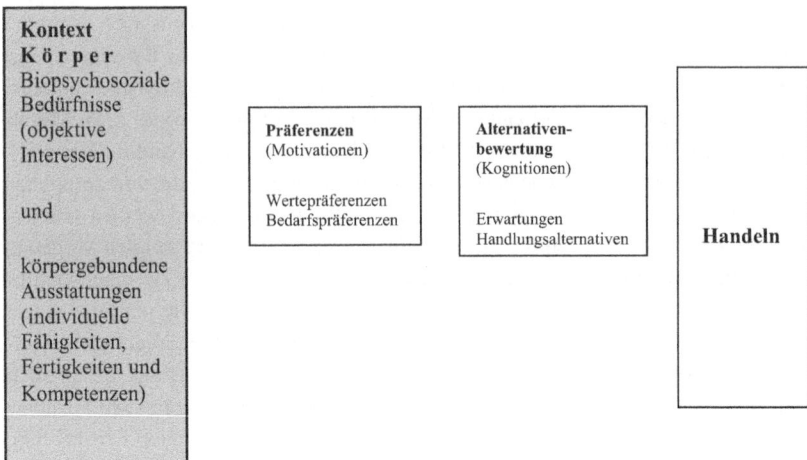

Abb. 5.2 WET und Körperkontext. (Quelle: ©Eigene Darstellung)

Beide als biologisch zu verstehenden Rahmungen werden in diesem Modell zu einem Kontexteffekt für das Verständnis von individuellem Handeln (vgl. Abb. 5.2).

5.3.2.2 Die Lebenswelt

Aus den analytischen Kategorien des Habermas'schen Lebensweltansatzes lässt sich der zweite gesellschaftliche Handlungskontext beschreiben, der das Handeln von Akteurinnen prägt. Dieser raumbezogene Lebensweltbegriff der gesellschaftlichen Makroebene unterscheidet sich an dieser Stelle von dem Begriff „Lebenswelt", der in Theorie und Praxis Sozialer Arbeit Verbreitung gefunden hat und die subjektive Wirklichkeitskonstruktion eines Menschen beschreibt (vgl. Kraus 2013, S. 153). Eine solche subjektbezogene Komponente wird aber an einer anderen Stelle dieses Modells berücksichtigt und auf diese Weise die Integration dieses klassischen Theoriekonzeptes der Sozialen Arbeit in dieses Modell vollzogen (siehe Kap. 4.5.2.1).

Lebenswelt wird bei Habermas auf der Makroebene verortet und als ein Kultur- und Kommunikationsraum verstanden, aus dem heraus Akteure ihre Welt konstruieren (vgl. zu den folgenden Ausführungen: Habermas 1981, II, S. 208 f.). Sie ist Grundlage für Verständigung und sozialer Prozessschauplatz, auf dem Konsens über Normen und Werte hergestellt wird, konstituiert durch Sprache und Kultur als Bezugssysteme von Verständigung. Sie ist der Erfahrungshorizont jeden Individuums, fraglos gegeben, intersubjektiv und in ihren Grenzen auch in wechselnden

Situationen unüberschreitbar. Unterschieden werden drei strukturelle Komponenten der Lebenswelt: „Kultur", „Gesellschaft" und „Persönlichkeit". Kultur meint den Wissensvorrat, aus dem sich die Kommunikationsteilnehmer mit Interpretationen versorgen: das heißt, Hintergrundüberzeugungen, Deutungs-, Ausdrucks- und Wertmuster, die den Betroffenen in der Regel als Selbstverständliches, Unhinterfragtes in Form von Ressourcen für die Verständigung zur Verfügung stehen und eine gemeinsame Wissensbasis zur Bewältigung der Alltagspraxis darstellt. Gesellschaft meint die legitimen, fraglosen Ordnungen, die die Zugehörigkeiten zu sozialen Gruppen regeln und damit solidarisches Verhalten sichern (Familie, Betrieb, Schule, Verein, Versicherung…) und durch einen Grundbestand fragloser, anerkannter Normen soziale Ordnung und interpersonale Beziehungen stiften und regeln.

Persönlichkeit meint die Kompetenzen, die die Kommunikationsteilnehmer in die Lage versetzen, sprach- und handlungsfähig zu sein und die jeweiligen Situationen verständigungsorientiert bewältigen zu können (Sprachfähigkeit, Bildung…). Sie ist damit die Basisbefähigung für eine realitätsgerechte Teilnahme an Interaktionsprozessen und stiftet damit personale Identität. Alle drei Bereiche, das gemeinsame Wissen, die legitimen Ordnungen, sowie die subjektiven Kompetenzen, stellen dabei keine stabilen, statischen Einheiten dar, sondern können nur durch eine kontinuierliche Reproduktion im Rahmen eines kommunikativen Handelns gesichert werden.

Damit sind auch die Entstehungsorte bedeutsamer Faktoren für die Erklärung des Handelns von Akteuren beschrieben, die in den Sozialwissenschaften allgemein und der Sozialen Arbeit große Beachtung finden. Hierzu gehört a) „soziales Kapital" im Sinne der Arbeiten von Bourdieu. In Erweiterung des Marxschen Kapitalbegriffs beschreibt er mit diesem Begriff die Gesamtheit der zur Verfügung stehenden Ressourcen, im Zusammenhang mit dem Besitz eines Netzes aus dauerhaften Beziehungen und Zugehörigkeiten zu Gruppen, die dem handelnden Akteur bei seiner dauerhaften Aufgabe der Situationsbewältigung als Kapital zur Verfügung stehen. „Für die Reproduktion von Sozialkapital ist eine unaufhörliche Beziehungsarbeit in Form von ständigen Austauschakten erforderlich, durch die sich die gegenseitige Anerkennung immer wieder neu bestätigt" (Bourdieu 1997, S. 67). Es ist somit in dem verankert, was als Gesellschaftskomponente der Lebenswelt beschrieben ist. Bourdieu beschreibt zudem b) „kulturelles Kapital" in seiner Bedeutung als Ressource für handelnde Akteure. Hier unterscheidet er inkorporiertes Kapital (Bildung, Haltung, Stil, Geschmack – die mehr oder weniger angesehen sind), von objektiviertem kulturellen Kapital (wie Büchern, Instrumenten, Kunstgegenständen, Maschinen) und von institutionalisiertem kulturellen Kapital (wie Bildungstiteln). Während objektiviertes kulturelles Kapital, sowie institutionalisiertes kulturelles Kapitel, nicht dem Kommunikationskontext zugeordnet werden können, so muss die Entstehung des inkorporierten Kulturkapitals doch als Ergebnis kommunikativen Handelns verstanden werden, vornehmlich verankert in der Lebensweltkomponente Kultur (Haltung, Stil, Geschmack …), aber auch in der Komponente Persönlichkeit (Bildung als Sozialisationsprodukt). Bourdieu schreibt: „Die Inkorporierung von kulturellem Kapital kann sich, je nach Epoche, Gesellschaft und sozialer Klasse in unterschiedlich starkem Maße – ohne ausdrücklich geplante Erziehungsmaßnahme, also völlig unbewusst vollziehen" und hinterlässt die Spuren des Kommunikationszusammenhangs im Sinne einer Vererbung (Bourdieu 1997, S. 56 f.; vgl. zu den Kapitalbegriffen insgesamt: Bourdieu 1985, 1982). c) Macht, im Sinne der Definition von Hannah Arendt, hat ebenfalls ihre Verankerung in der Lebenswelt. Sie ist im Besitze derjenigen, deren Absichten Teil eines formierten gemeinsamen Willens der Vielen sind und die daher durch diese ermächtigt wird. Dieser Ermächtigungsvorgang muss als Ergebnis kommunikativer Verständigung der Verbündeten verstanden werden und damit als ein Ergebnis kommunikativer Verständigung auf legitime Ordnungen und Zugehörigkeiten (vgl. Arendt 2011, S. 43).[4] Ebenso ist Herrschaft, im Foucaultschen Sinne,

---

[4] Verwiesen werden soll an dieser Stelle auf Hannah Arendts Handlungs- und Machtbegriff. Sie unterscheidet menschliches Tätigsein in der Welt zwischen Arbeiten, Herstellen und Handeln (vgl. Arendt 2007). Sie versteht unter Arbeit die notwendige Tätigkeit zur menschlichen Reproduktion, den notwendigen Austausch mit der äußeren Natur, die lebensnotwendigen Tätigkeiten, deren Ergebnisse keinen Bestand haben, sondern sofort verbraucht werden: Ackerbau, Kochen, Putzen, Waschen… Diese Tätigkeit ist naturbezogen und nicht frei, weil sie lebensnotwendig ist. Unter Herstellen versteht sie die Kulturleistung der Veränderung der äußeren Natur durch Tätigkeiten, deren Produkt die Tätigkeit überdauern, Diese Tätigkeit des Herstellens ist weltbezogen und durch einen Zwecke determiniert, nämlich durch den Charakter des Produktes. Herstellen ist daher keine freie Tätigkeit, wohl aber Handeln. Unter Handeln versteht Arendt nämlich die freie Tätigkeit des Menschen. Sie ist politikbezogen. Handeln ist menschliches „Vermögen (…), eine Reihe von sukzessiven Dingen oder Zuständen von selbst anzufangen" (Arendt 1979, S. 107) oder das Vermögen, „eine Reihe in der Zeit ganz von selbst anzufangen", eine innerzeitliche Schöpfung, also die Fähigkeit, einen Anfang zu machen (Arendt 1979, S. 200). Frei ist die Handlung, weil sie durch nichts Vorangegangenes beeinflusst oder verursacht ist, im Sinne der freiwilligen Handlung bei Aristoteles. „Sprechend und handelnd schalten wir uns in die Welt der Menschen ein, die existierte, bevor wir in sie geboren wurden, und diese Einschaltung ist wie eine zweite Geburt, in der wir die nackte Tatsache des Geborenseins bestätigen, gleichsam die Verantwortung dafür auf uns nehmen" (Arendt 2007, S. 215; vgl. zur Bedeutung für die Soziale Arbeit Lindenberg 2013).Im Lichte von Habermas Handlungstheorie gehören „Arbeiten" und „Herstellen" zum System, denn sie sind instrumentellen und strategischen Charakters, von technische Handlungsregeln, sowie Wirkungs- und Handlungszielen geleitet. Das Arendtsche „Handeln" ordnet Habermas dagegen der Lebenswelt zu (vgl. Habermas 1981 II, S. 94). Dies gilt auch für den Machtbegriff von Hannah Arendt. In „Macht und Gewalt" beschreibt sie mit „Macht" jene menschliche Fähigkeit, „nicht nur zu handeln oder etwas zu tun, sondern sich mit anderen zusammenzuschließen und im Einvernehmen mit ihnen zu handeln" (Arendt

in diesem Kommunikationsraum verortet: die diskursive Herstellung von Realität, die sich zur Wahrheit verfestigt, Einschluss- und Ausschlussgrenzen definiert und Regierungskunst erwirbt (vgl. Foucault 2005). Dies gilt auch für die Prozesse der Subjektwerdung, wie sie Butler deutet: als „Prozess des Unterworfenwerdens durch Macht" und zugleich als Prozess der „Subjektwerdung" durch Anrufung (Butler 2001, S. 8).

Das heißt zusammengefasst: Mit dem Begriff Lebenswelt wird in diesem Zusammenhang ein gesellschaftlicher Handlungskontext beschrieben. Aus ihm erklären sich die Selbstverständlichkeiten ideologischer Vorstellungen, Wertbezüge, Wissensbestände handelnder Akteurinnen, ihre sozialen Bezüge, Moralvorstellungen und sozialisierten Fertigkeiten, die als unhinterfragte Selbstverständlichkeiten bzw. Hintergrundüberzeugungen i. S. eines sensus communis definiert werden. Sie prägen Akteurinnen und Akteure, beeinflussen deren Handlungen, stehen im Handlungszusammenhang als Ressourcen zur Verfügung und sind als Barrieren analysierbar (vgl. Giese und Runde 1999, S. 346, 20) (vgl. Abb. 5.3).

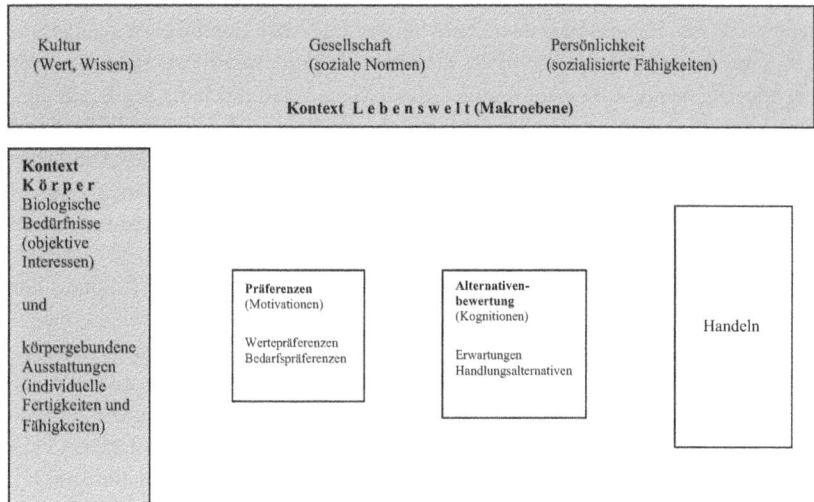

Abb. 5.3 WET, Körperkontext und Lebenswelt. (Quelle: ©Eigene Darstellung)

2011, S. 45). Macht entsteht durch Ermächtigung, die durch die Vielen erfolgt. Sie ist damit zu verstehen als Formierung eines gemeinsamen Willens in einer auf Verständigung gerichteten Kommunikation und somit auf der lebensweltlichen Makroebene zu verorten. Gewalt ist dagegen ihrem Wesen nach instrumentell und fußt auf dem Zugriff auf Erzwingungsmitteln (vgl. Arendt 2011, S. 43). Diese sind Bestandteile einer Infrastrukturumwelt handelnder Akteure (vgl. Kap. 5.3.2.3).

5.3.2.3 Die Lebenslage

Als zweiter gesellschaftlicher Handlungskontext werden sodann sozial-materielle Kräfte thematisiert, die das Handeln von Akteurinnen von außen ermöglichen bzw. begrenzen und kontrollieren. Sie sollen im hier reflektierten Zusammenhang als „Lebenslagen" verstanden werden und sind mit ihren Restriktions- und Ermöglichungseffekten bedeutsam. Die Lebenslage ist ein, von der Lebenswelt analytisch unterschiedener, zweiter Sozialraum, den Menschen „bewohnen", ebenfalls zu verorten auf der Makroebene. zu verorten auf der Makroebene. Während der Raum der Lebenswelt das Ergebnis von kommunikativem Handeln ist, sich in kommunikativem Handeln konstituiert, so ist die Lebenslage das Ergebnis von materiellem Handeln (bzw. von Arbeit im Sinne von Marx bzw. von Herstellung und – eingeschränkt – Handeln im Sinne von Arendt). Die Ausstattungen der Lebenslage sind somit als Restriktions- und Möglichkeitenkontext von Bedeutung.

Der Begriff Lebenslage ist in der Soziologie sehr alt. Mit Friedrich Engels und Max Weber beschäftigten sich zwei Klassiker der Soziologie bereits im 19. Jahrhundert mit der Analyse von Lebenslagen: Engels mit seinem Werk zur „Lage der arbeitenden Klasse in England", erschienen 1845 (Engels 1972), sowie Weber mit seinem Werk „Entwicklungstendenzen in der Lage der ostelbischen Landarbeiter", erschienen 1894 (Weber 1988). Gleichwohl ist der Begriff als eigenständiger Fachbegriff wenig entwickelt und in klassischen Wörterbüchern der Soziologie und Sozialen Arbeit nicht selbstverständlich enthalten (vgl. Hillman 1994; Kreft und Mielenz 2005). Im Sinne eines Ansatzes wurde Lebenslage zunächst von Otto Neurath entwickelt, dann von Kurt Grelling und Gerhard Weisser aufgenommen und schließlich von Ingeborg Nahnsen rekonzeptualisiert (vgl. zusammenfassend Voges et al. 2003). Im bekannteren Ansatz von Weisser wird Lebenslage als Handlungsspielraum begriffen, den die äußeren Umstände für die Befriedigung der menschlichen Interessen bereitstellen (Weisser 1956). Nahnsen erweitert sodann diesen Ansatz, um die Thematisierung der Möglichkeitsbedingungen für die Entfaltung entsprechender Grundanliegen. Ihr Lebenslagenansatz thematisiert daher zusätzlich die sozial strukturierten Bedingungen der Bewusstwerdung von Interessen und damit die „Lebensgesamtchancen" (Nahnsen 1992). Ihre Unterscheidung der Dimensionen „Versorgung und Einkommen", „Kontakt und Kommunikation", „Lern- und Erfahrungsräume", „Dispositionsspielräume" sind von großer Bedeutung für die Präzisierung des Begriffs (vgl. Nahnsen 1975). Neben verschiedenen grundsätzlichen Beiträgen zum Lebenslagenbegriff (z. B. Hradil 2001; Döring et al. 1990) gibt es verschiedene konzeptionelle Anwendungen, insbesondere auch im Bereich der Sozialen Arbeit. Prominent ist der, zu einem komplexen Handlungskonzept entwickelte, Lebenslageansatz von Lothar Böhnisch, der mit Lebenslage die „Handlungsspielräume individueller Lebensgestaltung" thematisiert, die im Zusammenhang mit den sozialökonomischen Vergesellschaftungsbedingungen betrachtet werden und mit der Subjektperspektive immer auch eine Mikroperspektive enthalten (vgl. Böhnisch 1982). Die verschiedenen soziologischen Ansätze resümierend, kommen Wolfgang Voges und weitere zu dem Schluss, dass letztendlich sozialstrukturelle Tatbestände bedeutsam sind, „die für die einengende und erweiternde Ausprägung individueller Interessen und deren Umsetzung von zentraler Bedeutung sind" (Voges et al. 2003, S. 43). Durch die Integration des Strukturmodells von Esser entwerfen die Autoren schließlich ein Modell für die Analyse von Lebenslage, dass sowohl auf der Makroebene zu verortende Dimensionen, wie strukturelle Opportunitäten und Constrains, Sozialpolitik, Arbeitsmarkt und Milieu, integriert, als auch individuelle Ressourcen und Kapitalien i.s.v. Bourdieu auf der Mikroebene. Sie überwinden damit die Differenzierung zwischen den Dimensionen objektiv/subjektiv, sowie zwischen materiell/immateriell, sowie zwischen den Kategorien Ursache/Wirkung. In Anlehnung an das bekannte Badewannenmodell von Colemann entfalten sie so ein „dynamisches Modell der Wechselwirkungen zwischen strukturellen Bedingungen und individuellem Handeln" (Voges et al. 2003, S. 53).

Die analytischen Kategorien, des hier verwendeten Lebenslagebegriffes, beharren auf der Differenzierung der Ebenen und operationalisieren Lebenslage als Teil eines Mehr-Ebenen-Handlungsmodells. Lebenslage ist somit auf der Makroebene verortet und für die Akteurinnen ein Kontext, der ihr Handeln rahmt und ihre Handlungsspielräume beschreibbar macht. Durch diese Differenzierung der Ebenen und ihrer Verknüpfung über ein Framekonzept zu einem Gesamtmodell, erscheint ein größeres Maß an Klarheit im Hinblick auf Wirkungszusammenhänge möglich. Unter Berücksichtigung der verschiedenen Modellansätze werden als Komponenten der Lebenslagen Sozialstruktur und Infrastruktur unterschieden.

Als Sozialstruktur werden Restriktionen/Möglichkeiten betrachtet, die als ökonomisches und kulturelles Kapital wirksam werden, entsprechend den Ausarbeitungen von Bourdieu (vgl. 1985, 1982), sowie Recht. Ökonomisches Kapital ist jenes, das unmittelbar und direkt in Geld konvertierbar ist und in dieser Warenform wiederum im Tauschvorgang zum Äquivalent aller Waren werden kann. Sein Vorhandensein bzw. seine Abwesenheit wird als Handlungsspielraum erfahrbar, der makrosoziologisch als Sozialstruktur zu verstehen ist. Kulturelles Kapital ist, in seiner inkorporierten Form, Resultat kommunikativen Handelns und daher im Kontext der Lebenswelt verortet. Als objektiviertes, sowie institutionalisiertes Kapital ist es aber als Sozialstruktur zu verstehen: die Ausstattung mit vergegenständlichter Kultur (wie Bücher, Instrumente, Kunstgegenständen, Maschinen), sowie mit institutionalisierter Kultur (wie Bildungstiteln) sind Ressourcen, die in ihrer Entstehung und Erhaltung auf der Makroebene verortet werden müssen und als (nicht) zur Verfügung stehende Ressourcen Restriktionen darstellen bzw. Möglichkeiten eröffnen. Mit Recht werden hier gesellschaftlich vorhandene Regeln erfasst, die durch Rechtssetzung allgemeinverbindlich gemacht worden sind (vgl. Honneth 2003, S. 165). Sie sind sowohl im Sinne von „Ermöglichungen" erfahrbar, insofern sie den Zugang zu Ressourcen absichern und damit Handlungsspielräume eröffnen. Sie sind zudem als Restriktionen beschreibbar, insofern sie restriktiv Handlungsentscheidungen normieren und ihre Einhaltung durch Sanktionsdrohungen abzusichern versuchen.

Als Infrastruktur werden sozialräumliche Gegebenheiten und zur Verfügung stehende Unterstützungen analysiert, die als Ressourcen wirksam werden, zugleich jene Gegebenheiten, die als soziale Barrieren die Teilhabe von Menschen behindern (vgl. zu Barrieren: Bruhn und Homann 2009). Hierzu gehören als Ressourcen jene sozialökonomischen Voraussetzungen für die berufliche Betätigung und die damit verbundene Absicherung des eigenen Lebensunterhaltes, ebenso die Ausstattung mit Waren zur Befriedigung des persönlichen Bedarfs an materiellen Gütern, zudem alle Arten professionell erbrachter Dienstleistungen, auf die Zugriff besteht, insbesondere Erziehungs-, Bildungs-, Sozial- und Gesundheitsdienste, Kultur- und Freizeitangebote, sowie alle Arten von Informations- und Beratungsangeboten. Hierzu gehören alle Arten von Hilfestellungen, Unterstützungen und Assistenzleistungen, die im jeweiligen Sozialraum durch andere Menschen informell bereitgestellt werden (soziales Kapital). Hierzu gehören schließlich die baulichen und technischen Ausstattungen und Instrumente, die wirksam sind im Hinblick auf erfahrbare Lebensqualität, insbesondere die Wohnqualität, Mobilitätsmöglichkeiten und Zugriff auf Informationstechnologie. Hierzu gehören schließlich die Möglichkeiten der Mitbestimmung an der Gestaltung des eigenen Sozialraumes durch politisches, soziales und kulturelles Engagement. Die Abwesenheit dieser Ressourcen wird als Restriktion beschreibbar, ebenso aber das Vorhandensein solcher Gegebenheiten, die – entsprechend der Forschungsperspektive der Disability Studies – als Barrieren bzw. Behinderungen die Teilhabe von Menschen systematisch behindern (vgl. Waldschmidt und Schneider 2007).

Exkurs zum Faktor Natur: Als ein Teilaspekt der Infrastruktur soll an dieser Stelle auf „Natur" verwiesen werden, die in der sozialwissenschaftlichen Theoriebildung, wie auch in der Theorie der Sozialen Arbeit, nur am Rande Beachtung findet und wenig ausgearbeitet ist. Zugleich hat sie aber in der praktischen Sozialen Arbeit eine Bedeutung (z. B. als Raum und Medium für Lernprozesse allgemein im Kindesalter) (vgl. Kahn und Kellert 2002; Gebhard 2009; Weber 2011), sowie speziell in Konzepten der Erlebnispädagogik und der medizinischen Rehabilitation. Natur wird hierbei klassisch verstanden als organische und anorganische Erscheinungen, die zwar vom Menschen kultiviert werden, aber auch ohne sein Zutun bestehen. Entsprechend der Vorstellung, mit der Lebenslage im sozialpädagogischen Zusammenhang auch Lern-, Erfahrungs- und Dispositionsspielräume zu erfassen, bedarf es einer Integration der menschlichen Naturerfahrung in die Analyse von wirksam werdenden Handlungskontexten. Denn die Art der Erfahrung von Natur nimmt Einfluss auf menschliche Handlungsrationalitäten, auf Lernerfahrungen, bio-psychische Befindlichkeiten und sie ist ein bekannter Faktor für Genesungs- und Erkrankungsprozesse. Der Zugang zur Natur und die sich sodann vollziehende Erfahrung von Natur machen einen Unterschied. Dieser erfolgt über die Sinne, über Hören, Sehen, Riechen, Schmecken, Tasten und ist wirksam, nachweislich in seiner unmittelbaren Auswirkung auf körperliche und seelische Befindlichkeiten und für die Entwicklung von aufwachsenden Kindern und Jugendlichen (vgl. Beyersdorf et al. 1998; Kahn und Kellert 2002). Insbesondere Landschaften, deren Natursubstanz nur wenig technisch verändert wurde (frische Luft und Ruhe) und die frei sind von Bauwerken, also eine visuelle Erfahrung von organischem Leben und Naturfarben ermöglichen, werden entlastende und regenerative Wirkung zugesprochen. Erholung von der Last des Arbeitsalltags verbindet sich seit Beginn der Industrialisierung mit dem Zugriff auf solche naturnahen Räume der Erholung und war im großstädtischen Zusammenhang immer auch ein umkämpftes Privileg des Bürgertums, sowohl im Hinblick auf das alltägliche Wohnumfeld, wie auch auf die Urlaubsmöglichkeiten. Die Schrebergartenbewegung und vielerlei gewerkschaftliche Kämpfe zielten darauf, den unterprivilegierten Schichten den Zugang zu naturnahen Erfahrungsräumen zu ermöglichen, im Wissen um deren Bedeutung für individuelles Wohlbefinden und Regeneration (vgl. z. B. Stein 2000). Naturerfahrung ist zwar in diesem Sinne von Kultur- und Sozialerfahrung analytisch zu unterscheiden, zugleich jedoch nur als ein sozialer Faktor zu verstehen. Zum einen, weil sie in unserer rationalisierten und technisierten Gesellschaft immer schon geformt und hergerichtet, bestellt und belassen ist, dem einzelnen Menschen also in der Regel als Ergebnis der kalkulierten Gestaltung durch die Gesellschaft widerfährt. Stadtpark und Staatsforst, das Naturschutzgebiet in den Alpen, wie auch die belassenen Flussauen und Marschlandschaften sind in unserer Gesellschaft das Ergebnis bewusster politischer Entscheidungen und entsprechender Gestaltungen, sowohl in ihrer konkreten Formung, als auch in ihrem organisierten Verzicht auf Formung. Zudem ist der vorhandene oder fehlende Zugang zu diesen Räumen, die Naturerfahrungen ermöglichen, sozial gestaltet. Das Vorhandensein von z. B. öffentlichen Parks, Stränden und Wäldern, die Finanzierbarkeit von Kuren und Rehabilitationsangeboten, sowie der Anfahrt und des Aufenthalts „im Grünen" sind soziale Fragen der Infrastruktur, der Ressourcen, der Ausstattung oder Barrieren.

Die mit den Begriffen Sozialstruktur und Infrastruktur gekennzeichneten Ressourcen der Lebenslage nehmen sehr bedeutungsvolle gesellschaftlichen Bedingungen auf, die einer gerade auch politisch ambitionierten Sozialen Arbeit sehr wichtig sind, um individuellen Hilfebedarf zu verstehen. Diese Ressourcen sind objektiv beschreibbar, ebenso wie die mit ihnen verbundenen objektiven Handlungsoptionen- und beschränkungen. Die sich aus ihnen ergebenden Handlungs-

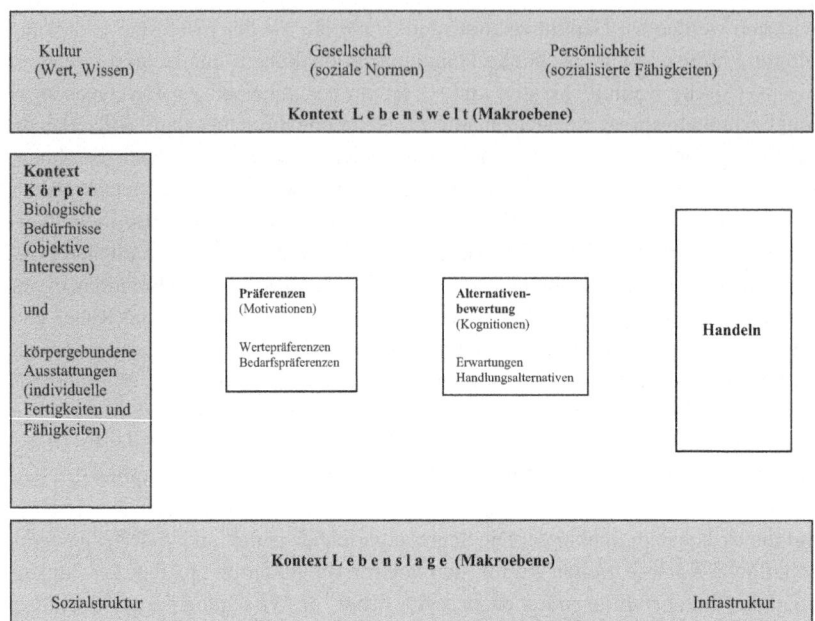

Abb. 5.4   WET, Körperkontext, Lebenswelt und Lebenslage. (Quelle: ©Eigene Darstellung)

möglichkeiten, für bestimmte Handlungssituationen, Zielbestimmungen und Wahlentscheidungen, stellen den spezifischen Effekt des Lebenslagenkontextes dar. Im Gegensatz dazu kann von einer Restriktion gesprochen werden, wenn durch die Bedingungen der Lebenslage bestimmte Handlungsmöglichkeiten nicht gegeben sind, bestimmte Handlungsoptionen also aus dem Alternativenraum eines Akteurs ausgeschlossen sind. Diese sind in etwa identisch mit dem, was Silvia Staub-Bernasconi im Rahmen ihrer Analyse von sozialen Problemen als soziale Barrieren beschreibt, die individuelles Wohlergehen beeinträchtigen, weil sie der Befriedigung von Bedürfnissen durch eigene Anstrengung im Wege stehen (vgl. Staub-Bernasconi 2007, S. 183). Aus makrosoziologischer Perspektive handelt es sich hierbei um das Ergebnis einer (unzureichenden) Verteilung sozialstrukturellen und/oder infrastrukturellen Ressourcen sowie Naturressourcen (vgl. Runde et al. 1998, S. 22).

Gleichwohl können die konkreten Ermöglichungs- oder Restriktionseffekte von Ressourcen, im Hinblick auf konkretes Verhalten von Menschen, jeweils nur im Verhältnis zum subjektiven Bedarf bzw. zur Handlungsabsicht analysiert werden. Nur auf sie bezogen, wirken Ressourcen restriktiv oder fördernd und kann ein Zusammenhang zwischen Lebenslage und Wohlbefinden hergestellt werden (vgl. Stierle 2006, S. 98) (vgl. Abb. 5.4).

5.4 Brückenkonzepte für die Verknüpfung von Mikro- und Makroebene

Eine besondere theoretische Herausforderung besteht nun darin, den Zusammenhang zwischen dem Entscheidungshandeln auf der Mikroebene, dessen biologisch-körperlicher Rahmung, sowie den Makroebenen-Kontexten Lebenswelt und Lebenslage theoretisch zu erklären und in das Modell zu integrieren. Ausgangspunkt des hier vorgestellten Modells ist, dass diese beschriebenen Kontexte das Verhalten normalerweise nicht direkt beeinflussen oder gar determinieren. Vielmehr wird von einer Vorstrukturierung individuellen Handelns ausgegangen, die im Folgenden als „Brückenkonzept" entfaltet werden soll. Diese damit beschriebene Realität ist durch die Kontexte geprägt, rahmt das individuelle Handeln auf unterschiedliche Weise und begründet theoretisch den Zusammenhang von Mikro- und Makroebene. Sie stellt einen wichtigen Baustein dar, der die Wert-Erwartungs-Theorie ergänzt und deren Schwäche überwindet, soziales Handeln ausschließlich eindimensional, als ein Entscheidungsverhalten rationaler Wahl nach Nutzenmaximierungsgesichtspunkten auffassen zu können (vgl. Giese und Runde 1999, S. 23 f.). Zwei Brückenkonzepte werden hierbei unterschieden. Beim Brückenkonzept I werden die Makroebenen, sowie der biologisch-körperliche Rahmen in sogenannte „Situationsdefinitionen" übersetzt, die als eigenständige Komponenten in der schematisierten Handlungsabfolge den folgenden vorangestellt werden. Sie werden als Einflussfaktoren verstanden, die Handlungssituationen vordefinieren bzw. vorstrukturieren. Den so entstehenden „Situationsdefinitionen" gehen weiteren Motivationsbildungs- und Denkprozessen voraus und legen fest, ob es in der jeweiligen Situation überhaupt zu einem Rational-Choice Verhalten kommen kann.

Beim Brückenkonzept II werden die Makro-Ebenen mit den zentralen Variablen des WET verbunden und deren Einflussnahme durch ein sogenanntes Framing beschrieben.

5.4.1 Brückenkonzept I: Situationsdefinitionen

Das hier konzeptionierte Brückenkonzept I unterscheidet fünf unterschiedlich strukturierte bzw. definierte Handlungssituationen, die den Ausgangspunkt weiteren Verhaltens darstellen, dies Verhalten entsprechend prägen und als Ergebnis einer direkten Einflussnahme der Kontexte verstanden werden können. Zu unterscheiden ist konkret:

a. Lebenslage legt fest. Hiermit ist ein Verhalten gemeint, dass durch die Handlungsrestriktionen der Lebenslage gänzlich vorbestimmt ist. Hier kommt es zu keiner rationalen Wahlentscheidung, weil der Restriktionskontext keine Wahlentscheidung ermöglicht und „nichts zur Wahl steht". Diese Festlegung kann verstanden werden als Ergebnis fehlender Ausstattung mit handlungsnotwendigen Ressourcen oder aber als Erfahrung von sozialen Barrieren, die exkludierend wirken (vgl. Bruhn und Homann 2009).

b. Lebenswelt legt fest. Hiermit ist ein Verhalten gemeint, dass durch die Vorgaben der Lebenswelt gänzlich festgelegt ist. Hier kommt es zu keiner rationalen Wahlentscheidung, weil das Handeln in den Bahnen fragloser Routinen verläuft. Die Unterscheidung zwischen Kultur, Normen und Persönlichkeit zeigt sich in der Entwicklung von ideologischen, normativen oder personalen Vorgaben: Ideologie, unbedingt geltende normative Regeln und sozialisierte sozialpsychische Dispositionen, einschließlich von Gefühlen und Affekten (i.S. von Webers Typus affektualem Handeln). Sie legen die Routinen eines Verhaltens fest und verhindern einen rationalen Wahlentscheidungsvorgang.

c. Körper legt fest. Hierzu gehört ein affektuales Verhalten, also impulsive Reaktionen auf unelastische „körperliche" Bedürfnisse. Eine rationale Wahlentscheidung findet nicht statt, weil die biologische Ausstattung des Körpers das Verhalten gänzlich festlegt (Augenlider schließen, Gesichtsmimik, Tränenfluss…). Hierzu gehört die Festlegung durch Restriktionen: mangelnde körperliche, geistige und seelische Fähig- und Fertigkeiten können Wahlentscheidungen ausschließen.

d. Rational-Choice-Verhalten. Hiermit ist ein Verhalten gemeint, dass „pur" eigenen Nützlichkeitserwägungen folgt, somit über Motivationsbildung und Alternativenbewertung entlang persönlicher Nutzenmaximierung Handlungsalternativen auswählt und hierbei Handlungsrestriktionen mit berücksichtigt. Der lebensweltliche Kontext ist weitgehend unbedeutend.

e. Frame bestimmtes Rational-Choice-Verhalten. Hiermit ist ein Verhalten gemeint, dass durch ein Ordnungsmuster vorstrukturiert ist, ohne festgelegt zu sein. Dieser Vorgang der Herstellung einer Ordnung (framing, das zu einem Frame führt) erfolgt unter Einfluss aller drei Kontexte unter analysierbaren Bedingungen.

Diesen fünf Handlungsmodi lassen sich auch die vier Handlungstypen von Max Weber zuordnen. Der Situationsdefinition, die das individuelle Entscheidungshandeln durch lebensweltliche Vorgaben der Komponenten Kultur und Gesellschaft habituell festlegt a) entspricht der Weber-Typus des traditional Handelnden: die dumpfe, an Konventionen gebundene Reaktion auf gewohnte Reize. Die durch die

Komponente Persönlichkeit lebensweltlich vordefinierte Situation b) entspricht dem Weber Typus des affektual Handelnden, ebenso wie die durch körperlich-affektuales Handeln vordefinierte Situation c). Der Situationsdefinition die als Rational-Choice Verhalten beschrieben werden kann d), entspricht der Weber-Typus des zweckrationalen Handelns, das Mittel, Zwecke und Nebenfolgen nutzenmaximierend abwägt. Bei Habermas ist dies die vorherrschende Praxis im Vollzug der Systemintegration. Hier unterscheidet er die Handlungslogiken teleologisch, normativ, dramaturgisch, die er alle „weitgehend" zweckrational geprägt beschreibt (wobei dieser Begriff deutlich macht, dass er diese Sphäre nicht gänzlich von verständigungsorientiertem Handeln gereinigt sieht) (vgl. Habermas 1981 II, S. 230). Der Situationsdefinition, die als framebestimmt beschrieben wird e), entspricht schließlich der Weber-Typus des wertrationalen Handelns (vgl. Weber 2003, S. 32 f.). Restriktiv vordefinierte Handlungssituationen der Lebenslage (entspr. a.) sind in der Weber-Typologie nicht mit bedacht.

5.4.2 Brückenkonzept II: Frames

Das Brückenkonzept II thematisiert den Handlungsvorgang im Fall e., also in Situationen, die durch einen Frame vorstrukturiert sind. Dies meint, dass die Kontexte das Verhalten nicht festlegen, aber auch kein ungehemmt nutzenmaximierendes Entscheidungshandeln entsprechend der Wert-Erwartungs-Theorie stattfindet, vielmehr alle Kontexte die Variablen des Entscheidungsvorgangs beeinflussen. Das entscheidungstheoretische Modell der Wert-Erwartungs-Theorie ist trotzdem gerade dadurch von besonderer Bedeutung, weil es die Variablen kenntlich macht, die nun unter indirekten Einfluss geraten: Präferenzen (Motivationen), Erwartungshaltungen und Nutzenbewertungen (Kognitionen).

Beschreibbar ist somit ein frame-bestimmtes rational-choice-Verhalten, dass nicht durch Restriktionen der Lebenslage, Routinen der Lebenswelt oder körperliche Vorgaben alternativlos festgelegt ist (wie bei a b und c), bei dem vielmehr Entscheidungsspielräume vorhanden sind und hier nun Leitperspektiven der Lebenswelt (Frames) auf Komponenten des individuellen Entscheidungsprozesses Einfluss nehmen (vgl. Abb. 5.5).[5] (vgl. Giese und Runde 1999, S. 24 ff.; Runde 1997, 1998, 1999). Das heißt, der Frame selektiert hier jene Ziele, die die Akteurin in einer bestimmten Situation verfolgt und „vereinfacht" die Situation. Er filtert

---

[5] Nicht behandelt werden an dieser Stelle, die Rückwirkungseffekte des Verhaltens auf die Kontexte Lebenswelt und Lebenslage und deren damit verbundene Veränderung (vgl. z. B. Giese und Runde 1999, S. 29).

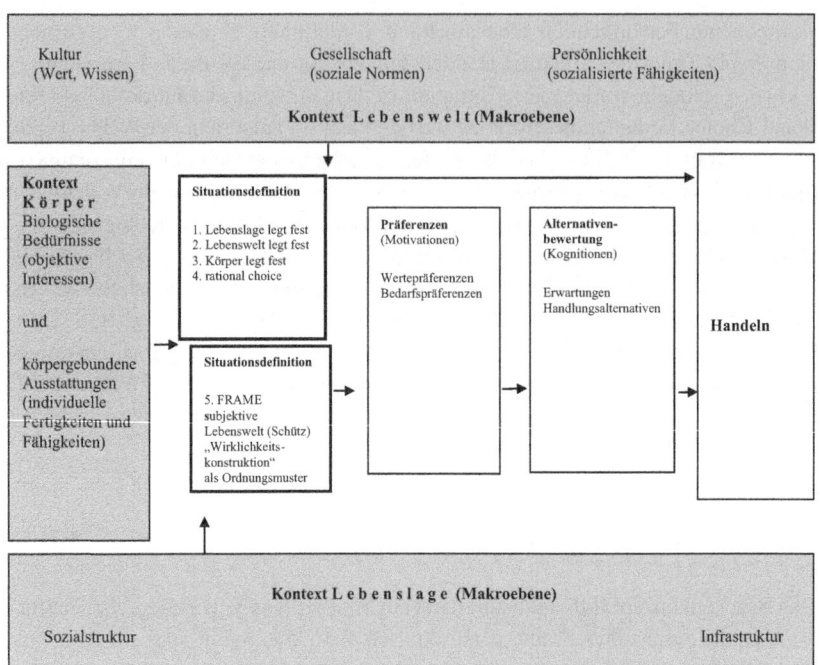

Abb. 5.5 Das erweiterte Mehr Ebenen Modell (eMEM). (Quelle: ©Eigene Darstellung)

und deutet relevante Informationen, hilft bei der Interpretation und beeinflusst die jeweiligen motivationalen und emotionalen Anreize, die sich aus der Zielvorgabe, dem Wissen, sowie den wahrgenommenen und gedeuteten Situationsbestandteilen ergeben. Ebenso wirkt er auf die handlungsrelevanten Präferenzen, sowie die Bewertungen der Handlungsalternativen.

5.4.2.1 Die theoretische Begründung des Framekonzeptes und die Integration des sozialpädagogischen Lebensweltbegriffs

Unter dem Begriff Frame wird in der Soziologie im Allgemeinen ein spezieller Relevanzrahmen verstanden, mit dem Akteure Handlungssituationen definieren und bewältigen. „Frame" beschreibt, die Strukturierung von Handlungsbereichen in unterschiedliche Logiken, unterschiedlichen Sinn und unterschiedliche Codierungen, sowie die Herausbildung eines Leitmotivs, dass die jeweilige Handlung anleitet. „Je nach Frame gelten andere Handlungen als angemessen, effizient oder denkbar" (Esser 1990, S. 238). Ein Frame entsteht, im Verständnis dieses Modells und im Gegensatz zu den Arbeiten von Esser, als dialogisch-kollektiver Akt kommunikativen Handelns und nicht als monologisch-rationale Individualentscheidung auf Seiten der Individuen. Der Begriff hat als analytische Kategorie für die Erklärung von Verhalten zunehmend an Bedeutung gewonnen, auch durch den zunehmenden Zweifel, selbst in der ökonomischen Theorie, an den bisher geltenden Handlungsmodellen der rationalen Wahl (vgl. Esser 2001, S. 2).

Beim hier entwickelten Framebegriff wird davon ausgegangen, dass subjektive Situationsdefinitionen keine rein subjektiven Angelegenheiten sind, sondern von gesellschaftlich geprägten Strukturmustern (kognitiven Mustern) geformt werden. Das entspricht auch grundlegenden Arbeitsergebnissesn von Erving Goffmann (vgl. 1977). Bei ihm wird bereits die Rahmenanalyse im Spannungsfeld zwischen einer individuell geprägten Handlungsebene und einer kulturell-normativ geteilten Strukturebene positioniert. Aus der an Goffmann anschließenden US-amerikanischen Sozialwissenschaft können sodann wichtige Hinweise zur Frame-Genese, Frame-Wirkung und Frame-Funktion entnommen werden. Für das hier entwickelte Modell liefert schließlich Esser wichtige Aspekte zu kognitiven Mustern, zu semantischen Operationalisierungsprozessen, zur komplexitätsreduzierenden Funktion, sowie zur Unterscheidung der normativen Ebene und Ressourcenebene (vgl. Esser 1990).

Allerdings konzipiert er frameorientiertes Handeln als Spezialfälle der Theorien rationaler Wahl, ihre in konkreten Handlungssituationen entstehende Relevanz als „intentional" erklärbar und somit den Akteur als Instanz, der sich mit einem Frame für ein vorhandenes Handlungsrezept entscheidet. Essers „Grundidee ist, dass es für die Anwendung von „Rezepten" (bzw. von „standard operating procedures") für die Akteure eine Reihe „guter Gründe" gibt, vor deren Hintergrund eine „rationale Kalkulation" von ((„objektiv" vielleicht sogar „besseren") Alternativen unterbleiben kann" (Esser 1990, S. 235). Das heißt, Esser interpretiert auch diesen Vorgang als Akt der Nutzenmaximierung, also als „eine Kognition von Situationsmerkmalen, eine … Evaluation der Konsequenzen und schließlich auch eine Selektion nach dem Kriterium der ‚guten Gründe'" (Esser 1990, S. 235). Zwar hat es der Akteur nicht in der Hand, „ob und in welchem Grade ein bestimmtes gedankliches Modell aktiviert wird oder nicht und welcher Modus der Informationsverarbeitung dann dabei eingeschaltet wird" (Esser 2001, S. 333), vielmehr vollzieht es sich durchaus als Passungsvorgang (matching), der trotz Kalkulation unbewusst bleibt. „Bei einem perfekten Match gibt es keinerlei weitere gedankliche Aktivitäten. Liegt dagegen ein Mis-Match vor, dann beginnt das Gehirn – unwillkürlich – mit unspezifischen inneren Aktivitäten der Informationssuche, die dann evtl. …zu einer Änderung in der „Wahl" des Modus oder des Modells führen" (Esser 2001,

S. 261). Die handelnde Akteurin bleibt aber hier die rational entscheidende Instanz vor dem Hintergrund ihrer Nutzenkalküle.[6]

Im Gegensatz zu Esser wird mit dem hier dargestellten Modell aber eine Ablösung von der individualistischen Perspektive vollzogen. Thematisiert wird die kulturell-normative Überformung des Vorgangs der rationalen Wahl, die nicht mit Hilfe einer individualistischen Perspektive, sondern auf einer theoretischen Makroebene erklärt werden muss. Unter Bezugnahme auf Habermas' Ausarbeitungen zur Lebenswelt werden Frames im Rahmen dieses Modells als kognitive, kollektiv geteilte Ordnungsmuster (Handlungsorganisationsmuster) verstanden, die im Sinne eines Selektions- und Motivationsfilters soziales (Entscheidungs-) Handeln vorstrukturieren und somit eine handlungsanleitende Qualität haben. Das sich in einer bestimmten Handlungssituation als kognitive Organisation vollziehende Framing beinhaltet zweierlei: a) es aktiviert das, für die jeweilige Handlungssituation beim Akteur dominierende, verinnerlichte oder zumindest anerkannte Wertemuster und b) es aktiviert die zugehörige Semantik, die es ermöglicht, die Situation bzw. die relevanten Bestandteile der Situation, die Situationsalternativen zu deuten/zu interpretieren und damit einzuordnen. Für die Entstehung des Frame werden zudem Soziallagenkontext und Körperkontext eingeschlossen. Denn verfügbare Ressourcen der Makroebene nehmen auf das Organisationsmuster ebenso Einfluss, wie die (unelastischen) Bedürfnisse auf der körperlichen Ebene und mit ihnen verbundene Bedürfnisspannungen, die – je nach Intensitätsgrad – Motivationen in hohem Maße nahelegen (z. B. Hunger und Durst).

Zu unterscheiden sind bei den Frames daher auch analytische Typen, die sich aus dem Lebensweltkonzept nach Habermas ergeben: In Abhängigkeit davon, welches Kategoriensystem dem Orientierungsmuster zugrunde liegt, handelt es sich entweder um einen ideologischen (Werte- und Wissensbezogen), einen normativen oder einen personalen Frame: Rücken z. B. wissenschaftliche, politische oder religiöse Überzeugungswerte in den Vordergrund, liegt ein ideologischer Frame vor; sind intersubjektiv geltende, normative Wahrnehmungs- und Interpretationsstandards für das Framing relevant, wird ein normativer Frame aktiviert; bestimmen hingegen kollektiv sozialisierte Persönlichkeitsstrukturen (z. B. Angst, Vertrauen, Autoritätsgläubigkeit, Egozentrik, Emotionalität etc.) oder Fertigkeiten und Fähigkeiten, die auf spezifischen Erfahrungen und Erlebnissen basieren, das Framing, handelt es sich um einen personalen Frame. Der jeweils aktivierte Frame beeinflusst dann die jeweilige Situationsdefinition, die Präferenzen, sowie die Evaluation der Alternativen eines Akteurs, die wiederum dessen Verhalten be-

---

[6] Siehe hierzu z. B. die Arbeiten am Lehrstuhl für Soziologie und Wissenschaftslehre der Universität Mannheim, (vgl. Kroneberg 2005).

stimmen (vgl. Stierle 2006, S. 90 ff.). Sie beinhalten vier konstitutive Bestandteile, die analytisch voneinander zu unterscheiden sind: Handlungsleitlinien, kognitive Wissenskonstruktionen, Deutungsschemata und emotionale/motivationale Anreize. Handlungsleitlinien geben für bestimmte Handlungssituaionen relevante Informationen zur Zielsetzung des Handelns vor. Kognitive Wissenskonstruktionen verknüpfen die jeweils relevanten Situationsbestandteile zu einer sinnhaften Einheit. Deutungsschemata bringen, im Sinne von semantischen Bedeutungen, die Relevanz der vorliegenden Situationsbestandteile für das Handeln zum Ausdruck. Emotionale und motivationale Anreize wirken handlungsmotivierend oder demotivierend auf das Handelns (vgl. Stierle 2006, S. 92).

Die Frameentstehung ist als Folge einer Normenabschwächung, wie auch als Folge einer kulturellen Überformung zweckrational organisierter Handlungsfelder zu verstehen. Die Normenabschwächung ermöglicht das Vorhandensein alternativer Handlungsoptionen, die wiederum konstitutiv für einen Frame sind. Die Gründe für sich abschwächende Normen lassen sich, in Anlehnung an Heinrich Popitz (2006), im Zusammenhang mit ihren Entstehungsbedingungen rekonstruieren. Ihm zufolge entstehen soziale Normen dort, wo es zu typisch wiederkehrenden Handlungssituationen kommt, Normen einen konkreten Adressaten haben, sie für diesen anwendbar sind, eine Normabweichung mit Sanktionen bedroht ist und zudem diese Normen verinnerlicht werden. Für alle Bedingungsfaktoren lassen sich gesellschaftliche Veränderungsprozesse beschreiben: Situationen und Normadressaten werden untypischer, ihr Charakter vielfältiger und widersprüchlich, die Sanktionen unklarer und die selbstverständliche Internalisierung wird ersetzt durch als äußerlich wahrgenommene Ansprüche (vgl. z. B. Beck 1986). Soll unter diesen Bedingungen ein Framing erfolgen, bedarf es zudem einer speziellen kognitiven Leistung der Kombination von Wert- und Wahlrationalität seitens der Akteure, sowie der objektiven Möglichkeit alternativen Handelns: die Akteure müssen Alternativen haben und kennen.

Im Gegensatz zu den Annahmen von Habermas können auch in solchen Handlungsfeldern Frames entstehen, die durch eine utilitaristisch strategische und damit wahlrationale Handlungslogik geprägt sind. Deren Entstehung lässt sich mit Schulze und Bourdieu aus dem Bedürfnis nach sozialer Orientierung herleiten. Eine Zunahme von Handlungsoptionen und neue Unübersichtlichkeit fördert das Bedürfnis nach Orientierung. „Um überhaupt existieren zu können, müssen sich die Menschen in einem Prozess kognitiver Selbstorganisation eine Struktur geben, die es ihnen erlaubt, sich gegenseitig einzuschätzen und Identität aufzubauen" (Schulze 2000, S. 243). Die Orientierung und Ordnung wird dadurch möglich, dass man mit Hilfe einer fundamentalen Semantik die Gegensätze ein- und zuordnet und zwar handlungsfelderübergreifend. Hieraus entstehen und stabilisieren sich kollektive Identitäten und soziale Gruppenbildungen, die mit den auf dem Markt erhältlichen Produkten spezifische Überzeugungen und Lebensweisen als „feine Unterschiede" zum Ausdruck bringen (siehe auch Bourdieu).[7]

In der Soziologie ist eine solche „Zwischenebene" in unterschiedlicher Form konzeptualisiert worden, so etwa als „Wissensstrukturen" (vgl. Schütz und Luckmann 1979), „Sinnprämissen" (vgl. Luhmann 1984), als „Habitus" (Bourdieu 1982), als „Frames" (Esser z. B. 2001) und auch als „Lebenswelt" (Husserl 1986; Schütz und Luckmann 1991). Die Untersuchung ihrer jeweiligen Begründungen, Gemeinsamkeiten und Unterschiede kann an dieser Stelle nicht erfolgen. Deutlich werden soll jedoch, dass dieses Framekonzept eine große Nähe hat zum Lebensweltbegriff von Schütz bzw. zum hieran angelehnten Begriff der Alltagswelt von Berger/Luckmann und darüber hinaus eine Integration des in der Sozialen Arbeit verbreiteten Lebensweltbegriffs leisten kann. Schütz zufolge gelangt der Mensch über die Auseinandersetzung mit seiner sozialen Welt, der „Wirkwelt", zu seiner „Lebenswelt". „Diese Welt ist Eine und einheitliche Welt für das Ich, vor allem Einheit für mich, der ich in diese Realität eingreifen und die in ihr vorfindlichen Dinge wirkend behandeln will. Einheitlich ist diese meine Umwelt also als Welt meines möglichen Wirkens, ... sie ist meine mir vorgegebene eine und einheitliche Wirkwelt. Aber diese meine Wirkwelt ist mannigfaltig gegliedert, ihre Perspektiven ... durchdringen einander und ... koinzidieren nicht. Wie kommt es dennoch dazu, dass mir ... meine Wirkwelt fraglos als Eine und einheitliche Wirkwelt gegeben ist? Die Ursache liegt darin, dass alle Auffassung von Welt und sohin auch von Wirkwelt auf den Erfahrungsvorrat zurückweist, den das Ich vordem, aus mannigfachen polythetischen und monothetischen Sinnzusammenhängen vormaliger Erfahrungen aufgebaut, bereit hält" (Schütz 2003, S. 16). Diese Lebenswelt aber versteht er nicht als Privatwelt, sondern als intersubjektiv. Im Ergebnis ist sie das, was „ der wache und normale Erwachsene in der Einstellung des gesunden Menschenverstandes als schlicht gegeben vorfindet" (Schütz und Luckmann 1991, S. 25). Berger und Luckmann sprechen hier von jenem Wissen, „welches das Verhalten in der Alltagswelt reguliert" (Berger und Luckmann 1980, S. 23). Es ist eine intersubjektive Wirklichkeitsordnung, die durch Sprache gesetzt wird. Dem Indi-

---

[7] Allerdings geht die hier konzeptionierte Vorstrukturierung sozialen Handelns als Frame nicht in den Milieutheorien von Schulze und Bourdieu auf. Der zentrale Unterschied besteht darin, dass die strukturierenden Bedingungen eines Frame Handlungsfelder sind – und nicht spezifische Gruppen mit ihren zugehörenden psycho-sozialen Eigenschaften, wie dies beispielsweise beim Habituskonzept verstanden wird. Ein Frame entsteht in spezifischen Handlungsfeldern als Ergebnis kommunikativer Handlungen unter der Voraussetzung, dass Wahlalternativen gegeben sind, keine verbindlichen Normen, körperlichen Zwänge oder Restriktionen vorliegen und kollektiv gültige Wertemuster (ideologischer, normativer oder personaler Art) gegeben sind, die die Wahlrationalitäten lebensweltlich überformen.

viduum erscheint die Wirklichkeit der Alltagswelt (bzw. Lebenswelt) „konstituiert durch eine Anordnung der Objekte, die schon zu Objekten deklariert worden waren", noch bevor es sich hierzu verhalten konnte (ebenda, 24). „Die Sprache, die im alltäglichen Leben gebraucht wird, versorgt mich unaufhörlich mit den notwendigen Objektivationen und setzt mir die Ordnung, in welcher diese Objektivationen Sinn haben und in der die Alltagswelt mir sinnhaft erscheint" (ebenda, 24). „Die Wirklichkeit der Alltagswelt ist um das „Hier" meines Körpers und das „Jetzt" meiner Gegenwart herum angeordnet. Dieses „Hier" und „Jetzt" ist der Punkt, von dem aus ich die Welt wahrnehme" (ebenda, 25).

Damit wäre über den Framebegriff die Integration der phänomenologisch geprägten Lebensweltbegriffe in dieses Modell vollziehbar, so wie sie in der wissenschaftlichen Sozialen Arbeit verbreitet sind. Am Lebensweltbegriff von Björn Kraus wird dies deutlich. Er legt in seinen Ausarbeitungen großen Wert auf die begriffliche Präzisierung und logische Unterscheidung der Begriffe Lebenswelt und Lebenslage und betont die Bedeutung dieser Begriffsschärfung für die sozialarbeitswissenschaftliche Theorie (vgl. Kraus 2013, S. 141 ff.). Das entspricht den analytischen Unterscheidungen, die auch für dieses Modell zentral sind. Kraus entwickelt sodann seinen geschärften Lebensweltbegriff und definiert ihn als „subjektive Wirklichkeitskonstruktion eines Menschen" (Kraus 2013, S. 153, auch 2010, S. 11). Dessen Entstehung erklärt Kraus aus den Bedingungen der Lebenslage, die er definiert, als die „materiellen und immateriellen Lebensbedingungen eines Menschen" (Kraus 2010, S. 11), bzw. „als die sozialen, ökologischen und organismischen Lebensbedingungen eines Menschen" (Kraus 2013, S. 153). Er schreibt: „Das Verhältnis zwischen Realität und Wirklichkeit lässt sich an meiner Übertragung dieser Unterscheidung auf den im sozialarbeiterischen Diskurs gängigen Begriff der „Lebenswelt" verdeutlichen, indem man den Begriff der Lebenswelt dem Begriff der Wirklichkeit zuordnet und den Begriff der Lebenslage dem Begriff der Realität. Derart beschreibt dann der Begriff Lebenswelt die subjektive Wirklichkeit eines Menschen, welche dieser unter den Bedingungen seiner Lebenslage konstruiert. Die Lebenslage wäre somit der für diesen Menschen relevante Ausschnitt der Realität, seine materiellen und immateriellen Lebensbedingungen" (Krauss 2011, S. 99).

Im Gegensatz dazu wird hier vorgeschlagen, eine andere Differenzierung vorzunehmen, die die individuelle Mikroebene und die gesellschaftliche Makroebene analytisch differenziert, auf diese Weise die Lebenswelt als Kommunikationskontext verortet und sie ins Verhältnis setzt zu dem, was Kraus „Lebenswelt" nennt, hier aber als „Frame" konzeptioniert ist: die subjektive Wirklichkeit der Handelnden. Kraus deutet die Entstehung dieser subjektiven Wirklichkeiten, sodann in Abhängigkeit zur subjektiven Lebenslage: „Einerseits ist die Lebenswirklichkeit eines jeden Menschen dessen subjektives Konstrukt, andererseits ist dieses Konstrukt nicht beliebig, sondern – bei aller Subjektivität – auf Grund der strukturellen Koppelung des Menschen an seine Umwelt, eben durch die Rahmenbedingungen dieser Umwelt beeinflusst und begrenzt" (Kraus 2011, S. 100). Hier wird nun vorgeschlagen, diesen Entstehungsprozess (ein sogn. „framing") noch etwas genauer als Ergebnis eines lebensweltgeprägten, aber multifaktoriell erklärbaren, Zusammentreffens von Rahmenbedingungen und Kognitionsprozessen (s. o.) zu verstehen: unter den sozialstrukturellen Bedingungen der Lebenslage und des individuellen Körpers (die Kraus als „Lebenslage" in eins setzt, vgl. Kraus 2010, S. 9) werden intersubjektiv-kommunikativ entstandene Wertemuster aktiviert, zugehörige Semantiken aktiviert und ein entsprechender Relevanzrahmen kognitiv errichtet (s. o.). Der Vorgang wird damit in vergleichbarer Form als letztendlich kognitiver Konstruktionsvorgang betrachtet, hier werden allerdings die Wirkfaktoren differenzierter unterschieden, ein Kommunikationsraum als intersubjektiver Faktor „Lebenswelt" betont und alle Komponenten durch die Modellsystematik in ein Verhältnis zueinander gesetzt.

Mit dieser Zuordnung wären auch die bekannten Lebensweltdefinitionen z. B. von Thiersch in diesem Modell als Frame konzeptioniert und integriert: die „spezifischen Selbstdeutungen und Handlungsmuster in den gesellschaftlichen und individuellen Bedingungen", also „Struktur- Verständnis- und Handlungsmuster" (Thiersch und Grundwald 2002, S. 129). Gleichzeitig wären sie eingeordnet in einen größeren handlungstheoretischen Zusammenhang.

5.4.3   Exkurs zu Emotionen

Modellen mit auch wahlrationalen Entscheidungskomponenten wird immer wieder kritisch entgegengehalten, sie unterschätzten die Bedeutung von Emotionen als Faktor für die Erklärung von Handeln. Gleichzeitig wird daran gearbeitet, Emotionen in handlungstheoretische Modelle zu integrieren. Für die Indienstnahme eines handlungstheoretischen Modells im Bereich der Sozialen Arbeit ist die Erklärung dieses Faktors von besonderer Bedeutung. Daher soll er hier gesondert erläutert werden.

Esser schlägt vor, Emotionen als „elementare, mit der Erfüllung biologischer und sozialer Grundbedürfnisse zusammenhängende Zustände innerer Erregung" zu beschreiben, „als unmittelbare und nicht kontrollierbare innere Reaktion auf bestimmte wahrgenommene Reize in der inneren Befindlichkeit oder der äußeren Umgebung eines Organismus" (Esser 2006, S. 145). Bewusst werdende Emotionen werden als „Gefühle" bezeichnet (vgl. Esser 2006, S. 145 f.). Gewisse Arten emotionaler Erregungen sind universell, so etwa Furcht, Ärger, Freude, Trauer. „Ihre Bewusstwerdung über bestimmte Gefühle und ihre Modulation in „Stimmungen" variiert aber sehr stark nach biographisch gelernten Vorgaben. Vor allem aber unterscheiden sich die Ausdrucksweisen der Emotionen nach kulturell geprägten und oft fest institutionalisierten „display rules": in Indien wird anders getrauert als auf Sylt, aber die dahinter stehende Emotion der Trauer ist jeweils die gleiche" (Esser 2006, S. 146).

Emotionen, im Sinne von „inneren Zuständen", bedingen Handlungsdispositionen und können auch einen evaluativen Charakter haben. Menschen befinden sich immer in „inneren Zuständen". Emotionen sind eine allzeit vorhandene Grundlage ihres Daseins. Diese „inneren Zustände" beeinflussen die alltäglichen Bewertungsvorgänge im Hinblick auf die Objektwelt. Sie sind ein Faktor der fortdauernden Evaluation der Realität bzw. von Situationseinstufungen. „Sie sind immer auf ein Objekt gerichtet, sei es auf das eigene Selbst (z. B. Hunger), auf Objekte (z. B. Gier, Ekel), auf konkrete Andere (z. B. Lust oder Liebe) oder auf anonyme Kollektive (z. B. Patriotismus, Fremdenhass)" (Schnabel 2006, S. 182). Diese „inneren Zustände" können der kognitiven Reflexion zugänglich gemacht werden oder unbewusst bleiben und sie können wahrnehmbare körperliche Entsprechungen haben. Das unterscheidet sie von Reflexionen (keine körperlichen Entsprechungen) und Reflexen (keine kognitiven Entsprechungen).

Im Rahmen dieses Modells sind Emotionen nun zum einen zu verorten und damit operationalisierbar als „aktuelle Affekte und Gefühlslagen", im Sinne von Webers affektualem Handeln (vgl. Weber 2003, S. 32). Sie können situationsdefinitorischen Charakter annehmen und eine Handlungssituation lebensweltlich bzw. biologisch-körperlich festlegen (im Sinne des Brückenkonzeptes I). Emotionen können aber zudem als personaler Frame wirken, als sozialisierte Dispositionen, die auf die Motivationslage (Bedarfspräferenzen), sowie die Nutzeneinschätzung eines Handelnden als Auslöser und Regulatoren einwirken und damit die subjektiven Kosten und die erwartbaren Werte mit bestimmen.

5.5   Zusammenfassung

Ein verstehender Zugang zur eigensinnigen Lebensweise der Anderen ist sowohl eine erkenntnistheoretische Herausforderung, als auch eine methodische Herausforderung, der sich die Soziale Arbeit gerade auch wieder besonders stellt. Er bedarf aber ebenfalls der Verständigung über den Gegenstandsbereich des Verstehens und beinhaltet damit zudem auch eine handlungstheoretische Herausforderung. Die zu beantwortende Frage lautet, was eine verstehende Soziale Arbeit zu verstehen hat, wenn sie hier verstehen will? Welches theoretische Verständnis hat sie vom handelnden Menschen als solchen und dessen Eigensinn, der erschlossen werden muss?

Das hier vorgestellte eMEM ist in diesem Zusammenhang ein Angebot zur Verständigung über die Dimensionen dessen, was beim Verstehen verstanden werden soll. Es generalisiert den Gegenstandsbereich sozialpädagogischer Verstehensbemühungen und „kartografiert" ihn, integriert verschiedene Theoriebausteine aus den Sozialwissenschaften und ist anschlussfähig an Grundlagendiskurse innerhalb der wissenschaftlichen Sozialen Arbeit. Ausgangspunkt ist die Annahme, dass der Mensch sich als Handelnder konstituiert und nur als ein in die Welt hinein Handelnder denkbar ist (Arendt 2007, S. 214 f.). In seinem Streben nach Wohlbefinden und Zufriedenheit hat er als Handelnder permanent „Situationen zu bewältigen" (vgl. Habermas 1981 II, S. 204). Professionelle Soziale Arbeit reagiert auf einen hierbei entstehenden Hilfe- und Unterstützungsbedarf. Dieser ergibt sich aus einer Diskrepanz zwischen dem Handlungsziel der Menschen und real erzielten (oder absehbaren) Handlungseffekten, bzw. aus fortgesetzten „Bedürfnisspannungen" (Obrecht 2011, S. 23). Handlungstheoretisch unterschieden werden in diesem Modell des handelnden Menschen die Mikroebene, sowie die Makroebene, menschliche Nutzenerwägungen, sowie die Rahmenbedingungen dieses Vorgangs.

Der erste Baustein dieses Modells ist die Wert-Erwartungstheorie (WET), eine Variante des Rational-Choice-Ansatzes, besonders entfaltet und verbreitet in den letzten Jahren von Esser innerhalb seines handlungstheoretischen Modells (vgl. Esser 1990, 1999). Sie besagt, dass bei einer Wahl zwischen mehreren Handlungsalternativen eine Akteurin jene bevorzugt, die ihr den höchsten Wert versprechen. Der Mensch möchte seinen Nutzen maximieren und kalkuliert diesen daher. Komponenten dieses Nutzenberechnungsvorgangs sind die Präferenzen der Akteurinnen hinsichtlich eigener Werte und Bedarfe, somit Motivationen, sowie die Alternativenbewertungen der Akteurinnen, somit Kognitionen. Das Verhalten wäre, in dieser eingeschränkten Sichtweise, zu begreifen als ein rationaler Entscheidungsprozess, dem bestimmte Motivationen zugrunde liegen und dem ein Denkvorgang vorausging, durch den Alternativen überprüft wurden. Allerdings ist menschliches Verhalten nicht einfach nach den Maximierungsregeln des homo oeconomicus erklärbar. Daher geraten, selbst in den Wirtschaftswissenschaften, inzwischen die Bedingungen der individuellen Nutzenkalkulation zunehmend in den Blick, also Handlungskontexte, die diesen individuellen Entscheidungsprozess mit beeinflussen.

In der Konsequenz heißt dies, dass in einem solchen Modell die Bedingungen sozialen Handelns thematisiert werden müssen: also Handlungskontexte, innerhalb derer Akteurinnen über Präferenzen und Alternativenbewertungen zum Handeln gelangen. Es geht um die Antwort auf die Frage: Was konstituiert den für Handelnde nicht einfach hintergehbaren Rahmen, aus dem heraus sie ihre subjektiven Definitionen der Situation vornehmen, die ihr Handeln anleitet (Esser 1996, S. 6). Für deren Klärung werden nun in diesem Modell drei Handlungskontexte unterschieden: der menschliche Körper, die Lebenswelt und die Lebenslage. Der menschliche Körper ist hierbei auf der Individualebene verortet, gleichwohl Kontextbedingung individueller Handlungsentscheidungen, Lebenswelt und Lebenslage dagegen auf der Makro-Ebene, weil sie intersubjektive Geltung beanspruchen und auf strukturelle Zusammenhänge verweisen.

Der menschliche Körper wird in dieses Modell als wirksam werdender Faktor für menschliches Handeln integriert. Spezifisch an diesem „Körperkontext" ist, dass er in sozialwissenschaftlicher Handlungstheorieentwicklung nur eine sehr geringe Beachtung erfährt, obwohl kaum bestritten wird, dass die jeweilige biologische Ausstattung von handelnden Akteurinnen und Akteuren, als eine wesentliche Bedingung ihres Entscheidungshandelns erfahren wird (Obrecht 2011; Nussbaum 1999, S. 50). Relevant wird der Körper in diesem Modell a) als Quelle (unelastischer) Bedürfnisse wie auch b) als Träger von Fertig- und Fähigkeiten. Menschen haben auf Grund ihrer biologischen Ausstattung Bedürfnisse, die handlungswirksam werden können. Sie sind hierbei zu verstehen als interne Zustände, die von einem befriedigenden Zustand des Organismus (Wohlbefinden) abweichen. Diese Abweichung wird innerhalb des Nervensystems als Spannungszustand registriert und sodann der Organismus motiviert, durch ein nach außen gerichtetes Verhalten, eine Kompensation zu erzielen. Die Wiederherstellung von „inneren Soll-Werten" ist somit als biologisch verankerter Antreiber für Handlungsmotivationen in bestimmten Handlungssituationen identifizierbar (Staub-Bernasconi 2007, S. 170 f.; Obrecht 2011, S. 11 ff.). Einfluss auf das Handeln haben zudem die körpergebundenen Fertig- und Fähigkeiten, sowie Eigenschaften eines Menschen, einschließlich seiner körperlichen, geistigen und seelischen Ressourcen und Behinderungen, sowie psychischen Dispositionen (talents, skills and handicaps) (Nussbaum 1999, S. 63; Röh 2013).

Die „Lebenswelt" wird sodann als weiterer Handlungskontext in dieses Modell einbezogen. Der in der Sozialen Arbeit weit verbreitete und oftmals diffus verwandte Begriff Lebenswelt wird hier allerdings nicht über Husserl und Schütz – und fokussiert bei Kraus – als subjektives Wirklichkeitskonstrukt eines Menschen verstanden (Kraus 2013), sondern über Habermas als durch kommunikatives Handeln entstehender intersubjektiv gestalteter Kultur- und Kommunikationsraum, den Akteurinnen und Akteure als Teilnehmende zugleich gestalten und erfahren. Sie ist die Grundlage für Verständigung und der soziale Prozessschauplatz, auf dem Handelnde Konsens über Normen und Werte herstellen, ihnen zugleich fraglos gegeben und auch in wechselnden Situationen für sie unüberschreitbar. Die drei strukturellen Komponenten von Lebenswelt „Kultur", „Gesellschaft" und „Persönlichkeit" werden auch in dieses Modell aufgenommen. Kultur meint den Wissensvorrat, aus dem sich die Kommunikationsteilnehmenden mit Interpretationen versorgen. Gesellschaft meint die legitimen, fraglosen Ordnungen, die die sozialen Zugehörigkeiten regeln. Persönlichkeit meint die Kompetenzen für eine realitätsgerechte Teilnahme an Interaktionsprozessen. Alle drei Bereiche stellen dabei keine stabilen, statischen Einheiten dar, sondern können nur durch eine kontinuierliche Reproduktion im Rahmen eines kommunikativen Handelns gesichert werden (Habermas 1981 II, S. 182 ff.).

Mit dem Begriff der Lebenslage wird in diesem Modell sodann eine analytische Unterscheidung vom Begriff Lebenswelt vorgenommen, somit die Betrachtung der objektiven sozialen Lage einer Akteurin getrennt, von der Betrachtung der Entstehungsbedingungen subjektiver Wirklichkeit im Hinblick auf diese soziale Lage (vgl. zu dieser Unterscheidung grundlegend Kraus 2006, 2010). Zu verstehen ist Lebenslage damit als ein auf der Makroebene verorteter Handlungskontext, der das Entscheidungsverhalten von Handelnden rahmt. Unter Berücksichtigung verschiedener Modellansätze werden als Komponenten der Lebenslage „Sozialstruktur" und „Infrastruktur" unterschieden, deren ermöglichende und beschränkende Wirkung, im Hinblick auf Wahlentscheidungen und Handlungsoptionen, objektiv beschreibbar sind.

Als Sozialstruktur werden Restriktionen/Möglichkeiten analysiert, die als ökonomisches und kulturelles Kapital wirksam werden, entsprechend den Ausarbeitungen von Bourdieu (1985, 1982). Ebenso gehören hierzu Rechtsansprüche (Honneth 2003, S. 165). Als Infrastruktur werden jene Restriktionen/Möglichkeiten analysiert, die als sozialräumliche Gegebenheiten, zur Verfügung stehende Unterstützungen oder erfahrbare Barrieren, wirksam werden. Hierzu gehören die sozialökonomischen Voraussetzungen für die berufliche Betätigung und die damit verbundene Absicherung des eigenen Lebensunterhaltes. Hierzu gehören die Ausstattung mit Waren zur Befriedigung des persönlichen Bedarfs, alle Arten kultureller und sozialer Angebote, Dienstleistungen, sowie informell vorhandene Unterstützungen, bauliche und technische Ausstattungen und Mitbestimmungsmöglichkeiten im Sozialraum.

Die Logik des Zusammenhangs von rationalem Entscheidungshandelns, körperlichen Ausstattungen und gesellschaftlichen Kontexten wird durch ein Brückenkonzept begründet, dass im Wesentlichen auf der Unterscheidung zwischen Situationsdefinitionen und Frames beruht und mit dem dieser Zusammenhang beschrieben werden kann. Unter „Situationsdefinition" ist ein Koordinationsmechanismus zu verstehen, der das Entscheidungsverhalten auf der Mikroebene vor-

strukturiert und einen Modus des Verhaltens festlegt. Diese Festlegung ist prinzipiell in fünf Modi denkbar: a) Restriktiv festgelegtes Verhalten durch die Bedingungen der Lebenslage, b) Festlegungen durch die fraglosen Routinen lebensweltlicher Selbstverständlichkeiten, c) Festlegungen durch unelastische körperliche
Bedürfnisse, Affekte und Fähigkeitsgrenzen, d) Rational-Choice-Verhalten, das
pur eigenen Nützlichkeitserwägungen folgt und e) Frame-bestimmtes Rational-
Choice-Verhalten. Hiermit ist ein Verhalten gemeint, das durch ein Ordnungsmuster vorstrukturiert ist, ohne festgelegt zu sein. Dieser Vorgang der Herstellung einer
Ordnung (Framing) erfolgt unter Einfluss aller drei Kontexte, unter analysierbaren
Bedingungen.

Solche Frames sind kollektiv geteilte Ordnungsmuster oder Relevanzrahmun-
gen, unterscheidbar in verschiedene analytische Typen (ideologischer-, normati-
ver-, personaler Frame), sowie in verschiedene Funktionen (Selektion, Interpretation, Anreiz). Durch sie werden Situationen beeinflusst, überformt, spezifisch
wahrgenommen, geordnet und strukturiert, allerdings ohne (wie bei den Situati-
onsmodi a, b und c) festgelegt zu sein. Vielmehr beeinflussen sie die Variablen
des Entscheidungsvorgangs (Motivationen und Kognitionen) indirekt und lassen
Entscheidungsspielräume zu (vgl. Giese und Runde 1999, S. 24 ff.). Das heißt, der
Frame selektiert hier jene Ziele, die Handelnde einer bestimmten Situation verfolgen und „vereinfacht" die Situation. Er filtert und deutet relevante Informationen, hilft bei der Interpretation und beeinflusst die jeweiligen motivationalen und
emotionalen Anreize, die sich aus der Zielvorgabe, dem Wissen, sowie den wahrgenommenen und gedeuteten Situationsbestandteilen ergeben. Der in der Sozialen
Arbeit verbreitete Begriff der Lebenswelt, entwickelt in der Linie Husserl-Schütz,
hat hier seinen systematischen Ort, jedoch unter der Bezeichnung Frame. Diese
Frames lassen sich verstehen als jene subjektiven Wirklichkeitskonstruktionen, die
Kraus mit dem Begriff Lebenswelt in ihrer Bedeutung für die Soziale Arbeit gerade wieder deutlich herausgearbeitet hat (vgl. Kraus 2013). Es wird in diesem Modell also begrifflich getrennt zwischen der subjektiven Lebenswirklichkeit (Frame)
und der Lebenswelt, als dem Raum kommunikativen Handelns, innerhalb dessen
sich diese Wirklichkeit als subjektive verfestigt.

5.6   Zum Gebrauchswert eines solchen Modells: eine Landkarte

In der professionellen Sozialen Arbeit muss es den Fachkräften immer wieder
gelingen, im Hinblick auf die Situation ihrer hilfebedürftigen AdressatInnen, die
Ursachen ausbleibenden Wohlbefindens bzw. die Bedingung der Möglichkeit zu

gesellschaftlicher Teilhabe und Genesung zu beurteilen, um Sicherheit für ihr eigenes professionelles Hilfehandeln zu gewinnen. Sie müssen die Bedingungen subjektiv gelingenden Lebens ergründen- und mögliche Handlungsschritte für eine Annäherung an dieses Ziel erkennen können. In den Fokus gerät hierbei der Mensch als handelnder Akteur. Er wird als Person wahrnehmbar, die sich handelnd um die Bewältigung ihres Lebens bemüht und hierbei einen Bildungs- und Erziehungs- bzw. sozialen Unterstützungsbedarf entwickelt. Im Bemühen um ein professionelles Verstehen in dieser unübersichtlichen „Landschaft" individueller Problemlagen gesellschaftlich eingebundener bzw. verstrickter Akteure, kann dieses Modell als „Landkarte" dienen, um die Komplexität menschlichen Handelns im Zusammenhang sehen und erfassen zu können. Hierbei bietet es genauere „Ortsbeschreibungen", die größere Klarheit im Hinblick darauf ermöglichen, welche Komponenten „soziales Handeln" bedingen, wie diese Einfluss nehmen und – dies kommt hinzu – wo die sozialpädagogische Intervention selbst innerhalb dieses sozialen Zusammenhangs zu verorten ist.

Dieses Modell kann daher als Zuordnungs- und Strukturierungshilfe im noch näher zu untersuchenden Prozess des systematischen Verstehens dienlich sein. Es unterstützt den Vorgang, wahrgenommene Realität und wissenschaftliches Wissen zu verknüpfen und stellt eine Aufforderung dar, sich dieses Wissen als Basis kompetenter Fallarbeit anzueignen, um drohender Eindimensionalität in Verstehensprozessen entgehen zu können. Denn Soziale Arbeit, die es in ihrer Praxis mit handelnden Menschen zu tun hat, welche sich im Kontext ihrer Lebenswelt und Lebenslage um die Realisierung persönlichen Wohlbefindens bemühen, muss deren spezifische „Rational Choice" und das kontextgebundene Bedingungsgefüge der hierbei relevanten Motivationen und Kognitionen verstehen können. Fachkräfte benötigen daher, als heuristische Such- und hermeneutische Deutungshilfe, ein grundlegendes wissenschaftliches Wissen von dem, was Lebenswelten, Lebenslagen und die biologische Grundstruktur des Menschen auszeichnet. Nur so kann sie sich in die Lage versetzen, den Eigensinn dessen zu verstehen, was ihr als Fall begegnet und der Gefahr entgehen, unterkomplex – und damit falsch – zu verstehen. Und nur so kann sie die Orte möglicher Veränderung und sozialpädagogischer Intervention innerhalb dieses sozialen Bedingungsgefüges genauer verorten und damit selbstreflexiv bleiben.

Das heißt: dieses Modell kann in zentralen sozialpädagogischen Entscheidungs- und Analysesituationen dazu dienen, „die ... gesammelten Informationen übersichtlich und strukturiert darzustellen ... und gleichzeitig auch auf die Wissenslücken und Informationsmängel bzw. noch ausstehenden Rechercheaufgaben ... hinzuweisen" (Schwabe 2005, S. 132). Es erfüllt die Forderung dabei behilflich zu sein, vorhandene Informationen in Beziehung zueinander zu setzen und somit zu einem Bild zusammen zu schließen, das der Komplexitätsreduktion dient, statt der Komplexitätserzeugung. Zudem dient es der Selbstklärung bei eigenem fachlichen Entscheidungshandeln.

5.7 Abschließende Hinweise auf vergleichbare Modellierungen

Dieses Modell hat mit seiner Unterscheidung der Mikro- und Makroebene Gemeinsamkeiten mit Dieter Röhs Modell der Trajektivität, das er von Jan Tillmann ableitet (vgl. Röh 2013, S. 87 ff.). Bei ihm werden die Makroebene als „Sphäre der Existenz" und die Mikroebene als „Sphäre der Essenz" einander gegenüber gestellt und ebenfalls, diesen Ebenen zugeordnete, Begriffspaare, die als Pole zu verstehen sind: „Gerechtigkeit" auf der Makroebene ist der Gegenpol zu „Lebensführung" auf der Mikroebene und „Probleme der Verhältnisse" auf der Makroebene sind der Gegenpol zu „Problemen des Verhaltens" auf der Mikroebene. Und Soziale Arbeit wird als „Fähre" beschrieben, „die sowohl den einen Pol als auch den anderen Pol eines Begriffspaares anfahren kann, dort Menschen und Güter/ Ideen aufnimmt, um diese dann zu einem anderen Pol (Hafen) zu bringen, dort zu lassen oder gegen andere Ideen zu tauschen", verbunden mit der Möglichkeit „unser divergierendes Denken in „Ausschluss-Kriterien" zu verlassen und dafür eine ganzheitliche Denkweise in „Anschluss-Kriterien" anzunehmen, die es z. B. der Sozialarbeitswissenschaft erlaubt, sich sowohl biologischer als auch psychischer, sozialer sowie politischer und soziologischer Fakten bzw. Analyse zu bedienen, um die Wirklichkeit des Augenblicks bzw. die Erscheinungsform eines sozialen Problems mal so und mal so zu betrachten" (Röh 2009, S. 204). In diesem Modell werden somit Komponenten der Mikro- und Makroebene beschrieben, ihre Zusammengehörigkeit begründet und sodann die professionelle Soziale Arbeit als „Fährverbindung" in das Modell selbst integriert. Die genaue Untersuchung beider Modelle auf ihre Gemeinsamkeiten und Differenzen, kann an dieser Stelle leider nicht mehr erfolgen, wäre aber für die Zukunft lohnenswert. Dies gilt auch und insbesondere für die von Röh in seiner Arbeit „Soziale Arbeit, Gerechtigkeit und das gute Leben" im Anschluss erfolgte Modellierung einer Handlungstheorie mit starkem Bezug auf den Capability Approach (vgl. Röh 2013; vgl. auch die Arbeiten von Leßmann, z. B. Leßmann et al. 2011; Leßmann und Babic 2012).

Die handlungstheoretische Ausrichtung des erweiterten Mehr-Ebenen-Modells an der Rationalität des handelnden Akteurs und die Fokussierung der bei seiner „rational choice" wirksam werdenden Einflussfaktoren unterscheidet sich zudem von einer systemischen Betrachtungsweise und jenen Denkinstrumenten, wie sie

z. B. von Geiser und Staub-Bernasconi vorliegen. Deren Ansatz, „Beschreibungswissen mit Erklärungs-, Wert- und Erfahrungswissen zu einer problembezogenen Arbeitsweise verknüpfen" zu wollen, ist hierbei von besonderer Bedeutung (Staub-Bernasconi 1994, S. 76; vgl.: Staub-Bernasconi 1994; Geiser 2004). Die „Problemkarte" von Staub-Bernasconi, wie auch ihre „Ressourcen- und Machtquellenkarte" sind Systematisierungsangebote für Entdeckungsarbeit mit denen es möglich ist, der schwierigen Aufgabe gerecht zu werden, die begriffliche Integration von Fakten und theoretischem Denken zu ermöglichen, um von hier aus zu Aussagen und Aussagesystemen zu gelangen (vgl. Staub-Bernasconi 1994, S. 76 ff.). Kaspar Geisers Weiterentwicklung dieser systemischen Denkfigur (SDF) verfeinert sodann nochmals das Verfahren der Transformation von Fallinformationen in relevante Daten für die professionelle Hilfepraxis. Er beschreibt soziale Probleme als Struktur-Akteur-Struktur-Probleme, die sowohl die Beschaffenheit der sozialen Systeme und ihrer Komponenten betreffen, als auch die Prozesse zwischen den Systemen, und zu deren Erklärung die Verknüpfung der Mikro- und Mesoebene erfolgt (vgl. Geiser 2004, S. 61). Sein Modell zur Analyse des Individuums ist komplex hergeleitet und integriert die biologische Ausstattung des Individuums und dessen soziale Eigenschaften, einschließlich der Komponenten Rezeption, Handlungskompetenz und Informationsverarbeitung/Wissen (vgl. Geiser 2004, S. 94 f.). Geiser erhebt mit seinem Analyseinstrument den Anspruch, eine mit seiner Hilfe erstellte Analyse ergebe „ein umfassendes Bild, auch über eine komplexe Lebenssituation (Geiser 2004, S. 31).

Die breite Gemeinsamkeit mit diesen Modellen zeigt sich im Hinblick auf das Bemühen, ein Systematisierungskonzept für den Vorgang des „Verstehens" zu entwickeln, dass als Sehhilfe in unübersichtlicher Landschaft dienen soll und damit einen Verbindungsweg zwischen wissenschaftlichem Wissen und praktischen Können in der Sozialen Arbeit ausbauen und sichern kann. Das hier entfaltete erweiterte Mehr-Ebenen-Modell zeichnet sich aber dadurch aus, dass es im soziologischen Diskurs zum methodologischen Individualismus verwurzelt ist und ein Konzept für die Zusammenführung der Mikro- und Makroebene anbietet. Es kann den in der Sozialen Arbeit aus guten Gründen verbreiteten Begriff der Lebenswelt doppelt integrieren: Sowohl als einen kommunikativen Handlungsraum (Habermas) und somit als Kontext von individuellem Entscheidungshandeln. Zudem als „Frame", der Handlungssituationen vordefiniert und auf diese Weise dem entspricht, was in der Sozialen Arbeit mit Bezug auf Thiersch in der Regel unter Lebenswelt verstanden wird. Damit ist der Verstehensgegenstand einer multiperspektivisch ausgerichteten und damit auch lebensweltorientierten Sozialen Arbeit abgebildet. Neben den objektivierbaren Handlungsbedingungen wird auch die Realität subjektiver

Konstruktionsprozesse von Wirklichkeit, als Handlungsrahmen erfasst und kann als Teil des Modells konzeptionalisiert werden.

Das heißt, im hier vorgelegten eMEM wird der handelnde Mensch unter den Bedingungen seiner bio-sozialen Umwelt modelliert, um ihn als Verstehensgegenstand der Sozialen Arbeit zu „kartografieren", unter Zusammenführung wesentlicher Theoriebausteine, die in der wissenschaftlichen Sozialen Arbeit bereits verbreitet sind. Damit liefert es den Fallverstehensakteuren in der sozialarbeiterischen Praxis „Kartenmaterial" für die Orientierung in unübersichtlichen Landschaften und für die Vergewisserung des Ortes, von dem aus sie selbst ein einflußnehmender Teil in dieser Landschaft sind und sein wollen.

Mit dieser Modellierung des Verstehensgegenstandes sozialpädagogischer Fachkräfte ist noch keine Entscheidung über die erkenntnistheoretische Frage nach den Möglichkeiten des Verstehens getroffen und die methodische Frage unbeantwortet, wie Verstehen erfolgt. So betont Kraus den konstruktivistischen Zweifel an jeglichen Verstehensprozessen, wenn er darstellt, dass den professionellen Fachkräften der Sozialen Arbeit nur das erzählte und gelebte Leben der Menschen zugänglich sei und dies auch nur ausschnitthaft und durch „den Filter" der jeweils „eigenen Wahrnehmungs- und Interpretationsmöglichkeiten" (Kraus 2010a, S. 107). Darüber hinaus ist mit der abstrakten Skizzierung der Verstehenslandschaft in Modellform nicht geklärt, wie diese zu erkunden sei, und zwar professionell, und das heißt rechtfertigungsfähig im Hinblick auf die Systematik des Erkundungsprozesses und die Güte dessen, was vorgefunden wurde. Kurzum: Sind z. B. „Lebenswelten" und „Frames" rekonstruierbar, also von außen „zu verstehen" und, wenn ja, auf welchem methodisch ausweisbaren Verfahrenswege? Hierauf soll im nächsten Kapitel eingegangen werden.

Der Verstehensvorgang in der Sozialen Arbeit

6

Soziale Arbeit zielt als Profession darauf ab, autonome Lebenspraxis zu befördern und dieser entgegenstehende bio-psycho-soziale Probleme zu bearbeiten. Hierfür gestaltet sie Erziehungs- und Bildungsarrangements, realisiert soziale Hilfeleistungen auf individueller und sozialräumlicher Ebene und bringt ihre Expertise in die politischen Strukturdiskussionen ein. Als Handlungswissenschaft generiert und verwaltet sie das dafür notwendige Grundlagenwissen und forscht an der Entwicklung valider Konzepte und Methoden. Diese für sie grundlegende Orientierung an der Autonomie ihrer Adressatinnen, nötigt sie auf wissenschaftlicher Ebene zu einer Multiperspektivität, die als Interdisziplinarität zum Ausdruck kommt. Auf professioneller Ebene zeigt sich diese Multiperspektivität sowohl in ihren professionellen Problem- und Fallanalysen (Diagnostik), wie auch in ihrem hieraus erwachsenen Hilfehandeln (Intervention). Dies meint den Einbezug sowohl verschiedener wissenschaftlicher Perspektiven (entsprechend der Struktur ihrer Wissenschaftlichkeit), wie auch den Einbezug der Perspektive ihrer Adressatinnen und Adressaten, deren Interessen und Ressourcen. Sie muss deren Realität zu verstehen in der Lage sein.

Im vorherigen 5. Kapitel wurde der vielschichtige und komplexe Raum beschrieben und soziologisch entfaltet, auf den sich sozialpädagogische Verstehensprozesse beziehen. Mit der Zusammenschau der in der Sozialen Arbeit ausgearbeiteten Begriffe Lebenswelt, Lebenslage und Körper und deren Verbindung mit der Ebene von individuellen Kognitionen und Motivationen sollte der Verstehensgegenstand fokussiert und damit zugleich deutlich werden, wie hoch der Anspruch einer Sozialen Arbeit ist, die subjekt- und lebensweltorientiert zu sein beansprucht. Ihre Verstehensprozesse zielen auf die Forderungen und Überforderungen, die konkret handelnde Menschen in ihren alltäglichen Lebensbewältigungsversuchen erfahren. Für die Entschlüsselung dieses alltäglichen Handelns und der sie leitenden Rationalität, also für die Identifikation dessen, was „der Fall" ist und dementsprechend

© Springer Fachmedien Wiesbaden 2016
M. Nauerth, *Verstehen in der Sozialen Arbeit*,
DOI 10.1007/978-3-658-10075-9_6

professionell geleistet werden sollte, bedarf es komplexer Verstehensverfahren. Eine derart zu Komplexität verpflichtete, verstehende Annäherung an individuelle Lebensbewältigungspraxen ist in der Regel nicht als einfacher Expertenmonolog konzeptionierbar, sondern nur als Fallforschungspraxis, die sich systematisch öffnet für eine Realität, die sich im Forschungsvollzug zu erkennen geben muss.

Handlungstheoretisch kann ein entsprechender Verstehensvorgang verstanden werden, als induktiver Vorgang der Rekonstruktion, ähnlich den qualitativen Verfahren empirischer Sozialforschung, oder als deduktiv nomologischer Vorgang der Klassifikation, ähnlich den quantitativen Verfahren empirischer Sozialforschung. Beide, so Gerhard Kleining, gründen im Alltagshandeln und unterscheiden sich lediglich im Grad ihrer Abstraktion vom Alltagshandeln (vgl. Kleining 1995, S. 130).

Die in der empirischen Sozialforschung erfolgte Methodisierung von Verstehensvorgängen zum Zwecke der wissenschaftlichen Erforschung sozialer Realitäten und die hierbei entstandenen Methoden empirischer Sozialforschung wurzeln in Alltagstechniken des Verstehens. Menschen erschließen sich ihre bio-psycho-soziale Realität alltäglich dadurch, dass sie Fragen stellen, beobachten und ausprobieren. Diese Verfahren können als traditionelles Wissen der Menschheit verstanden werden, als in der Regel unreflektierte und unsystematisierte Verstehenstechniken. Zugleich sind sie die Basis und das Reservoir aller Forschung und Forschungsmethodik. Die Techniken der empirischen Forschung sind von diesen Urtechniken bzw. Alltagstechniken ausgegangen und haben sie abstrahiert. Im Forschungszusammenhang wurden hieraus die Befragung, die Beobachtung und das Experiment. Der in den Sozialwissenschaften sehr bedeutsame Unterschied zwischen qualitativen und quantitativen Techniken der Sozialforschung besteht lediglich im Grad der Abstraktion von diesen Alltagstechniken. Quantitative Verfahren der Sozialforschung abstrahieren im höheren Maße von den alltäglichen Verfahren, als qualitative Verfahren. Qualitative Verfahren kontrollieren die Aufnahme von Daten und deren Analyse und rekonstruieren in einem Abstraktionsprozess ein Bild von der Realität. Forschungspraktisch transformieren sie hierbei (i. d. R) die soziale Realität in die Datenform des Textes, um sie sodann durch hermeneutische oder heuristische Verfahren zu analysieren. Sie zielen auf Gemeinsamkeiten, auf Struktur und erhalten Erkenntnisse zum Sinn und zur Bewegung der sozialen Realität. Die quantitativen Verfahren abstrahieren wiederum von dieser Qualität, somit von der Textform und erfassen die Realität mit Hilfe von Indikatoren in der abstrakteren Form der Zahl. Dies ermöglicht ihnen weitergehende mathematische Operationen und Messungen. Sie gewinnen auf diese Weise eine Komplexitätsreduktion der sozialen Realität und die Fähigkeit, Differenzen sehr exakt erfassen zu können. Sie verzichten zugleich auf die Erfassung von Sinnstruktur und Bewegung (vgl. Abb. 6.1).

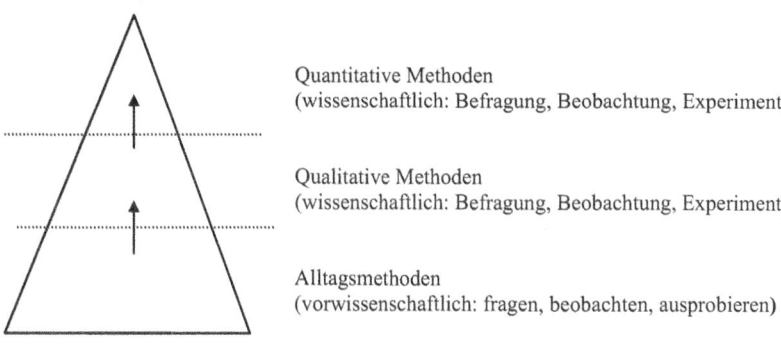

Quantitative Methoden
(wissenschaftlich: Befragung, Beobachtung, Experiment)

Qualitative Methoden
(wissenschaftlich: Befragung, Beobachtung, Experiment)

Alltagsmethoden
(vorwissenschaftlich: fragen, beobachten, ausprobieren)

Abb. 6.1 System der Methoden nach dem Abstraktionsgrad der Daten. (Quelle: Kleining 1995, S. 130)

Verstehensverfahren in der Sozialen Arbeit können grundsätzlich verstanden werden als Forschungsvorgänge. Ihre Methodisierung ist das Bemühen, in einem Abstraktionsprozess aus den Alltagstechniken des Verstehens solche Verfahren zu gewinnen, die Erkenntnisentstehungswege zu kontrollieren vermögen und damit Rechenschaftsfähigkeit ermöglichen, im Hinblick auf die Ergebnisse entsprechender Verstehensprozesse: die professionellen Bilder von der Realität.

Die vorhandenen sozialarbeiterischen Verstehensverfahren lassen sich dementsprechend diesen Ebenen zuordnen. Viele Verfahren des Verstehens in sozialpädagogischen Hilfesettings sind als vormethodische, aber bewährte Formen der Erkenntnisgewinnung zu verstehen, die sich in entsprechenden Interaktionszusammenhängen vollziehen. Sie sind Ausdruck vorhandener Sozialkompetenz von Fachkräften, Ergebnisse von Lebens- und Berufserfahrung, von Talent und Intuition, vorreflexiv und Teil der Alltagsmethoden. Sie kommen hier sowohl in „qualitativen" und „quantitativen" Formen vor, insofern sowohl der offene Dialog, als auch die klassifizierende Zuordnung der wahrgenommenen Realität zu den Kategorien eigener theoretischer Hintergrundüberzeugungen alltägliche Realität sind. Der Diskurs zur Methodisierung des Verstehens und die damit verbundenen Fragen nach den Möglichkeiten und Grenzen einer sozialen Diagnostik bezeichnen den Übergang, von diesen Alltagstechniken zu kontrollierbaren Methoden durch den Vorgang der Abstraktion. Der Streit über die Berechtigung entsprechender Verfahren, hiermit verbundene Vorbehalte und Kritik (siehe Kap. 4), bezieht sich dabei insbesondere auf den zweiten Abstraktionsschritt, somit die Methodisierung von Klassifizierungsvorgängen. Von Bedeutung ist an dieser Stelle, dass der Bereich „soziale Diagnostik", verstanden als methodisch kontrolliertes Verfahren der Erkenntnisgewinnung im sozialpädagogischen Professionsalltag, bereits beim

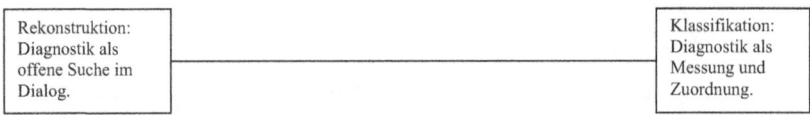

| Rekonstruktion: Diagnostik als offene Suche im Dialog. | | Klassifikation: Diagnostik als Messung und Zuordnung. |

Abb. 6.2 Die Achse professionellen Verstehens. (Quelle: ©Eigene Darstellung, vgl. Heiner 2005, S. 537)

Übergang von der alltäglichen Interaktion zu einem qualitativen Verstehen betreten wird. Die systematische, durch Methode auf analytischen Erkenntnisgewinn ausgerichtete, Vorgehensweise der Erschließung bio-psycho-sozialer Realitäten ist auch dann „soziale Diagnostik", wenn sie rekonstruktiv-dialogisch agiert und damit auf Kategorienbildung und Klassifizierungsvorgänge verzichtet.

Diese qualitativen Verfahren sind zu verstehen als ein Pol auf der „Achse professionellen Verstehens", dessen anderer Pol ein Verstehensvorgang ist, der charakterisiert ist durch den monologischen Vorgang der Klassifizierung, ein quantitatives Verfahren der Messung von Übereinstimmung und Differenz, verbunden mit der finalen Zuordnung zu vorhandenen Kategorien. Während der qualitative Pol sozialer Diagnostik sich methodologisch auf hermeneutische und heuristische Traditionen bezieht, basiert der andere, quantitative, Pol auf den methodologischen Prämissen quantitativer Forschung.

In Anlehnung an entsprechende Ausführungen von Maja Heiner lassen sich die zwei Pole der „Achse professionellen Verstehens" somit wie in Abb. 6.2 gezeigt darstellen (vgl. Heiner 2005, S. 537). Soziale Diagnostik als offene Rekonstruktion der Realität im Modus des Dialogs, methodisierbar als Hermeneutik und Heuristik. Soziale Diagnostik als Vorgang der Klassifikation, positivistisch methodisierbar über Indikatorenbildung und monologische Messvorgänge.

Auf dieser so idealtypisch begrenzten Achse lassen sich die Verfahren sozialer Diagnostik zuordnen, mit ihrer größeren Nähe zu einem eher offenen, rekonstruktiven Vorgehen oder zu einem Vorgehen, dass die Zugehörigkeit zu vorhandenen Kategorien und Klassen überprüfen möchte. Beispiele für dialogisch-rekonstruktive Verfahren sind u. a. narrative Interviews und szenische Rekonstruktionen, für klassifizierende Verfahren die psychiatrische Diagnostik nach ICD oder Tests zu verschiedenen Kompetenzen und zur Schulreife. Je größer die methodische Distanz zum reinen rekonstruktiven Dialog ausfällt, umso stärker nehmen sowohl Standardisierung, als auch Expertinnendominanz zu, zudem die Trennung von Analyse und Intervention (vgl. ebenda, S. 537).

In die wissenschaftliche Diskussion und operative Praxis eingebracht werden sowohl Reinformen des offenen Dialogs und der geschlossenen Klassifikation, insbesondere aber Mischformen, die den Dialog mit theoretisch entwickelten

Kategorien mischen oder den Zuordnungsvorgang zu Klassen in einem dialogisch hermeneutischen Sinne vollziehen wollen.

Im Folgenden sollen beide Pole auf dieser Achse methodologisch genauer entfaltet und erörtert werden, um schließlich zu begründen, dass diese nicht als unvereinbare Gegensätze verstanden werden müssen, sondern über den Begriff der Forschung gemeinsam eingefügt werden können in eine sozialpädagogische Handlungstheorie des Verstehens.

6.1 Verstehen als Rekonstruktion

Spätestens mit der Veröffentlichung des Buches „rekonstruktive Sozialpädagogik" im Jahre 1997 von Gisela Jakob und Hans Jürgen Wensierski wird ein methodologisch forschungsbasiertes Verstehen in der Sozialen Arbeit breit diskutiert. Der Begriff setzte sich als Beschreibung eines Zusammenhangs der unterschiedlichen Verstehensbemühungen innerhalb der Sozialen Arbeit durch und ist inzwischen zu einem Label geworden, unter dem vielfältige Aktivitäten zusammengefasst werden, die qualitative Forschungsmethoden in die Soziale Arbeit einführen (Jakob und Wensierski 1987; vgl. auch Schweppe und Graßhoff 2006). Ein solches Verstehen ist prinzipiell hermeneutisch, wie auch heuristisch operationalisierbar. Beide Rekonstruktionswege sollen im Folgenden methodologisch erläutert und die sich aus ihnen ergebenden Verstehensformen hieraus abgeleitet werden. Sie werden als induktive Vorgehensweisen verstanden, im Gegensatz zur deduktiv-nomologischen Klassifizierung.

6.1.1 Hermeneutik

Hermeneutik wird als die Kunst des Verstehens bzw. als die Lehre der Interpretation verstanden und geht begrifflich zurück auf den antiken Gott Hermes, den Überbringer und Künder von Botschaften, der als „bewandert in der Kunst der Interpretation und Übersetzung von kryptischen Zeichen" galt (Schützeichel 2004, S. 44). Als Alltagshermeneutik ist sie zum einen als umfassendes, allgegenwärtiges Alltagshandeln zu verstehen. Deutend erschließen sich Menschen immerzu, die sie umgebende Welt und interpretieren sie. Sie lösen wahrgenommene Teile der Realität aus ihrem komplexen Zusammenhang, verbinden sie mit anderen Elementen, verallgemeinern, bewerten und typologisieren das Erfasste. Zugleich ist Hermeneutik aber eine der ältesten wissenschaftlichen Methoden und in einer Vielzahl von Ausprägungen erarbeitet, „so dass man besser von „Hermeneutiken" spricht oder von einem Bündel von Verfahren, die sich durch Geschichte und Absicht sehr voneinander unterscheiden, obwohl sie alle in der einen oder anderen Weise „deuten" oder „auslegen" (Kleining 1995, S. 158).

Die Hermeneutik entwickelte sich mit Bezug auf Texte und das auf sie bezogene Ansinnen, ihre Bedeutungsstruktur systematisch zu entschlüsseln. Friedrich Schleiermacher und Wilhelm Dilthey gelten als zentrale Bezugsgrößen einer modernen Hermeneutik, die damit zum Fundament der Emanzipation der Geisteswissenschaften von den Naturwissenschaften wurde. Den Geisteswissenschaften, als den Wissenschaften vom Handeln der Menschen, gehe es darum, so formuliert es Dilthey, „zu verstehen", und das meine den Vorgang, „aus Zeichen, die von außen sinnlich gegeben sind, ein Inneres (zu) erkennen" (Dilthey 1924, S. 318). Ein solches Verstehen sei weder als Induktion noch als Deduktion konzeptionierbar, wie in den Naturwissenschaften, sondern als hermeneutischer Zirkelschluss (der aber besser spiralförmig gedacht werden sollte): als Zusammengehörigkeit von Teil und Ganzem, wie auch als Zusammengehörigkeit von Verstehen und Vorverständnis. Letzteres betont Hans-Georg Gadamer und erlangt damit eine besondere Bedeutung für die Sozialwissenschaften. Im Gegensatz zu Dilthey verweist er darauf, dass ein vollständiges, voraussetzungsloses und vorurteilsloses Verstehen von Sinnzusammenhängen nicht möglich sei. „Jeder Interpret bewegt sich auf dem Boden einer historischen Lebenswelt und ist dem Horizont eines gewissen Traditionszusammenhangs verpflichtet" (Schützeichel 2004, S. 46).

Wesentlich für die gegenwärtige Hermeneutik ist eine Unterscheidung von elementarem und höherem Verstehen. Während elementares Verstehen sich auf einzelne Lebensäußerungen bezieht, alltäglich und nicht bewusst erfolgt und hierbei subjektiv und individuell verbleibt (subjektive Hermeneutik), so erhebt höheres Verstehen den Anspruch auf die Erfassung allgemeingültiger Zusammenhänge und ist auf die Ganzheit von Lebensäußerungen gerichtet, die miteinander in Beziehung stehen (objektive Hermeneutik). Hermeneutisch angeleitetes Verstehen bedeutet dementsprechend, das vorfindbare Detail der Lebenswirklichkeit im Lichte seines Zusammenhangs, seines Kontextes, durch einen Akt der Auslegung wahrhaft zu verstehen. Dabei ist bei in der Vergangenheit erfolgten Äußerungen, die nun in Textform vorliegen und auf die sich der Verstehensakt bezieht, ein Verstehen als grammatische und psychologische Reproduktion möglich, wie auch als nacherlebende Kongenialität. Bei in der Gegenwart sich vollziehenden kommunikativen Verstehensvorgängen, unter Beteiligung derjenigen Person, die verstanden werden soll, handelt es sich um eine gemeinsame Leistung der Vermittlung von Gegenwart und Vergangenheit.

Gadamer war der Ansicht, dass es für ein solches hermeneutisches Verstehen keine Methode oder Technik gebe, die erlernt werden könne. Vielmehr müsse hier

von einem „Können" gesprochen werden, das „besondere Feinheit des Geistes verlangt" (Gadamer 1990, S. 312). Mührel schreibt hierzu: „Das Auslegen kommt
dem Verstehen als neuer Akt nicht hinzu, sondern Verstehen ist schon immer auch
Auslegen, Verstehen in dieser Einheit bezieht sich auf die Feinheit des Geistes"
(Mührel 2008, S. 85 f). Es liegen allerdings verschiedene Anleitungen hermeneutischen Handelns vor, die den Anspruch erheben, entsprechende Sozialforschung
methodisch anzuleiten und damit den Standards wissenschaftlichen Arbeitens zu
entsprechen. Verwiesen sei hier auf verschiedene allgemeine sozialwissenschaftliche Deutungsverfahren z. B. von Karl Bednarik, Helmut Schelsky, Heinz Bude
(vgl. zusammenfassend Kleining 1995, S. 192 ff), auf Wolfgang Klafkis Arbeits-
schritte der hermeneutischen Textinterpretation aus dem Bereich der Erziehungswissenschaft (Klafki 1971, S. 134 ff), insbesondere aber auf Ulrich Oevermanns
Arbeiten zur Methodisierung hermeneutischen Forschens. Oevermanns zielt mit
seiner „objektiven Hermeneutik" darauf, eine allgemeine und übergreifend geltende Methodologie vorzulegen. Er schreibt, diese richte „sich statt auf den subjektiv
gemeinten Sinn der „Autoren" von Ausdrucksgestalten auf deren objektive oder
latente Sinnstrukturen und trachtet diese nicht durch Nachvollzug oder Perspekti-
venübernahme, sondern durch explizite Verwendung jener bedeutungsgenerieren-
den Regeln zu entziffern, die in der ursprünglichen Situation der Generierung der
Ausdrucksgestalt als Erzeugungsregeln faktisch am Werk waren. Dadurch wird
diese Sinnrekonstruktion für jedermann jederzeit an den Ausdrucksgestalten, als
die jegliches Auswertungsdatum unserer Wissenschaften interpretiert wird, intersubjektiv überprüfbar und entsprechend falsifizierbar – wie es sonst nirgendwo
in den Erfahrungswissenschaften von der sinnstrukturierten Gegenstandswelt in
dieser Radikalität und Transparenz gewährleistet ist. Zugleich gelten diese Ausdrucksgestalten im Hinblick auf ihre Ausdrucksmaterialität als Protokolle und im
Hinblick auf ihre Sinnstruktur als Texte" (Oevermann et al. 2013, S. 1). Objektive
Hermeneutik steht somit nicht im Gegensatz zu fehlerbehafteter subjektiver Sichtweise, sondern beschreibt den zu untersuchenden Gegenstand bzw. das Erkenntnisinteresse. Ihre methodologische Begründung hat in den Sozialwissenschaften eine
umfassende Anerkennung erfahren und eine Vielzahl an Verfahren hervorgebracht.

Hermeneutische Praxis zielt zentral auf die Beantwortung der Fragen, welche
Bedeutung und Zielsetzung die Urheber mit dem zu Verstehenden verband und
in welchem Bedeutungszusammenhang das zu Verstehende steht. Gadamers Betonung der Zwischenstellung des hermeneutisch verstehenden Akteurs ist hierbei von großer Bedeutung. Er muss zum einen ausreichend vertraut sein mit den
Äußerungen und Entäußerungen seines Verstehensgegenstandes. Zugleich ist ihm
dieser äußerlich und es besteht zu diesem keine Verbindung. „Es besteht wirklich eine Polarität von Vertrautheit und Fremdheit, auf die sich die Aufgabe der

Hermeneutik gründet, nur dass diese nicht mit Schleiermacher psychologisch als die Spannweite, die das Geheimnis der Individualität birgt, zu verstehen ist, sondern wahrhaft hermeneutisch, d. h. im Hinblick auf ein Gesagtes: die Sprache, mit der die Überlieferung uns anredet, die Sage, die sie uns sagt. Auch hier ist eine Spannung gegeben. Die Stellung zwischen Fremdheit und Vertrautheit, die die Überlieferung für uns hat, ist das Zwischen der historisch gemeinten, abständigen Gegenständlichkeit und der Zugehörigkeit zu einer Tradition. In diesem Zwischen ist der wahre Ort der Hermeneutik" (Gadamer 1990, S. 300).

Habermas verweist sodann aber auf eine, seiner Meinung nach, bei Gadamer unzureichend beschriebene Grenze des Verstehens und führt zugleich eine für das hier zu erörternde Thema wichtige Unterscheidung ein. Er schreibt, der zu verstehende Objektbereich besteht aus symbolisch vorstrukturierten Gegenständen, die „Strukturen desjenigen vortheoretischen Wissens (verkörpern), mit dessen Hilfe sprach- und handlungsfähige Subjekte diese Gegenstände erzeugt haben" (Habermas 1981, S. 159). Um zu verstehen, muss ein Akteur „der Lebenswelt, deren Bestandteile er beschreiben möchte, in gewisser Weise schon angehören. Um sie zu beschreiben muss er sie verstehen können; um sie zu verstehen muss er grundsätzlich an ihrer Erzeugung teilnehmen können; und Teilnahme setzt Zugehörigkeit voraus. Dieser Umstand verbietet dem Interpreten ... diejenige Trennung von Bedeutungs- und Geltungsfragen, die dem Sinnverstehen einen unverdächtig deskriptiven Charakter sichern könnte" (ebenda, S. 160).

Übertragen auf den sozialpädagogischen Handlungszusammenhang lässt sich sagen, dass hermeneutisches Verstehen hier der Beteiligung bedarf, der Zugehörigkeit zu einem Kommunikationszusammenhang. Sinnverstehen erfolgt nicht einfach im Modus der punktuellen Interaktion, sondern im „Modus der Erfahrung", und diese kommunikative Erfahrung ist nur in der Rolle des Teilnehmenden möglich. Das erschwert allerdings zunächst die Begründung eines hermeneutischen Fallverstehens für die Soziale Arbeit. Denn Fachkräfte der Sozialen Arbeit sind und bleiben notwendigerweise immer distanziert, in einer Beobachterposition, die sich zum Zwecke des Verstehens in ihnen zunächst fremde Kommunikationsräume begeben. Sie werden zu Teilnehmenden, ohne Teilnehmende zu sein. Hier hilft die genauere Unterscheidung zwischen den „unmittelbar Beteiligten" und den „sozialwissenschaftlichen Interpreten", so wie Habermas sie vornimmt und sie im Hinblick auf ihre Absichten mit den Begriffen Verständigung und Verstehen unterscheidet. „Die unmittelbar Beteiligten verfolgen in der kommunikativen Alltagspraxis Handlungsabsichten; die Teilnahme am kooperativen Deutungsprozess dient der Herstellung eines Konsenses, auf dessen Grundlage sie ihre Handlungspläne koordinieren und ihre jeweiligen Absichten realisieren können" (ebenda, S. 167). Ihre Verständigungsprozesse, so Habermas, „zielen auf einen Konsens, der auf der intersubjektiven Anerkennung von Geltungsansprüchen beruht. Diese wiederum können von den Kommunikationsteilnehmern reziprok erhoben und grundsätzlich kritisiert werden" (ebenda, S. 196). Im Gegensatz dazu beteiligten sich die Interpreten an der Kommunikation nicht um der Verständigung willen, sondern um des Verstehens willen. Der Zweck der Beteiligung dieser Akteure ist nicht die Verständigung, sondern das Verstehen eines Verständigungsprozesses, der hier stattfindet.

Das heißt für die sozialpädagogische Fallsituation: Die zum Zwecke des Verstehens in einen Kommunikationsraum eintretenden Professionellen nehmen am Geschehen in der Regel zunächst unter Abzug ihrer Aktoreneigenschaften teil, indem sie sich als Sprechende und Hörende „ausschließlich auf den Prozess der Verständigung" konzentrieren (ebenda, S. 167). Ihre Beteiligung dient allein dem Zweck, ein Verständnis des Handelns und der Haltung jener zu gewinnen, die sich in diesem Kommunikationsraum üblicherweise aufhalten. Sie selbst bleiben virtuell Teilnehmende. Dies ist in der Sozialen Arbeit eine grundlegende Situation. Zu Akteurinnen und Akteuren, die sich an einem Verständigungsprozess beteiligen, der auf Konsens ausgerichtet ist, werden die Fachkräfte also nicht im Moment der Fallanalyse und sozialen Diagnostik. Das Handlungssystem, in dem sie sich als konsenssuchende Akteure bewegen, liegt auf einer anderen Ebene, ist gewissermaßen ein Segment des professionellen Systems und „deckt sich. nicht mit dem beobachtbaren Handlungssystem" (ebenda, S. 167).

Zugleich, so lässt sich zeigen, agieren sie in der Fallsituation auch hier. Dies lässt sich verdeutlichen, wenn man den Vorgang der Klärung der Frage danach, „was der Fall ist", von dem Vorgang der Klärung der Frage trennt, „was dem entsprechend zu tun sei", bei Maja Heiner operationalisiert in der Unterscheidung von Orientierungs- und Zuweisungsdiagnostik (s. u.). Der erste Vorgang bezieht sich nämlich zunächst auf das Verstehen des Problemverständnisses bei ihrem Gegenüber, nicht unmittelbar auf das hiermit im Zusammenhang stehende Hilfehandeln. Es geht hier um die Perspektive des Anderen auf den Gegenstand, noch nicht um die Beurteilung dessen Güte und die Entscheidung, inwiefern diese Perspektive das nachfolgende Handeln begründen kann. Dafür müssen die Fachkräfte als teilnehmend Beobachtende in das Handlungssystem und den Kommunikationsraum der Adressatinnen und Adressaten eintreten. Hier zielen sie als Beobachtende auf Verständnis der stattfindenden Verständigung, ohne sich selbst an der Verständigung beteiligen zu müssen. Das hier entstehende Verständnis ist nicht mit Einverständnis zu identifizieren, sondern methodologisch und methodisch zu unterscheiden. Es ist möglich und notwendig, die Äußerung von Adressatinnen und Adressaten Sozialer Arbeit zu verstehen, also „zu wissen, unter welchen Bedingungen ihr Geltungsanspruch akzeptiert werden könnte" (Habermas 1981a, S. 195). Es heißt aber nicht, diesem Geltungsanspruch zuzustimmen.

Die anschließende Frage danach, was zu tun ist, bedarf hingegen einer Verständigung, die auf Konsens ausgerichtet ist, somit Einverständnis einschließt. Hier agieren die Fachkräfte verständigungsorientiert zum Zwecke der Koordinierung weiteren Handelns, gerichtet auf Konsens, auch wenn dieser nicht immer möglich ist.

Soziale Arbeit durchläuft also, idealtypisch beschrieben, beide Phasen: die forschend-verstehensorientierte Phase, in der es um die multiperspektivische Entwicklung eines Bildes vom Fall geht, das nur vollständig ist, wenn es die Perspektive der Anderen mit einbezieht. Sodann die verständigungsorientierte Phase, als beteiligte Akteurin auf Einvernehmen mit ihrem Gegenüber zielend, bezüglich der Klärung, was nun zu tun sei. In der ersten Diagnostikphase ist der Zweck das forschende Verstehen des Verständigungsprozesses anderer, ohne auf Konsens zu zielen, in der Forschungs- und Beobachtungsperspektive. In der zweiten Phase ist der Zweck die Herstellung von Verständigung mit den Anderen, aus der Teilnehmendenperspektive.

Ein hermeneutisches Praxisverständnis ist in der Sozialen Arbeit inzwischen verbreitet. Verschiedene Methoden des Fallverstehens, der Sozialraumanalyse und Evaluation sind in hermeneutischen Verständnissen begründet und genügen dem Anspruch, einen methodisch kontrollierten Erkenntnisprozess anleiten zu können. Zugleich dient „Hermeneutik" aber auch als Chiffre für ein Fallverstehen, das diesem Anspruch in Wahrheit nicht genügt, sich jedoch mit diesem Begriff wissenschaftlich zu etikettieren versucht und damit unter Rechtfertigungsdruck gegen Infragestellung schützt.

6.1.2 Heuristik[1]

Als Heuristik werden Such- und Findestrategien bezeichnet. Sie sind für den Bereich der qualitativen Sozialforschung weniger verbreitet als hermeneutische Ansätze, aber durchaus vorhanden. Insbesondere Gerhard Kleining hat sie für den Bereich der empirischen Sozialforschung operationalisiert, methodisiert, sowie ihre methodologische Rechtfertigung vorgelegt. Einer dialogischen Sozialen Arbeit bietet sie ein bisher unzureichend vorhandenes methodologisches Fundament (vgl. Nauerth 1995). Dieses soll im Folgenden vorgestellt werden.

Heuristische Verfahren unterscheiden sich von hermeneutischen Herangehensweisen durch ihren Anspruch, nicht „deutend", sondern „erkennend" vorzugehen, den Subjektbezug des Deutungsvorgangs wesentlich einzuschränken und damit

---

[1] Dieser Abschnitt fußt auf bereits veröffentlichen Ausführungen des Autors (vgl. Nauerth 2005).

ein anderes Maß an Objektivität sicherstellen zu können. Insofern stellt Kleining sie hermeneutischen Verfahren auch kritisch gegenüber, statt sie als Spezialform hermeneutischer Methoden zu begründen. Dies ist aber nicht zwingend, zumal die älteren Hermeneutiken (bis Dilthey und Schleiermacher) als kritisch-entdeckend verstanden werden müssen, wie Kleining selbst schreibt (vgl. Kleining 1995, S. 158). Charakteristisch für eine sozialwissenschaftliche Heuristik ist das Beschreiten eines zirkulären Weges, der maximal variierte Daten in einer induktiven Vorgehensweise auf strukturelle Gemeinsamkeiten analysiert, dabei Forschungsschritte mehrmals durchläuft und aus den vorläufigen Ergebnissen die weitere Forschungsstrategie bestimmt (vgl. Witt 2001; vgl. Hackmann 2001). Als Sozialforschungsmethode entstand sie durch die Rezeption heuristischer und dialektischer Denk- und Forschungstraditionen, die beide eine lange Geschichte haben, in der heutigen Wissenschaftsdiskussion aber nur eine untergeordnete Rolle spielen. Heuristische Verfahren haben die modernen Naturwissenschaften zu ihren Entdeckungen gebracht. Sie sind zu verstehen als „Lehre von den Such- und Findeverfahren" und reflektieren den Vorgang der Aneignung von Wissen als einen Prozess des Entdeckens (Kleining 1995, S. 353; vgl. Kleining und Witt 2000, Absätze 2–6). Spezifische Ansätze hierzu gibt es auch in der Informatik und der experimentellen Mathematik, weniger in den Sozialwissenschaften (vgl. Kleining 1995, S. 329). Dialektische Verfahren lassen sich bis auf die klassische Antike zurückverfolgen. Hegel, Bezug nehmend auf Platon, erklärt die Dialektik als absolute Methode des Erkennens der inneren Gesetzmäßigkeiten, der Selbstbewertung des Denkens und der Wirklichkeit (Hegel 1986). Marx bezieht sich auf Hegel, „dreht" ihn allerdings um: er betont den Vorrang des Subjekts, allerdings des arbeitenden, handelnden Subjekts. In seinem Sinne beziehen sich sodann gewichtige Theoretiker dieser Jahrhunderts, insbesondere der Frankfurter Schule, auf Marx und Hegel. Nur dialektisches Denken ermögliche es, so Adorno, die „doch offensichtlich widerstreitenden Momente im Charakter der Gesellschaft, ihre Unverständlichkeit, ihre Opaktheit auf der einen Seite also und auf der anderen Seite ihren schließlich doch auf Menschliches reduziblen und insofern verständlichen Charakter zusammenzubringen, indem beide Momente aus einem Gemeinsamen abgeleitet werden, nämlich aus dem Lebensprozess der Gesellschaft, der auf seinen früher Stufen ebenso Verselbstständigung, Verhärtung, sogar Herrschaft... gefordert hat, wie er gleichwohl entspringt in der gesellschaftlichen Arbeit der Gesamtgesellschaft, und insofern also wieder verstehbar... ist" (Adorno 1993, S. 142).

Verstehensprozesse, die sich in diesem Sinne heuristisch anleiten lassen, sind Entdeckungsvorgänge, denen ein dialektisches Subjekt-Objekt-Verständnis zugrunde liegt. Das Verstehensverfahren selbst ist dialektisch, dialogisch. „Der

Forscher ist Teil seines Gegenstandes und gleichzeitig von ihm getrennt, er bestimmt ihn, aber wird ebenfalls von ihm bestimmt. Aus dieser Spannung entsteht
Erkenntnis" (Kleining 1994, S. 86). Verstehen ist demnach ein Wechselspiel zwischen dem auf Verstehen zielenden Subjekt und seinem Gegenstand. Informationen werden verlangt, erhalten, aufgenommen, verarbeitet und neu verlangt, erhalten usw. Es ist, als ob ein Forscher „Fragen" an ein Objekt richtet, dieses „antwor-
tet" und die Antwort führt zu neuen „Fragen" (vgl. Kleining 1994, S. 35 f.). Die
„Antwort" des Forschungsobjektes (bzw. das Verstehen) entsteht dabei als Leistung des Forschers, durch die Abstraktion von der Unterschiedlichkeit der Daten
auf ihre Gemeinsamkeiten! Das Gemeinsame der unterschiedlichen Fakten ist ihre
Struktur bzw. das Ganze, deren Teil sie sind. Die Erkenntnis der Verstehensakteure
über ihren Verstehensgegenstand erweitert sich dabei unabhängig vom Ausgangspunkt, also den Vorkenntnissen in Bezug auf das Objekt, indem durch Fragen und
Antworten neue Fragen auf „höherem Niveau" entstehen, die Antworten darauf ein
erneut gehobenes Frageniveau erlauben, usw. Durch diesen „spiralförmig" verlau-
fenden Prozess ist jedem Forschungssubjekt eine schrittweise Annäherung an den
Forschungsgegenstand erlaubt und wird ein Aufklärungsprozess in Gang gesetzt,
der die, wie auch immer geprägten, Vorverständnisse des Forschers überwindet
und zur Erkenntnis der Struktur führt, d. h. Beziehungen, Verhältnisse, Verbindungen, Bezüge, die als Struktur „objektiviert" sind. Ziel der Forschung ist es dann,
die scheinbar festen Objekte in Relationen aufzulösen, sie als Teil eines größeren
Ganzen zu entdecken. Solche Sozialforschung ist somit als soziale Diagnostik zu
verstehen. „Diagnose, nicht Beschreibung von Symptomen ist. ihr eigentliches Anliegen", die Erkenntnis des wirklichen Lebens im falschen, das verdinglicht und
bewegt ist (Kleining 1994, S. 21).

Dies bedeutet praktisch, dass diejenigen, die sich um Verstehen bemühen, in
einen methodisch angeleiteten „Dialog" mit dem Gegenstand ihrer Verstehensbemühungen treten. Sie stellen Fragen nach dem Gemeinsamen und bekommen Antworten durch methodische Gruppierungen, Anordnungen, Abstraktionsprozesse
und Begriffsbildungen. Auf erweitertem Kenntnisstand dieses „sortierten" Datenmaterials werden neue Fragen nach Gemeinsamkeiten gestellt, neue Antworten
gefunden, durch die vorhandene Gruppierungen und Begriffsbildungen bestärkt
wurden oder korrigiert werden müssen, usw. Auf diese Weise wird das Gemeinsame des Datenmaterials durch Abstraktion von den Unterschieden nach und nach
kenntlich und damit die Struktur des Untersuchungsgegenstandes.

Kleining betont in diesem Zusammenhang die für dieses Verfahren charakteristischen Aspekte der Zirkularität, Totalität und Objektivität: Zirkularität kennzeichnet die Rückkehr zum Ausgangspunkt, von dem aus die Suche begann: dem bereits vorhandenen Wissen über den Gegenstand, das die Voraussetzung eines jeden

Suchprozesses ist. Der Verstehensprozess setzt am Konkreten an, gelangt von hier aus zu einer abstrakten Formbestimmung des Gegenstandes, die alle Realitätsausprägungen des Gegenstandes in sich aufgenommen haben soll, und von dort aus wieder zum konkreten Ausgangspunkt. Diese Rückkehr ist aber kein Schritt zurück, sondern ein Schritt voran, „bei der der Ausgangspunkt wieder erreicht wird, aber nach Kenntnis aller anderen Strukturelemente" (Kleining 1994, S. 40). Das bekannte Faktum erscheint dann wieder, aber in einem anderen Licht, nämlich im Gesamtbezug.

Totalität meint das Verhältnis der Teile zum Ganzen. In diesem Forschungsprozess werden zunächst Fragmente eines Ganzen erfasst, dann Teile, die auf das Ganze deuten, dann die Struktur des Ganzen. Die Teile geben sich schließlich „im neuen Licht" zu erkennen, als Elemente einer Struktur des Ganzen. „Man könnte sagen, am Ende sind es die ‚richtigen' Teile, die sich aus der Struktur des Ganzen ergeben und es formen" (Kleining 1994, S. 41).

Die Entstehung von Objektivität durch den Prozess der Forschung ist der wissenschaftstheoretisch entscheidende Vorgang. Sie entsteht emergenetisch aus Subjektivität durch den Prozess der Analyse: Das Objekt löst sich vom Forschenden und wird, unabhängig von dessen Meinung und Vorverständnis, in seinen Strukturen intersubjektiv kenntlich. Der Forschungsprozess überwindet die Subjektivität und bewahrt sie gleichzeitig auf, im Hegelschen Sinne. „Das subjektive Teil-Bild geht auf in der objektiven Struktur, ist für das Subjekt in ihm noch erkennbar, aber jetzt präsent im Gesamtzusammenhang, auf einer höheren Stufe" (Kleining 1994, S. 43). Der qualitativ-heuristische Objektivitätsbegriff ist sodann, im Gegensatz zum quantitativen, endgültig, wenn die Struktur eines Objektes vollständig identifiziert ist. „Er ist nur vorläufig, wenn die Struktur eines Objektes noch nicht ganz oder nicht entdeckt ist" (Kleining 1994, S. 43).

Für die Forschungsstrategie ist es daher von großer Bedeutung, im Gegensatz zum linearen Vorgehen quantitativer Verfahren nicht auf eine bestimmte Fragestellung und einen bestimmten Ablaufplan festgelegt zu sein. Vielmehr durchläuft der Forscher verschiedene Forschungsschritte mehrmals und der jeweils nächste Schritt hängt von den Ergebnissen des vorherigen ab (vgl. Witt 2001, Absätze 11–20).

Kleining entwickelt sodann vier Regeln, die den qualitativ-heuristischen Forschungsprozess auszeichnen. Diese beziehen sich auf jeweils einen Aspekt der Forschung und sind aufeinander bezogen. Die erste Regel bezieht sich auf das Subjekt der Forschung, also den Forscher bzw. die Forscherin. Sie besagt, dass das Vorverständnis über den Untersuchungsgegenstand als vorläufig angesehen werden soll und mit neuen, nicht kongruenten Informationen überwunden werden muss. Die Offenheit der Forschenden für Informationen über das zu untersuchende

Objekt soll somit das in den Forschungsprozess eingebrachte Vorverständnis überwinden. Ausgangspunkt der Forschung ist also nicht das Wissen oder die Ansicht
über den Forschungsgegenstand, das Vorurteil oder die wissenschaftliche Theorie,
die dann geprüft werden. Vielmehr sollen diese als „Vor-Verständnis" und als „Vor-
Urteil" aufgefasst werden, die disponibel und veränderbar sind und durch einen
Verstehensprozess zum „Verständnis" werden (vgl. Kleining 1995, S. 231 ff.).
Die zweite Regel bezieht sich auf das Objekt, somit auf den Forschungsgegenstand. Der Gegenstand ist vorläufig und gilt erst nach erfolgreichem Abschluss
des Findungsprozesses als bekannt. Erst im Verlauf des Forschungsvorgangs wird
sich die Struktur des Gegenstandes näher zeigen. Sie ist am Anfang nicht definiert, der Gegenstand ist nicht operationalisiert, sondern entsteht erst im Verlauf
des Forschungsprozesses. „Die Regel besagt also, dass man der Veränderung des
Gegenstandes in der Sicht des Forschers, die durch den Forschungsprozess eintritt,
folgen soll, weil dies wegführt vom Vor-Verständnis, das zu seiner Findung nicht
ausreichend war" (Kleining 1994, S. 26). Die dritte Regel bezieht sich auf das
Handeln des Forschenden. Sie besagt, dass der Gegenstand von möglichst vielen
Seiten forschend angegangen werden soll. Es ist die Regel von der maximalen Va-
riation der Perspektiven. Der Gegenstand soll möglichst variiert, bezüglich seiner
Struktur, untersucht, befragt, beleuchtet werden, um ihn „richtig", d. h. nicht einseitig zur Kenntnis zu nehmen. Dies bezieht sich auf die Art der Datenerhebung,
sowohl im Hinblick auf verschiedene Erhebungsinstrumente, als auch im Hinblick
auf die Variationsbreite eines Erhebungsinstruments wie z. B. unterschiedliche Aspekte der Fragen (vgl. Kleining 1995, S. 236 ff.). Die vierte Regel beschreibt die
Analyse der Daten auf ihre strukturellen Gemeinsamkeiten. Die Ermittlung von
Beziehungen und Relationen führt zur Struktur des Gegenstandes, der untersucht
wird. Sämtliche erhobenen Daten müssen daher auf ihre Gemeinsamkeit untersucht, gruppiert und angeordnet, d. h. auf ihre strukturelle Zusammengehörigkeit
hin analysiert werden. Dabei ist die so genannte 100 % Forderung entscheidend,
die besagt, dass alle Daten im strukturellen Zusammenhang ihren Platz haben und
als Teile des Gesamtbildes verstehbar sein müssen. „0 % der Informationen dürfen
der Analyse widersprechen" (Kleining 1994, S. 33). Bei den Gemeinsamkeiten
kann es sich dabei, um direkte oder symbolische Übereinstimmung handeln oder
um vollständige Nicht-Übereinstimmung, Gegensatz, Widerspruch, Negation (vgl.
Kleining 1995, S. 242 ff.).

Die Anwendung eines, methodologisch als Heuristik begründbaren, „dialogischen Prinzips" auf Verstehensprozesse in der Sozialen Arbeit ist durch verschiedene Ausarbeitungen erfolgt. Vielfach wurde der Dialog in der Sozialen Arbeit verankert und prinzipiell gegen expertendominierte Verstehensvorgänge in Stellung
gebracht (vgl. Kap. 3). Hier galt er als Alternative zu einem verstehenden Expertin-

nenhandeln und wurde in erster Linie als Handlungsanleitung und ethisches Prinzip (u. a. vgl. Kunstreich 2005) ausgearbeitet. Erst in jüngster Zeit wurde damit begonnen, ihn zu methodisieren (vgl. z. B. Kraus und Rätz-Heinisch 2009; Muth und Nauerth 2007; Nauerth 2005). Damit verbunden unterblieb auch über einen längeren Zeitraum die genauere Beschreibung des sozialpädagogischen Settings, das den Dialog als zentrales Verstehensverfahren ermöglicht. Unklar blieb zudem, welche Rahmenbedingungen eine Fallsituation erfüllen muss, damit sich die hier notwendigen Verstehensprozesse in der Form des gemeinsamen, solidarischen Dialogs unter Partnerinnen und Partner entfalten können, in der alle Perspektiven gleich gewichtig sind (vgl. Kunstreich et al. 2004, S. 37).

6.2 Verstehen als Klassifikation

Klassifizierende Verstehensformen müssen zunächst im Gegensatz zu den bis hier hin vorgestellten rekonstruktiven Verstehensformen verstanden werden, die ihren Gegenstand qualitativ erschließen. Klassifikation ist der Begriff für die verbindliche Einteilung und damit Sortierung von Tatbeständen, in vorab festgelegte Klassen und Unterklassen, die entlang definierter Kriterien gebildet wurden. Diese Sortierung erfolgt merkmalsbegründet durch eine klassifizierende Akteurin. Ihr liegt notwendig eine Prädikation zugrunde. Prädikation beschreibt den Vorgang, einem Gegenstand eine Eigenschaft zuzusprechen. Eingeteilt werden können somit Erfahrungen, Begriffe, Gegenstände etc. auf der Basis des Vorhandenseins definierter Merkmale. Eine solche Klassifikation ist Bestandteil unseres Erkenntnisvermögens und unserer alltäglichen Begründungsrationalität. Die hier gebrauchten Begriffe wie z. B. „Auto", „Teppich", „schnell" sind Prädikatoren sozialer Tatbestände und Erfahrungen. Ihre notwendigen Merkmalausprägungen lassen sich beschreiben. Im alltäglichen Kommunikationskontext entsteht der für ihren Gebrauch notwendige Konsens. Zugleich besteht aber auch die Gefahr von Missverständnissen. Mark Schrödter schreibt: „In der Wissenschaft wollen wir solche Missverständnisse vermeiden. Wir wollen – wenigstens in Bezug auf unsere jeweiligen Grundbegriffe – genau wissen, wovon wir reden. Daher sehen wir uns vor der Aufgabe, in der Wissenschaft den Gebrauch von Prädikatoren zu 'normieren'" (Schrödter 2009, S. 60). Die Strukturierung von Objektbereichen durch Klassifikation ist daher in der Wissenschaft unabdingbar.

In der wissenschaftlichen Sozialen Arbeit wird dementsprechend auch zunehmend die Frage untersucht und erörtert, welche Klassen und Kategorien begründet werden können und sodann klassifizierendes Verstehens ermöglichen würden. Dabei ist wohl zunächst unstrittig, dass auf einer allgemeinen Ebene Klassifikation nicht zu vermeiden ist. Die Zuordnung eines zu verstehenden Problems zu den Bearbeitungsformen der Professionellen lässt sich als Klassifikationsvorgang beschreiben, der nicht hintergehbar ist. Das Spektrum der möglichen fachlichen Intervention, bzw. die Kompetenz- und Zuständigkeitsbereiche der Fachkräfte sind die mehr oder weniger explizit ausgearbeiteten Klassen, auf die bezogen eine Einteilung der Realität der Hilfsadressaten erfolgt. „Unterscheidbare Maßnahmen sind Antworten auf unterscheidbare Probleme. Wenn Probleme unterschieden werden, dann kann man bereits von ‚Klassifikation' sprechen, die dann für Soziale Arbeit konstitutiv wäre" (Schrödter 2003, S. 85).

Klassifikation im engeren Fallzusammenhang setzt aber voraus, dass, wie im quantitativen Sozialforschungsdesign, a) Begriffsbildungen erfolgt sind, b) die Ausprägungsdimensionen dieses Begriffs beschrieben sind, sowie c) Indikatoren bzw. Merkmale benannt und begründet sind, die erfüllt sein müssen, damit soziale Tatbestände unter diesen Begriff subsumiert werden können. Insbesondere die Veröffentlichungen von Maja Heiner (2004) wie auch Peter Pantucek und Dieter Röh (2009) haben in den vergangenen Jahren einen Überblick über den Stand entsprechender Entwicklungsprogramme ermöglicht und konnten deutlich machen, in welcher Form und auf der Basis welcher theoretischer Prämissen an Klassifizierungen gearbeitet wird. Hierbei wurde deutlich, dass klassifizierende Diagnostikverfahren in sich nochmals unterscheidbar sind entlang der Frage, inwiefern sie den Zuordnungsvorgang zu den vorab gebildeten Klassen in monologischer oder dialogischer Form vollziehen.[2]

Den dialogisch-diagnostischen Verfahren ist gemeinsam, dass der Akt der Zuordnung der sozialen Realität zu den gebildeten und begründeten Klassen nicht durch einen objektiven Messvorgang erfolgen soll, der durch die diagnostische Expert_innen vollzogen wird. Vielmehr ist er weitgehend dialogisch gedacht, unter Einbeziehung der Hilfsadressatinnen. Dies gilt auch für eine Vielzahl der in der wissenschaftlichen Sozialen Arbeit vorliegenden Klassifikationskonzepte. Von großer Bedeutung ist bei ihnen der partizipative Einbezug der Hilfsadressatinnen in den Vorgang der Erkenntnisgewinnung, auch wenn er hier durch vorab ausge-

---

[2] Im Hinblick auf ein solches Mixverfahren ist beispielsweise auf das von Harald Ansen entwickelte Klassifizierungssystem zu verweisen, dass in einer generalistischen Perspektive Ressourcen und Probleme zu erfassen beansprucht und explizit die vielfältigen Vorarbeiten aus der Wissenschaft einbezieht. Für die drei übergeordneten Begriffskategorien „Soziale Sicherung", „Soziale Unterstützung" und „Soziale und persönliche Handlungsfähigkeit" liegen jeweils dimensionale Differenzierungen, sowie logisch darunter liegende Indikatoren bzw. Kriterien vor. Benannt werden die Maßstäbe, die diese Indikatoren rechtfertigen. Zugleich wird deutlich, wo im Hinblick auf spezifische Arbeitsfelder der Sozialen Arbeit Differenzierung und Ergänzungen notwendig werden (vgl. Ansen 2011, S. 189 ff).

arbeitete Kategorien angeleitet wird. Auf der „Achse professionellen Verstehens" sind diese Verfahren somit weitgehend in der Mitte angeordnet. Sie unterscheiden sich von jenen Verfahren, die sich, in größerer Nähe zum Pol Klassifizierung, das Verstehensverfahren als monologischen Messvorgang konzeptionieren. Messen beschreibt dann hier die systematische Überprüfung der Merkmale sozialer Tatbestände, im Hinblick auf ihre Übereinstimmung mit den Indikatoren festgelegter Begriffsklassen, auf der Basis harter, unmittelbar beobachtbarer Kriterien (klassisches Beispiel: Kindeswohlgefährdung). Mindestens in Fällen der „Risikodiagnose" und dem hier charakteristischen Handlungsdruck zur „Abwendung irreversibler, dauerhafter oder schwerwiegender Schädigungen" (Heiner 2010, S. 17) sind Verfahren naheliegend, die in einem messähnlichen Vorgang das Vorliegen offensichtlicher Merkmale prüfen und eine Klassifizierung weitgehend expertokratisch vornehmen.

6.3 Ergänzung statt Gegensatz

Die hier thematisierte Praxis sozialpädagogischen Verstehens kann als Forschungspraxis beschrieben werden, insofern es ihr um die professionelle Erforschung bio-psycho-sozialer Realitäten geht, auch wenn diese für das Setting sozialpädagogischer Arbeitsprozesse nicht so operationalisiert werden können, wie dies im klassischen Forschungssetting möglich ist. So bildet die Methodologie der sozialwissenschaftlichen Forschung der Entwicklung methodisch kontrollierter Verstehensverfahren für die Praxis der Sozialen Arbeit ein belastbares Fundament. Auf diesem kann die Entwicklung von Methoden und Instrumenten sozialpädagogischen Verstehens aufbauen.

Ausgehend von den Ausführungen in 6.1. und 6.2. lässt sich sagen, dass in der Sozialen Arbeit vier voneinander unterscheidbare Erkenntnisvorgänge denkbar sind, die zu Methoden verdichtet werden können und in die sich die vorhandenen Methoden sozialer Diagnostik einordnen lassen. Zum einen die induktiv vorgehende Erschließung der Realität, die ihren Weg vom Besonderen zum Allgemeinen nimmt, ihren Begriff also aus dem Besonderen heraus entwickelt, in der Form der hermeneutischen Interpretation der Realität (6.1.1) und der dialogisch-heuristischen Rekonstruktion (6.1.2). Im Gegensatz dazu gibt es Verfahren, die deduktiv-nomologisch vorgehen und die Realität auf der Basis vorhandener Kategorien klassifizieren (6.2.). Sie nehmen ihren Weg vom Allgemeinen zum Besonderen und subsumieren das Besondere unter die Kategorien des bereits entwickelten Begriffs. Dieser Zuordnungsvorgang kann aber sowohl hermeneutisch erfolgen, wie auch expertokratisch-monologisch (Tab. 6.1).

Tab. 6.1 Diagnostik I: Diagnostikart (Quelle: ©Eigene Darstellung)

Diagnostikart	heuristisch-dialogisch	hermeneutisch	klassifizierend hermeneutisch	klassifizierend monologisch

Im Folgenden soll begründet werden, dass diese verschiedenen Zugänge zur Realität sich nicht ausschließen, sondern ergänzen können, und zwar entlang der Forderung, dass sich die Methode dem Erkenntnisinteresse und dem Gegenstand anpassen müsse. Ausgehend von der Überzeugung, dass die verschiedenen Verstehensverfahren prinzipiell auch verschiedenes verstehen können, wäre zu klären, wo sie angemessenerweise einsetzbar sind.

In großen Teilen der empirischen Sozialwissenschaft hat sich inzwischen die Erkenntnis durchgesetzt, dass sich qualitative und quantitative Verfahren der Forschung methodologisch nicht eindeutig unterscheiden lassen, sich aber in jedem Falle nicht dichotom zueinander verhalten, sondern ergänzen können. Ihre Überschneidungen zeigen sich beispielsweise in den induktiven Verfahren der Kategorienbildung, die in der quantitativen Forschung im Zusammenhang mit der Entwicklung von Fragebögen verbreitet ist. Andererseits werden in verschiedenen qualitativen Analyseverfahren theoretisch entwickelte Kategorien an die Daten herangetragen und somit deduktiv entwickelte Klassen als Anleitung für qualitative Datenanalyse genutzt (vgl. z. B. Uhlendorf 1997).

Das Postulat, wonach sich beide Verfahrensformen praktisch ergänzen, bezieht sich auf die innere Logik des Forschungsprozesses und die Forderung, dem Untersuchungsgegenstand durch die Anpassung des Untersuchungsverfahrens gerecht zu werden. Philipp Mayring zufolge gehe es darum, diese Verfahren differenziert „dort einzusetzen, wo sie angemessen sind, wo sie ihre Stärken entfalten können, und damit auch nach einer Kombination qualitativer und quantitativer Strategien zu suchen. An dieses Argument schließt sich die Forderung an, dem Gegenstand und der Fragestellung ein Primat gegenüber der Methode zuzubilligen" (Mayring 2001, Kap. 1). Übertragen auf entsprechende Fallerforschungsvorgänge in der sozialpädagogischen Alltagspraxis müsste sich am Fall selbst, bzw. dem hier relevant werdenden allgemeinen Thema die Entscheidung orientieren, welches diagnostische Verfahren dem Gegenstand angemessen ist. Jenseits der konkreten Fallsituation lassen sich nun verschiedene Kriterien aufzeigen, die hierbei grundlegende Orientierung bieten und aus den bisherigen Ausführungen ableiten lassen.

Verwiesen sei an dieser Stelle auf die Unterscheidung des Verstehensgegenstandes. Entsprechend dem erweiterten Mehr-Ebenen-Modell (Kap. 4) ist der Gegenstand von Verstehensverfahren in der Sozialen Arbeit immer der handelnde Mensch, der in diesem Modell mit seinen Motivationen und Kognitionen in den Blick gerät, diese aber in Abhängigkeit zur lebensweltlichen Realität, der Lebenslage und körperlichen Ausstattungen beschrieben werden. Gegenstand des diagnostischen Verfahrens können dementsprechend, sowohl Teilkomponenten der Makroebene sein, wie auch die unter Einfluss stehenden Komponenten der Mikroebene oder eine Gesamtschau des Falls im Zusammenhang der verschiedenen Komponenten. So ist es in der sozialarbeiterischen Praxis ggf. notwendig, die Ressourcen der Lebenslage isoliert zu untersuchen, allgemeine Ausstattungsfragen zu klären, somit Zugangswege und Zugangsrechte zu Ressourcen, sowie eine Infrastruktur, die den Zugang unterstützt. Ebenso ist es möglich und ggf. nötig, den von Adressat_innen bewohnten Kommunikationsraum zu erkunden, die Lebenswelten, in denen u. a. Werte und Normen reproduziert, Hintergrundüberzeugungen gebildet und Zugehörigkeiten vermittelt werden. Eine sozialraumorientiere Soziale Arbeit ist hierauf in besonderer Weise orientiert. Sie muss in der Lage sein, die von ihren Adressat_innen bewohnten materiellen und kommunikativen Räume grundsätzlich zu erkunden, vor dem Hintergrund des Wissens um deren Relevanz für Teilhabewünsche und Teilhabemöglichkeiten. Die Analyse körperlicher Bedürfnisse und Bedürfnisspannungen, sowie vorhandener Fähigkeiten und Fertigkeiten ist zudem ein klassischer Bereich bereits weit verbreiteter Diagnostik. Risikodiagnostik bezieht sich oftmals auf den Bereich körperlicher Bedürfnisbefriedigung und hat hier zu überprüfen, inwiefern objektive Bedürfnisspannungen (z. B. Kindeswohlgefährdung) festzustellen sind, die einer sofortigen Intervention bedürfen. Zudem sind diagnostische Kompetenzfeststellungsverfahren etabliert und weit verbreitet (z. B. Eignungstests).

Hiervon getrennt zu betrachten ist sodann eine diagnostische Praxis, die subjektive Situationsdefinitionen und mit diesen in Zusammenhang stehende Motivationen und Kognitionen im Fallzusammenhang einer Reflexion zugänglich machen will, somit ein diagnostisches Verstehen von „Lebenswelten" im Sinne der Begriffsdefinition von Kraus bzw. Thiersch, die in das erweiterte handlungstheoretische Mehr-Ebenen-Modell als „Frame" integriert sind. Die Analyse dieser jeweils „spezifischen Selbstdeutungen und Handlungsmuster in den gesellschaftlichen und individuellen Bedingungen" (Thiersch und Grundwald 2002, S. 129), bedarf der Zusammenschau verschiedener Ebenen, ist somit höchst anspruchsvoll und zugleich unhintergehbar für eine Soziale Arbeit, die beansprucht, sich an eben diesen Lebenswelten zu orientieren.

Diese signifikant verschiedenen Gegenstände des diagnostischen Verstehens in der Sozialen Arbeit lassen es naheliegend erscheinen, dass es zu ihrer Erschließung voneinander verschiedener methodischer Zugänge bedarf, die sich gerade auch auf der Achse zwischen Dialog und klassifizierendem Monolog abbilden (vgl. Tabelle 6.2). So ist die Analyse subjektiver Sinnkonstruktionen, die im Sinne eines Frame die Motivation und Kognition rahmen, aufgrund von deren zu vermutender

Tab. 6.2 Diagnostik II: Diagnostikarten im Verhältnis zum Diagnostikgegenstand. (Quelle: ©Eigene Darstellung)

Diagnostikart Diagnostikgegenstand	heuristisch-dialogisch	hermeneutisch	klassifizierend hermeneutisch	klassifizierend monologisch
Lebenswelt				
Lebenslage				
Körper				
Frame, Motivation und Kognition				

Einzigartigkeit tendenziell eher heuristisch-hermeneutisch operationalisierbar. Zugleich soll Maja Heiner zugestimmt werden, die darauf verweist: „Jeder Einzelfall hat zugleich etwas mit anderen Fällen gemeinsam... Die Besonderheit des Einzelfalles wird überhaupt erst auf der Folie des ‚Normalen', des Üblichen, Erwartbaren und Gemeinsamen als Besonderheit erkennbar" (Heiner 2011, S. 241). Im Gegensatz dazu lässt die Analyse sozialräumlicher Realitäten, in ihren Ausprägungen Kommunikations- und Ausstattungsraum, Klassifizierungen sehr naheliegend erscheinen. So sind Milieus und Szenen, Armut und Unterversorgung durchaus generalisierbar und in Zusammenhang zu bringen mit sozialwissenschaftlichem Wissen über entsprechende Lebenswelten und Lebenslagen.

Jenseits der Notwendigkeit, diese bio-psycho-sozialen Details zu verstehen, kann aber auch „der Fall" in einem umfassenderen Sinne in den Blick geraten und eine Zusammenschau der verschiedenen objektiven und subjektiven Teilaspekte notwendig machen. Hier muss die „person in environment" in den Blick geraten, um die zentralen Fragen zu beantworten, was „der Fall" ist und welcher fachliche Hilfeauftrag sich hieraus ergibt. Spätestens bei der Feststellung dieses Hilfebedarfs bedarf es einer Zusammenführung, der auf der Makroebene angesiedelten intersubjektiven Rahmenbedingungen mit den auf der Mikroebene angesiedelten Bedürfnissen, Kompetenzen und individuellen Situationsdefinitionen zu einem die verschiedenen Ebenen integrierenden Bild vom Fall, das wesentlich ist für die Entscheidung über die Ausgestaltung weitergehender Hilfen ist.

Diese komplexe Fallanalyse wird von Maja Heiner in verschiedene Phasen eingeteilt (vgl. Tab. 6.2). Diese Unterscheidung reduziert Komplexität und erscheint instruktiv für die genauere Verständigung darüber, welche fallbezogene Frage durch diagnostisches Verstehen einer Beantwortung näher geführt werden muss und welcher Erkenntnistiefe sowie Verstehensbreite es bedarf (vgl. Heiner 2011, S. 244). Heiner unterscheidet Erkenntnisinteressen voneinander und schlüsselt detaillierter auf, in welchem Zweckzusammenhang der diagnostische Verstehensvorgang steht, mit Auswirkungen auf seine Ausgestaltung. Sie differenziert

Tab. 6.3 Diagnostik III: Diagnostikarten im Verhältnis zum Diagnostikgegenstand und zur Diagnostikphase. (Quelle: ©Eigene Darstellung)

Diagnostikphase	Diagnostikart / Diagnostikgegenstand	heuristisch-dialogisch	herme-neutisch	klassifi-zierend herme-neutisch	klassifi-zierend mono-logisch
Orientierung	„Person in				
Zuweisung	Environment", unter				
Gestaltung	Einbezug von				
Risiko	Lebenswelt				
	Lebenslage				
	Körper Frame				
	Motivation und				
	Kognition				

in diesem Zusammenhang Orientierungsdiagnostik und Zuweisungsdiagnostik, Gestaltungsdiagnostik und Risikodiagnostik. Orientierungsdiagnostik zielt darauf, zu Beginn der Arbeit zwischen Fachkraft und Adressatin, „das gesamte Feld zu strukturieren. Hier sind Diagnostik und Indikationsstellung noch getrennt" (ebenda). Das Erkenntnisinteresse ist somit bezogen auf den Zusammenhang von Detail und seinem Kontext, dem Verhältnis von Teil und Ganzem, um „einen Überblick zu gewinnen" (ebenda). Hiervon getrennt beschreibt sie eine Zuweisungsdiagnostik. Sie dient dem Zweck der Entscheidungsvorbereitung, muss daher gezielter und detaillierter Daten erheben, deren Auswertung „der Einleitung, Fortführung oder Beendigung von Hilfen dienen, also auch auf Indikatoren verweisen" (ebenda). Mit ihrer Hilfe müssen Unterscheidungen begründbar werden. Mit Gestaltungsdiagnostik beschreibt sie sodann die Analyse der Bedürfnisse und Fähigkeiten im Vollzug der Hilfen, die punktuell und zu verschiedenen Zeitpunkten erfolgen muss (vgl. ebenda). Ihnen allen ist gemeinsam, dass sie die objektiven Bedingungen der handelnden Person, sowie ihre subjektive Wirklichkeitskonstruktion miteinander verbinden können muss, zur Beantwortung der Frage, was zu tun ist. Die von Maja Heiner beschriebene vierte Kategorie der „Risikodiagnose" stellt sodann einen Spezialfall dar. „Bei (vermuteten) aktuellen Gefährdungen, die ein rasches Reagieren erfordern, muss ohne Abklärung des gesamten Lebenskontextes zunächst die Dringlichkeit einer Intervention zur Bewertung irreversibler, dauerhafte oder schwerwiegender Schädigung eingeschätzt werden, bevor dann andere Typen von Diagnostik eingesetzt werden können" (ebenda).

Statt die Formen der Erforschung der bio-psycho-sozialen Realität als unvereinbare Gegensätze zu denken, bedarf es somit der Notwendigkeit und der Möglichkeit, sie begründet zu ergänzen. Methodologisch begründet sich dies aus der

Feststellung, dass sich alle Methoden des diagnostischen Verstehens aus Alltagstechniken ableiten, nur unterschiedlich starke Abstraktionen dieser Basistechniken
sind. Methodisch begründet sich dies aus der Feststellung, dass sich die Verste-
hensinstrumente dem Gegenstand anpassen sollen und dem Erkenntnisinteresse
angemessen sein sollen. Dementsprechend wäre die Entwicklung von Methoden
zu leisten, deren Ausgestaltung sich prinzipiell am spezifischen Gegenstand rechtfertigen lassen.

Resümee: zur Logik sozialer Diagnostik

7

In Theorie und Praxis der Sozialen Arbeit hat sich ein Verständnis durchgesetzt, dem zufolge Fachkräfte der Sozialen Arbeit in der Lage sein müssen, die Lebensweise ihrer Adressat_innen als Ausdruck der Selbstgestaltung in ihren Lebensumständen zu verstehen. Thiersch spricht hier von dem Verständnis, „Erleben, Verständigungsmuster und Symbole aus sich heraus, in ihrem Eigensinn zu sehen und ernst zu nehmen" (Thiersch 1984, S. 20). Dieses Verständnis gründet in dem „Bewusstsein von den Vielfältigkeiten der Lebensmöglichkeiten", erwuchs aus der neuzeitlichen „Betonung von Individualität und Innerlichkeit" und führte zu dem, was dann lebensweltorientierte Soziale Arbeit genannt wurde (ebenda). Mührel schreibt zwanzig Jahre später: „Es gilt, im Verstehen des Klienten hinter den Ausdruck der Lebensweise zu kommen. Dies mit dem Ziel, letztlich die Dynamik der Entwicklungen, Antagonismen, Paradoxien des individuellen ‚Ich bin ich und meine Lebensumstände‘ des Klienten zu Sprache zu bringen" (Mührel 2008, S. 73).

Seit der als Paradigmenwechsel zu verstehenden Wende der Sozialen Arbeit zur Lebenswelt bzw. zum Alltag der Menschen, wurde die Heterogenität von Lebenswelten und Lebenslagen umfassend theoretisch und konzeptionell thematisiert, insbesondere auch im Hinblick auf die Konsequenz, dass der Sozialen Arbeit selbst damit allgemein gültige Ordnungsmuster und Normalitätsvorstellungen als Referenzpunkte abhandenkommen. Der theoretische Einbezug prominenter Beiträge, beispielsweise zu gesellschaftlichen Enttraditionalisierungsprozessen (Beck 1986) und zu den Statuskämpfen innerhalb von sozialen Räumen auch durch kulturelle Distinktion (Bourdieu 1982, 1985), eröffneten den Blick für eine Professionalisierung, deren Richtung zunehmend reflexiv zu sein hatte. Denn wenn die biopsycho-soziale Realität der Adressatinnen und die Ziele von Hilfehandeln immer weniger, vor dem Hintergrund allgemein gültigen Wissens über die Verursachung und den Charakter sozialer Probleme, erschlossen werden können, bedarf es einer verstehenden und reflexiven Professionalität, die das professionell mitgebrachte

© Springer Fachmedien Wiesbaden 2016
M. Nauerth, *Verstehen in der Sozialen Arbeit,*
DOI 10.1007/978-3-658-10075-9_7

wissenschaftliche Wissen ins Verhältnis setzen kann zu der lebensweltlich geprägten Perspektive der Adressatinnen ihrer Hilfe (vgl. Dewe und Otto 2010).

Diese Notwendigkeit wird gegenwärtig nun in besonderer Weise hervorgehoben, wenn über den Diversitätsdiskurs zum einen, die gänzliche Unübersichtlichkeit der sich lebensweltlich entwickelnden eigensinnigen Anerkennungsforderungen kenntlich werden, mit dem Begriff Diversity zudem „eine normative Haltung der grundsätzlichen Bejahung und Würdigung von Unterschiedlichkeit und Diversität verbunden" ist und sich dadurch eine erweiterte Aufgabe Soziale Arbeit abzeichnet (Mecheril und Plößer 2011, S. 279). Im Interesse an einer Gesellschaft, in der „man ohne Angst verschieden sein kann" und deren Allgemeines sich in der „Versöhnung der Differenzen" verwirklicht (Adorno 1951, S. 130 f.), besteht diese darin, die Anerkennung von Differenzlinien zu fördern, sich gegen Diskriminierung zu stellen und die verborgenen Ressourcen zu nutzen, die sich in den differenten Sozialräumen finden (vgl. Mecheril und Plößer 2011). Hiermit ist nun ein erneuter Bedeutungszuwachs für den Vorgang des Verstehens verbunden. Forderungen nach sozialer Gerechtigkeit, sowohl im Sinne einer Überwindung illegitimer Ungleichheit, als auch nach einer Förderung legitimer Differenz, unter Verzicht auf Angleichungsbestrebungen, bedürfen professioneller Sozialer Arbeit, die in der Lage ist, die Lebenslage einer Person, wie auch den Eigensinn ihrer subjektiven Wirklichkeit zu verstehen. Soziale Arbeit ist somit nochmals stärker darauf verwiesen, einen verstehenden Zugang zur Lebenswirklichkeit ihres Klientels sicher zu stellen, der in diesem Sinne professionellen Charakter hat. Fachkräfte können sich nicht auf ihr Expertinnenwissen von typischen Bedarfslagen und Veränderungsbedürfnissen verlassen, sondern müssen – als ersten Akt der Anerkennung des Andersseins der Anderen – Veränderungsbedürfnisse und damit verbundenen Hilfebedarf, als ihnen nicht bekannt annehmen und sich von hier aus erschließen!

Dieses notwendig werdende Verstehen der Lebensweise der Adressatinnen und Adressaten Sozialer Arbeit kann gelingen, so Thiersch, „wo es sich seiner spezifischen Eigenheiten und Grenzen im gesellschaftlichen Kontext bewusst ist, wo es seine Chancen zur Freisetzung von Eigensinn gegenüber den in ihm liegenden Widerständen wahrnimmt und wo unterschieden wird zwischen den Zugangsmöglichkeiten des elementaren und höheren Verstehens, wo sich höheres Verstehen zu einer Zurückhaltung zwingt, die aus der Sensibilität gegenüber der herrschenden Praxis eines professionell-institutionalisieren Verstehens notwendig resultiert" (Thiersch 1984, S. 27).

Der hier ausgearbeitete Text sollte zum einen die Notwendigkeit der Professionalisierung sozialpädagogischen Verstehens bzw. der Methodisierung sozialer Diagnostik begründen. Zudem sollte er eine handlungstheoretische Orientierung für den Gegenstandsbereich des Verstehens- und methodologische Hinweise auf die prinzipiell vorhandenen Zugangswege liefern.

Die Notwendigkeit der Professionalisierung Sozialer Arbeit im Hinblick auf ihrer Praxis sozialer Diagnostik ist zentral durch ihren Eigensinn begründet. Dieser besteht darin, in Wissenschaft und Praxis verschiedene Perspektiven auf die Realität von Menschen zu einer eigenen Forschungs- und Praxisperspektive zusammenfügen können zu müssen. Durch die Integration insbesondere von soziologischem, psychologischem, erziehungswissenschaftlichem, juristischem, theologischem, philosophischen und sozialmedizinisch-pflegewissenschaftlichem Wissen in die eigene Theoriebildung und Praxisgestaltung realisiert sie einen Zugang, dessen „eigener Sinn" den spezifisch eigenen Aufgaben entspricht. Die in der Sozialen Arbeit inzwischen weit ausgearbeiteten Begriffe und damit verbundenen Konzepte „Lebenswelt", „Alltag" und „Lebenslage" stehen zugleich für die Abkehr von einer expertokratischen Monoperspektive. Soziale Arbeit muss, als angewandte Wissenschaft und wissenschaftsverankerte Praxis, ihre Perspektive auf die sie umgebende Fallrealität diversifizieren – mit Auswirkungen auf ihre Verstehenspraxis und ihre Interventionspraxis.

Eine solche eigensinnige Positionierung zur bio-psycho-sozialen Realität begründet die Notwendigkeit einer ihr eigenen sozialen Diagnostik. Diese ist zu verstehen als die Zusammenführung der wichtigsten Merkmale eines Sachverhaltes zu einer Struktur, unter Einbezug der Adressatinnenperspektive und der externen multiperspektivischen Expertinnenperspektive. Sie muss somit dem Anspruch genügen, in einem methodisch begründeten Suchvorgang den Eigensinn der Perspektive ihrer beteiligten Adressatinnen mit dem Eigensinn der Professionellen zu verknüpfen, als Voraussetzung für die Beantwortung der Fragen danach, was der Fall ist und was dem entsprechend zu tun sei.

In Profession und Disziplin Sozialer Arbeit besteht kein Einvernehmen über die Notwendigkeit, mittels sozialer Diagnostik zu einem qualifizierten Verständnis der Fallrealität zu gelangen. Die Arbeit an entsprechenden Verfahren ist lange Zeit von großen Unsicherheiten und Selbstzweifeln geprägt gewesen, was als Grund für ein hier vorhandenes Professionalitätsdefizit angenommen werden kann. Diese Zweifel waren in der Vergangenheit grundlegend herrschaftskritisch ausgerichtet und gründeten in der Befürchtung einer möglichen Bemächtigung der Adressat_innen Sozialer Arbeit durch die Profession. Befürchtet wurde und wird, dass ein sozialdiagnostischer Verstehensvorgang, auf Grund seiner Verformung durch sachfremde Interessen und der Komplexität des Verstehensgegenstandes, keine wirkliche Erkenntnis über diesen Gegenstand ermöglichen kann, die Verstehensverfahren daher keine Gültigkeit, Zuverlässigkeit und Objektivität gewährleisten. Befürchtet wurde und wird zudem, dass, im Gegensatz hierzu, der Verstehensvorgang sogar sehr genau erfolgen kann, aber gerade dadurch unerwünschte Effekte erzielt. Diese könnten in der illegitimen Durchleuchtung und Beobachtung bisher verborgener lebensweltlicher Bereiche auf Seiten des Klientels bestehen. Das heißt, sowohl die mögliche Verkennung, als auch die sehr genaue Erkennung des Gegenstandsbereiches wird als Problem beschrieben, das es zu vermeiden gilt. Der Verzicht auf eine genauere Methodisierung sozialer Diagnostik ist ein solches Vermeidungshandeln, dass – so die hier vertretende These – zum Problem mangelnder Professionalität führt und zur faktischen Übermacht der Professionellen gegenüber ihren Adressat_ innen, auf Grund der fehlenden Bindung an methodische Konventionen. Eine Lösung könnte darin liegen, sozialdiagnostische Handlungskonzepte und Methoden zu entwickeln, die aus dem Wissen um die Gefahren jeglicher Verstehensprozesse Konsequenzen ziehen, in dem sie sich den Gütekriterien Objektivität, Reliabilität und Validität weitgehend annähern. Hierzu gehören Testungen der Instrumente, damit verbundene Validierungen, aber auch die systematische Partizipation der Adressatinnen die Klärung von Geltungsbereichen und die Zertifizierung des Zugangs zur Nutzung der Instrumente mit der Bindung an Fortbildungen.

In einer detaillierten Untersuchung des Gegenstandsbereiches sollte sodann deutlich werden, dass die Multiperspektivitätsforderung Sozialer Arbeit nicht nur in der Integration verschiedener wissenschaftlicher Wissensquellen liegt, sondern auch und gerade in der Einsicht in die Komplexität dessen, was verstanden werden muss. Entfaltet wird als Bezugspunkt sozialpädagogischen Handelns daher der Mensch als Handelnder, dessen kalkulierendes Vorgehen von Präferenzen geprägt ist, die sich aus Werten und Bedarfen ergeben, zudem durch denkerische Bewertungsvorgänge, die vor dem Hintergrund individueller Erwartungen und wahrgenommener Handlungsalternativen zu verstehen sind. Diese Vorgänge auf der Mikroebene können allerdings nur im Zusammenhang mit den Rahmenbedingungen adäquat verstanden werden: die Selbstverständlichkeiten des Kommunikationsraums Lebenswelt, die Restriktionen und Ressourcen des materiellen Raums Lebenslage und die in den menschlichen Körper eingelagerten Bedürfnisse, Fähigkeiten und Fertigkeiten, hiermit verbundene Bedürfnisspannungen und Behinderungen und die Verdichtung dessen auf subjektive Frames – die in anderen Zusammenhängen auch als Lebenswelt konzeptioniert werden können bzw. als Habitus. Hier sollte deutlich werden, dass Fachkräfte der Sozialen Arbeit immer mit handelnden Menschen zu tun haben, die sich unter gegebenen Bedingungen um die Realisierung persönlichen Wohlbefindens bemühen und hierbei eine individuelle Handlungslogik ausbilden, die sich in Abhängigkeit von den bewohnten Sozialräumen und ihren körperlichen capabilities entwickelt.

Ein Verstehensvorgang, der sich systematisch den individuellen Lebensbewältigungspraxen konkreter anderer Menschen anzunähern hat, wird sodann methodologisch als Forschungspraxis vorgestellt, die in der Lage sein muss, sich einer fremden Realität systematisch zu öffnen. Entsprechend den Ausarbeitungen im Bereich der Sozialforschung kann ein entsprechender Forschungsvorgang grundsätzlich zweifach gedacht werden. Zum einen als induktiver Vorgang der Rekonstruktion des Allgemeinen aus dem Besonderen, ähnlich den qualitativen Verfahren empirischer Sozialforschung, oder als deduktiv nomologischer Vorgang der Klassifikation, ähnlich den quantitativen Verfahren empirischer Sozialforschung. Beide sind im Alltagshandeln begründet. Ihr Unterschied ergibt sich aus dem Grad der Abstraktion vom Alltagshandeln. Aus ihnen lassen sich idealtypisch vier Verstehensformen ableiten, die sich auf einer „Achse professionellen Verstehens" zwischen „offenem Dialog" und „klassifizierendem Monolog" befinden: eine dialogische Heuristik, eine Hermeneutik, eine klassifizierende Hermeneutik und ein klassifizierender Monolog. Setzt man die möglichen Diagnostikarten ins Verhältnis zu den Diagnostikgegenständen und zu den Erkenntnisinteressen der Diagnostikphasen ergeben sich Kriterien für die Orientierung des zentralen Gütekriteriums: die Anpassung der Methode an den Gegenstand, vor dem Hintergrund des geklärten Erkenntnisinteresses.

Eine professionelle soziale Diagnostikpraxis zielt immer auf die Erkenntnisvoraussetzungen für eine Soziale Arbeit, die individuelle Bewältigungshilfe realisieren und autonome Lebenspraxis ermöglichen soll. Um dem damit verbundenen multiperspektivischen und partizipatorischen Anspruch genügen zu können, kann eine entsprechende Arbeit an Handlungskonzepten und Verfahren hierin zusätzliche Orientierung gewinnen: a) an der Verständigung über den grundsätzlichen Gegenstandsbereich, der verstanden werden soll, b) an der methodischen Form des Erkenntnisvorgangs, der als Forschungsvorgang zwischen den Polen einer offenen Heuristik und geschlossenen Klassifikation konzeptioniert werden kann und c) an der Unterscheidung von phasentypischen Erkenntnisinteressen, deren Reflexion auch die Gefahr kolonialisierenden Verstehens reduzieren kann.

Zugleich gilt es, die Grenzen unserer Verstehensfähigkeit zu akzeptieren und „im Medium einer Reflexivität" immer taktvoll danach zu suchen, was zu tun ist (Thiersch 1986, S. 214). „Solcher Takt ist heute nicht nur notwendig, um zu prüfen, wie Situationen im Kontext von Regeln strukturiert werden können, sondern, um zu prüfen, welche Regeln überhaupt angemessen sind. Dass solcher Takt – weit verbreitetem Sprachgebrauch zuwiderlaufend – Fragen nach dem, was passt, verbinden muss mit Mut, Courage und Aufsässigkeit, ist evident" (ebenda, S. 214).

Literatur

Ader, S., Schrapper, C., & Thiesmeier, M. (Hrsg.). (2001). *Sozialpädagogisches Fallverstehen und sozialpädagogische Diagnostik in Forschung und Praxis.* Münster: Votum.

Adler, H. K. (2004). Das Person in Environment-System (PIE). Vorteile einer eigenständigen, standardisierten Diagnostik in der Sozialen Arbeit. In M. Heiner (Hrsg.), *Diagnostik und Diagnosen in der Sozialen Arbeit. Ein Handbuch.* Berlin: Eigenverlag des deutschen Vereins für öffentliche und private Fürsorge e. V.

Adorno, T. W. (1990). *Negative Dialektik* (6. Aufl.). Frankfurt a. M.: Suhrkamp.

Adorno, T. W. (1993a). Zur Logik der Sozialwissenschaften. In T. W. Adorno, H. Albert, R. Dahrendorf, J. Habermas, H. Pilot, & K. Popper (Hrsg.), *Der Positivismusstreit in der deutschen Soziologie.* Hamburg: DTV.

Adorno, T. W. (1993b). *Einleitung in die Soziologie.* Frankfurt a. M.: Suhrkamp.

Amann, A. (1983). *Lebenslage und Sozialarbeit. Elemente zu einer Soziologie von Hilfe und Kontrolle.* Berlin: Duncker und Humblot.

Ansen, H. (2011). Soziale Diagnose in der Betreuungsbehörde. *Betreuungsrechtliche Praxis, 5,* 189–194.

Ansen, H. (2012). Soziale Diagnose in der fallbezogenen Sozialen Arbeit. *Forum Sozial,* (4), 15–19.

Archiv für Wissenschaft und Praxis der sozialen Arbeit. (2010). Nr. 4.

Arendt, H. (1979). *Vom Leben des Geistes. Das Denken, das Wollen* (Bd. 2). München: Piper.

Arendt, H. (2007). *Vita Activa oder vom tätigen Leben.* München: Piper.

Arendt, H. (2011). *Macht und Gewalt.* München: Piper.

Arlt, I. (2010). *Wege zu einer Fürsorgewissenschaft, herausgegeben und mit einem Nachwort versehen von Maria Maiss. Werkausgabe Ilse Arlt* (Bd. 2). Münster: Lit.

Beck, U. (1986). *Risikogesellschaft. Auf dem Weg in eine andere Moderne.* Frankfurt a. M.: Suhrkamp.

Berger, P., & Luckmann, T. (1980). *Die gesellschaftliche Konstruktion der Wirklichkeit.* Frankfurt a. M.: Fischer.

Beyersdorft, M., Michelsen, G., & Siebert, H. (1998). *Umweltbildung. Theoretische Konzepte, empirische Erkenntnisse, praktische Erfahrungen.* Neuwied: Luchterhand.

Birgmeier, B., & Mührel E. (2011). *Wissenschaftliche Grundlagen der Sozialen Arbeit.* Schwalbach: Wochenschau.

© Springer Fachmedien Wiesbaden 2016
M. Nauerth, *Verstehen in der Sozialen Arbeit,*
DOI 10.1007/978-3-658-10075-9

Blume, S., & Nauerth, M. (2012). Zur Bedeutung der Sozialen Arbeit in der Kinder- und Jugendpsychotherapie. *Klinische Sozialarbeit – Zeitschrift für psychosoziale Praxis und Forschung,* (3), 6–7.

BMJFFG – Bundesministerium für Jugend Familie, Frauen, Gesundheit. (1990). Achter Jugendbericht. Bericht über Bestrebungen und Leistungen der Jugendhilfe. Bonn.

Böhnisch, L. (1982). *Der Sozialstaat und seine Pädagogik.* Neuwied: Luchterhand.

Böhnisch, L. (1999). Die sozialintegrative Dimension der Sozialpädagogik und Sozialarbeit. *Wissenschaftliche Zeitschrift der TU Dresden,* (3), 40–42.

Böhnisch L. (2002). Lebensbewältigung. Ein sozialpädagogisch inspiriertes Paradigma für die Soziale Arbeit. In W. Thole (Hrsg.), *Grundriss Soziale Arbeit* (S. 199–213). Wiesbaden: VS-Verlag für Sozialwissenschaften.

Böhnisch, L., Schröer, W., & Thiersch, H. (2002). *Sozialpädagogisches Denken, Wege zu einer Neubestimmung.* Weinheim: Juventa.

Bommes, M., & Scherr, A. (2000). Soziale Arbeit, sekundäre Ordnungsbildung und die Kommunikation unspezifischer Hilfsbedürftigkeit. In R. Merten (Hrsg.), *Systemtheorie Sozialer Arbeit. Neue Ansätze und veränderte Perspektiven* (S. 67–86). Opladen: Budrich.

Bourdieu, P. (1979). *Entwurf einer Theorie der Praxis.* Frankfurt a. M.: Suhrkamp.

Bourdieu, P. (1982). *Die feinen Unterschiede. Kritik der gesellschaftlichen Urteilskraft.* Frankfurt a. M.: Suhrkamp.

Bourdieu, P. (1985). *Sozialer Raum und „Klassen".* Zwei Vorlesungen. Frankfurt a. M.: Suhrkamp.

Braun, W., & Nauerth, M. (2005). Zum Gebrauchswert der Soziologie für eine Praxis der Sozialen Arbeit. Eine Einleitung. In W. Braun & M. Nauerth (Hrsg.), *Lust an der Erkenntnis. Zum Gebrauchswert soziologischen Denkens für die Praxis Sozialer Arbeit.* Bielefeld: Kleine.

Bruhn, L., & Homann, J. (2009). Behinderung ohne Behinderte!? Perspektiven der Disability Studies. *Behindertenpädagogik – Vierteljahresschrift für Behindertenpädagogik und Integration Behinderter in Praxis, Forschung und Lehre, 48*(3), 229–249.

Brumlik, M. (1980). Fremdheit und Konflikt. *Kriminologisches Journal,* (12), 310–320.

Brumlik, M. (1984). Verstehen oder kolonialisieren. Überlegungen zu einem aktuellen Thema. In S. Müller & H. U. Otto (Hrsg.), *Verstehen oder Kolonialisieren? Grundproblem sozialpädagogischen Handelns und Forschens* (S. 37–72). Bielefeld: Kleine.

Butler, J. (2001). *Psyche der Macht. Das Subjekt der Unterwerfung, Gender Studies.* Frankfurt a. M.: Suhrkamp.

Buttner, P. (2010). Diagnostik Ansätze, Verfahren und Instrumente – eine Orientierung für die Soziale Arbeit. *Archiv für Wissenschaft und Praxis der sozialen Arbeit,* (4), 4–13.

Chassee', K. A. (1999). Soziale Arbeit und Lebenslage. Zur Einführung in das Lebenslage-Konzept. In R. Treptow & R. Hörster (Hrsg.), *Sozialpädagogische Integration, Entwicklungsperspektiven und Konfliktlinien* (S. 147–154). Weinheim: Juventa.

DBSH, Deutscher Berufsverband für Soziale Arbeit. (Hrsg.). (2014). Definition der Sozialen Arbeit. http://www.dbsh.de/beruf/definition-der-sozialen-arbeit.html. Zugegriffen: 25. Feb. 2015.

Dewe, B. (2009). Reflexive Sozialarbeit im Spannungsfeld evidenzbasierter Praxis und demokratischer Rationalität – Plädoyer für die handlungslogische Entfaltung reflexiver Professionalität. In R. Becker-Lenz, S. Busser, G. Ehlert, & S. Müller (Hrsg.), *Professionalität in der Sozialen Arbeit* (S. 89–112). Wiesbaden: VS-Verlag für Sozialwissenschaften.

Dewe, B., & Otto, H. U. (2010). Reflexive Sozialpädagogik. In W. Thole (Hrsg.), *Grundrisse Soziale Arbeit* (S. 197–217). Wiesbaden: VSA.

Dewe, B., Ferchhoff, W., Scherr, A. & Stüwe, G. (1993). Professionelles soziales Handeln. *Soziale Arbeit im Spannungsfeld zwischen Theorie und Praxis*. Weinheim: Juventa.

Dilthey, W. (1924). Die Entstehung der Hermeneutik, In W. Dilthey (Hrsg.), *Gesammelte Schriften* (Bd. 5). Leipzig: Teubner.

Dilthey, W. (1954). *Gesammelte Schriften* (Bd. 7). Stuttgart: Vandernhoek & Ruprecht.

Dilthey, W. (1981). *Der Aufbau der geschichtlichen Welt in den Geisteswissenschaften.* Frankfurt a. M.: Suhrkamp.

Döring, D., Hanesch, W., & Huster, E.-U. (Hrsg.). (1990). *Armut im Wohlstand.* Frankfurt a. M.: Suhrkamp.

Effinger, H., & Gahleitner, S. B. (2010). Einleitung. In S. B. Gahleitner, H. Effinger, B. Kraus, I. Miethe, S. Stövesand, & J. Sagebiel (Hrsg.), *Disziplin und Profession Sozialer Arbeit. Entwicklungen und Perspektiven. Theorie, Forschung und Praxis Sozialer Arbeit* (Bd. 1). Opladen: Budrich.

Engelke, E., Bormann, S., & Spatscheck, C. (2009a). *Theorien der Sozialen Arbeit. Eine Einführung* (5. Aufl.). Freiburg: Lambertus.

Engelke, E., Bormann, S., & Spatscheck, C. (2009b). *Die Wissenschaft Soziale Arbeit. Werdegang und Grundlagen* (3. Aufl.). Freiburg: Lambertus.

Engels, F. (1972). *Die Lage der arbeitenden Klasse in England. Marx Engels Werkt (MEW)* (Bd. 2). Berlin (Ost): Dietz.

Esser, H. (1990). „Habits", „Frames" und „Rational Choice" – Die Reichweite der Theorien der rationalen Wahl. *Zeitschrift für Soziologie, 19,* 231–241.

Esser, H. (1996). Die Definition der Situation. *Kölner Zeitschrift für Soziologie und Sozialpsychologie,* (1), 1–34

Esser, H. (1999). *Soziologie. Spezielle Grundlagen, Bd. 1: Situationslogik und Handeln.* Frankfurt a. M.: Campus.

Esser, H. (2001). *Soziologie, Spezielle Grundlagen, Bd. 6: Sinn und Kultur.* Frankfurt a. M.: Campus.

Esser, H. (2006). Affektuelles Handeln: Emotionen und das Modell der Frame-Selektion. In R. Schützeichel (Hrsg.), *Emotionen und Sozialtheorie, Disziplinäre Ansätze* (S. 143–174). Frankfurt a. M.: Campus.

Foucault, M. (1978). *Dispositive der Macht. Michel Foucault über Sexualität, Wissen und Wahrheit.* Berlin: Merve.

Foucault, M. (1981). *Archäologie des Wissens.* Frankfurt a. M.: Suhrkamp.

Foucault, M. (1984). Die Ethik der Sorge um sich als Praxis der Freiheit. In M. Foucault (Hrsg.) (2005): *Dits et ecrits. Schriften* (Bd. 4, 1980–1988, S. 875–902). Frankfurt a. M.: Suhrkamp.

Foucault, M. (2005). *Analytik der Macht.* Frankfurt a. M.: Suhrkamp.

Fraser, N. (2003). Soziale Gerechtigkeit im Zeitalter der Identitätspolitik. Umverteilung, Anerkennung und Beteiligung. In N. Fraser & A. Honneth (Hrsg.), *Umverteilung oder Anerkennung? Eine politisch-philosophische Kontroverse.* Frankfurt a. M.: Suhrkamp.

Fraser, N., & Honneth, A. (2003). *Umverteilung oder Anerkennung? Eine politisch-philosophische Kontroverse.* Frankfurt a. M.: Suhrkamp.

Gadamer, H. G. (1990). *Wahrheit und Methode.* Tübingen: Mohr/Siebeck.

Galuske, M. (2002). *Flexible Sozialpädagogik. Elemente einer Theorie Sozialer Arbeit in der modernen Arbeitsgesellschaft.* Weinheim-München: Juventa.

Gebhard, U. (2009). *Kind und Natur. Die Bedeutung der Natur für die psychische Entwicklung*. Wiesbaden: VS-Verlag für Sozialwissenschaften.

Geiser, K. (2004). *Problem und Ressourcenanalyse in der Sozialen Arbeit. Eine Einführung in die systemische Denkfigur und ihre Anwendung* (2. Aufl.). Freiburg: Lambertus.

Giddens, A. (1988). *Die Konstitution der Gesellschaft. Grundzüge einer Theorie der Strukturierung*. Frankfurt a. M.: Campus.

Giese, R., & Runde, P. (1999). Wirkungsmodell für die empirische Bestimmung von Gesetzeswirkungen – Modellansatz und Anwendung im Rahmen einer Wirkungsanalyse zur Pflegeversicherung. *Zeitschrift für Rechtssoziologie,* (1), 13–53.

Goffmann, E. (1977). *Rahmen-Analyse. Ein Versuch über die Organisation von Alltagserfahrungen*. Frankfurt a. M.: Suhrkamp.

Grunwald, K. (2001). *Neugestaltung der freien Wohlfahrtspflege. Management organisationalen Wandels und die Ziele der Sozialen Arbeit*. Weinheim-München: Juventa.

Grunwald, K., & Thiersch, H. (2001). Lebensweltorientierung, In H. U. Otto & H. Thiersch (Hrsg.), *Handbuch Sozialarbeit/Sozialpädagogik* (2. Aufl., S. 1136–1148). Neuwied: Luchterhand.

Habermas, J. (1981). *Theorie des Kommunikativen Handelns* (Bd. I und II). Frankfurt a. M.: Suhrkamp.

Habermas, J. (1988). *Der philosophische Diskurs der Moderne*. Frankfurt a. M.: Suhrkamp.

Habermas, J. (2009). *Freiheit und Determinismus. Zwischen Naturalismus und Religion. Philosophische Aufsätze* (S. 155–186). Frankfurt a. M.: Suhrkamp.

Hanses, A. (2001). Soziale Arbeit: Dienstleistung oder Fallbezug? Annäherungen an eine längst überfällige Diskussion. Unveröffentlicht. Vortrag im Rahmen der „Theorie AG" Soziale Arbeit, 30.11./1.12.2001 in Bielefeld. http://www.ibl.uni-bremen.de/publik/vortraege/200203hanses.pdf. Zugegriffen: 20. Nov. 2005.

Hegel, G. W. F. (1986). *Die Phänomenologie des Geistes*. Frankfurt a. M.: Suhrkamp.

Heidenreich, M. (1998). Die Gesellschaft im Individuum. In H. Schwaetzer & J. Stahl-Schwaetzer (Hrsg.), *L'homme machine? Anthropologie im Umbruch* (S. 229–248), Hildesheim: Olms.

Heiner, M. (2003). Antwort von Maja Heiner an Timm Kunstreich vom 7. März 2003. *Widersprüche, Zeitschrift für sozialistische Politik im Bildungs-, Gesundheits- und Sozialbereich,* (88), 21–26.

Heiner, M. (2004). (Hrsg.). *Diagnostik und Diagnosen in der Sozialen Arbeit. Ein Handbuch*. Berlin: Eigenverlag des deutschen Vereins für öffentliche und private Fürsorge e. V.

Heiner, M. (2005). Konzeptionelle und methodische Ansätze der Diagnostik in der sozialen Arbeit. *Neue Praxis, 35*(5), 535–539.

Heiner, M. (2010). Diagnostik in der Sozialen Arbeit: Zielsetzung, Gegenstand und Dimensionen. *Archiv für Wissenschaft und Praxis der Sozialen Arbeit,* (4), 14–28.

Heiner, M. (2011). Diagnostik in der Sozialen Arbeit. In H. Thiersch & H. U. Otto (Hrsg.), *Handbuch Soziale Arbeit, 4. A* (S. 237–250). München: Reinhard.

Hillman, K.-H. (1994). *Wörterbuch der Soziologie*. Stuttgart: Kröner.

Honneth, A. (1992). *Kampf um Anerkennung. Zur moralischen Grammatik sozialer Konflikte*. Frankfurt a. M.: Suhrkamp.

Honneth, A. (2003). Umverteilung als Anerkennung. Eine Erwiderung auf Nancy Fraser. In N. Fraser & A. Honneth (Hrsg.), *Umverteilung oder Anerkennung? Eine politisch-philosophische Kontroverse*. Frankfurt a. M.: Suhrkamp.

Honneth, A. (2011). *Das Recht der Freiheit*. Frankfurt a. M.: Suhrkamp.

Hradil, S. (1987). *Sozialstrukturanalyse in einer fortgeschrittenen Gesellschaft*. Opladen: Budrich

Hradil, S. (2001). *Soziale Ungleichheit in Deutschland*. Opladen: Budrich.

Husserl, E. (1929). Die Cartesianischen Meditationen und ihre kritische Umbildung zur meditierenden Erschließung des transzendentalen Ego. Die Pariser Vorträge. Erste Doppelvorlesung am 23.2.1929. http://www.hs-augsburg.de/~harsch/germanica/Chronologie/20Jh/Husserl/hus_par1.html. Zugegriffen: 27. März 2015.

Husserl, E. (1962). *Die Krise der europäischen Wissenschaften und die transzendentale Phänomenologie, Hua IV*. Den Haag: Nijhoff.

Husserl, E. (1986). *Phänomenologie der Lebenswelt. Ausgewählte Texte* (Bd. II). Stuttgart: Reclam.

Ifsw (international federation of social workers). (2013). global definition of social work. http://ifsw.org/get-involved/global-definition-of-social-work/. Zugegriffen: 03. Dez. 2013.

Jakob, G. (1997). Sozialpädagogische Forschung. Ein Überblick über Methoden und Ergebnisse qualitativer Studien in Handlungsfeldern der Sozialen Arbeit. In G. Jakob & H. J. Wensierski (Hrsg.), *Rekonstruktive Sozialpädagogik: Konzepte und Methoden sozialpädagogischen Verstehens in Forschung und Praxis*. München: Juventa.

Jakob, G., & Wensierski, H. J. (Hrsg.). (1997). *Rekonstruktive Sozialpädagogik. Konzepte und Methoden sozialpädagogischen Verstehens in Forschung und Praxis*. München: Juventa.

Kahn, P., & Kellert, S. R. (2002). *Children and nature: psychological, sociocultural and evolutionary investigations*. London: MIT.

Kessl, F. (2005). *Der Gebrauch der eigenen Kräfte. Eine Gouvernementalität Sozialer Arbeit. Weinheim*. München: Juventa.

Kessl, F. (2008). Real ist real und ist nicht real – Notate zu aktuellen Konjunkturen eines kritischen Realismus. *Widersprüche*, (108), 53–70.

Klafki, W. (1971). Hermeneutische Verfahren in der Erziehungswissenschaft. In W. Klafki, G. M. Rückriem, W. Wolf, R. Freudenstein, H.-K. Beckmann, K.-C. Lingelbach, G. Iben, & J. Diederich (Hrsg.), *Funk-Kolleg Erziehungswissenschaft 3*. Frankfurt a. M.: Fischer.

Klatetzki, T. (1995). Über unsere Köpfe. Die Verbindung von sozialen Strukturen und individuellem Handeln. In M. Langhanky (Hrsg.), *Verständigungsprozesse der Sozialen Arbeit. Beiträge zur Theorie und Methodendiskussion* (S. 10–17). Hamburg: Agentur des Rauhen Hauses.

Kleining, G. (1994). *Qualitativ heuristische Sozialforschung. Schriften zur Theorie und Praxis*. Hamburg: Fechner.

Kleining, G. (1995). *Lehrbuch entdeckende Sozialforschung, Bd. 1. Von der Hermeneutik zur qualitativen Heuristik*. Weinheim: Beltz

Kleining, G., & Witt, H. (2000). Qualitativ-heuristische Forschung als Entdeckungsmethodologie für Psychologie und Sozialwissenschaften: Die Wiederentdeckung der Methode der Introspektion als Beispiel. In: Forum Qualitative Sozialforschung/ Forum Qualitative Social Research (Online Journal). http://www.qualitative-esearch.net/index.php/fqs/article/view/1123/2493. Zugegriffen: 27. März 2015.

Kleve, H. (2000). *Die Soziale Arbeit ohne Eigenschaften. Fragmente einer postmodernen Professions- und Wissenschaftstheorie Sozialer Arbeit*. Freiburg: Lambertus.

Kleve, H. (2003). *Konstruktivismus und Soziale Arbeit*. Aachen: Dr. Heinz Kersting.

Klüsche, W. (Hrsg.). (1999). *Ein Stück weitergedacht. Beiträge zur Theorie- und Wissenschaftsentwicklung der Sozialen Arbeit.* Freiburg: Lambertus.

Kraus, B. (2006). Lebenswelt und Lebensweltorientierung – eine begriffliche Revision als Angebot an eine systemisch-konstruktivistische Sozialarbeitswissenschaft. http://www.sozialarbeit.ch/dokumente/lebensweltorientierung.pdf.

Kraus, B. (2010). Erkenntnistheoretisch-konstruktivistische Perspektiven auf die Soziale Arbeit. In W. Krieger (Hrsg.), *Systemische Impulse. Theorieansätze, neue Konzepte und Anwendungsfelder systemischer Sozialer Arbeit* (S. 94–112). Stuttgart: Ibidem.

Kraus, B. (2011). Soziale Arbeit – Macht – Hilfe und Kontrolle. Die Entwicklung und Anwendung eines systemisch konstruktivistischen Machtmodells. In B. Kraus & W. Krieger (Hrsg.), *Macht in der Sozialen Arbeit. Interaktionsverhältnisse zwischen Kontrolle, Partizipation und Freisetzung* (S. 95–118). Lage: Jakobs.

Kraus, B. (2013). *Erkennen und Entscheiden. Grundlagen und Konsequenzen eines erkenntnistheoretischen Konstruktivismus für die Soziale Arbeit.* Weinheim: Beltz, Juventa.

Kraus, B. (2014). Gelebtes Leben und erlebtes Leben. Zur erkenntnistheoretischen Differenz zwischen Lebenswelt und Lebenslage. In M. Köttig, S. Borrmann, H. Effinger, S.-B. Gahleitner, B. Kraus, & S. Stöversand (Hrsg.), *Soziale Wirklichkeiten in der Sozialen Arbeit. Wahrnehmen, analysieren, intervenieren.* Opladen: Budrich.

Krause, H. U., & Rätz-Heinisch, R. (Hrsg.). (2009). *Soziale Arbeit im Dialog gestalten. Theoretische Grundlagen und methodische Zugänge einer dialogischen Sozialen Arbeit.* Opladen: Budrich.

Kreft, D., & Mielenz, I. (2005). *Wörterbuch Soziale Arbeit.* Weinheim. München: Juventa.

Krieger, W. (2011). Das Allgemeine akademischer Sozialer Arbeit. Rückblick und Ausblick auf die Gegenstandsdebatte zur Wissenschaft der Sozialen Arbeit. In B. Kraus, H. Effinger, S. B. Gahleitner, I. Miethe, & S. Stövesand (Hrsg.), *Soziale Arbeit zwischen Generalisierung und Spezialisierung. Das Ganze und seine Teile* (S. 139–152). Opladen: Budrich.

Kroneberg, C. (2005). Die Definition der Situation und die variable Rationalität der Akteure. Ein allgemeines Modell des Handelns. *Zeitschrift für Soziologie, 34*(5), 344–363.

Kuhlmann, C. (2004): Zur historischen Dimension von Diagnostik am Beispiel von Alice Salomon. In M. Heiner (Hrsg.), *Diagnostik und Diagnosen in der Sozialen Arbeit. Ein Handbuch* (S. 11–25). Berlin: Eigenverlag des Deutschen Vereins für öffentliche und private Fürsorge.

Kunstreich, T. (1996). Das „Neue Steuerungsmodell" (NSM). Essay über die Hegemonie konservativer Modernisierung. *Widersprüche,* (59), 57–73.

Kunstreich, T. (2003). Was ist eine Politik des Sozialen? In R. Sorg (Hrsg.), *Soziale Arbeit zwischen Politik und Wissenschaft* (S. 55–74). Münster: Lit.

Kunstreich, T. (2003a). Neo-Diagnostik – Modernisierung klinischer Professionalität? Expose' für ein „Methodenheft" der Widersprüche. *Widersprüche. Zeitschrift für sozialistische Politik im Bildungs-, Gesundheits- und Sozialbereich,* (88), 7–10.

Kunstreich, T. (2005). Dialogische Sozialwissenschaft. Versuch, eine generative Methodik in der Sozialen Arbeit handlungstheoretisch zu begründen. In W. Braun & M. Nauerth (Hrsg.), *Lust an der Erkenntnis. Zum Gebrauchswert soziologischen Denkens für die Praxis Sozialer Arbeit* (S. 49–66). Bielefeld: Kleine.

Kunstreich, T., Langhanky, M., Lindenberg, M., & May, M. (2004). Dialog statt Diagnose. In M. Heiner (Hrsg.), *Diagnostik und Diagnosen in der Sozialen Arbeit. Ein Handbuch* (S. 26–39). Berlin: Eigenverlag des Deutschen Vereins für öffentliche und private Fürsorge.

Langhanky, M. (2005). Diagnostik, eine Kunst des Regierens. *Widersprüche, Zeitschrift für sozialistische Politik im Bildungs-, Gesundheits- und Sozialbereich,* (96), 7–21.

Leßmann, O. (2001). Der Capability Ansatz. http://www.ortrud-lessmann.de/7.html.

Leßmann, O. (2011). Verwirklichungschancen und Entscheidungskompetenz. In C. Sedma, B. Babic, R. Bauer, & C. Posch (Hrsg.), *Der Capability-Approach in sozialwissenschaftlichen Kontexten. Überlegungen zur Anschlussfähigkeit eines entwicklungspolitischen Konzepts* (S. 53–74). Wiesbaden: VS Springer.

Leßmann, O., & Babic, B. (2012). Potenziale des Capability-Ansatzes für eine adressatenorientierte Weiterentwicklung Sozialer Arbeit im Umgang mit Kinderarmut. In H. Effinger, S. Borrmann, S. B. Gahleitner, M. Köttig, B. Kraus, & S. Stövesand (Hrsg.), *Diversität und soziale Ungleichheit. Analytische Zugänge und professionelles Handeln in der Sozialen Arbeit* (S. 109–118). Opladen: Budrich.

Leßmann, O., Otto, H. U., & H. Ziegler (2011). *Closing the capabilities gap. Renegotiating social justice for the young.* Opladen: Budrich.

Lindenberg, M. (2013). Soziale Arbeit als Praxis der Verabredung. Einige handlungstheoretische Überlegungen in Anlehnung an Hannah Arendt. In B. Birgmeier & E. Mührel (Hrsg.), *Handlung in Theorie und Wissenschaft Sozialer Arbeit* (S. 57–69). Wiesbaden: Springer.

Lüdtke, H. (1989). *Expressive Ungleichheit. Zur Soziologie der Lebensstile.* Opladen: Budrich.

Luhmann, N. (1984). *Soziale Systeme. Grundriss einer allgemeinen Theorie.* Frankfurt a. M.: Suhrkamp.

Luhmann, N. (1997). *Die Gesellschaft der Gesellschaft.* Frankfurt a. M.: Suhrkamp.

Marx, K. (1983). *Das Kapital, Kritik der politischen Ökonomie. Erster Band. Marx-Engels-Werke (MEW)* (Bd. 23). Berlin (Ost): Dietz.

Marx, K. (1987). *Einleitung zu den Grundrissen der Kritik der politischen Ökonomie. Marx-Engels-Ausgewählte Werke* (Bd. 2). Berlin (Ost): Dietz.

May, M. (2009). *Aktuelle Theoriediskurse Sozialer Arbeit. Eine Einführung* (2. überarbeitete und erweiterte Aufl.). Wiesbaden: VS Springer.

Mayring, Ph. (1999). *Einführung in die qualitative Sozialforschung. Eine Anleitung zu qualitativem Denken* (4. Aufl.). Weinheim: Psychologie Verlags Union.

Mayring, Ph. (2001). Kombination und Integration qualitativer und quantitativer Analyse. http://www.qualitative-research.net/index.php/fqs/article/view/967/2110. Zugegriffen: 23. März 2015.

Mecheril, P., & Plößer, M. (2011). Diversität und Soziale Arbeit. In H. U. Otto & H. Thiersch (Hrsg.), *Handbuch Soziale Arbeit* (S. 278–287). München: Reinhardt-Verlag.

Miller, T. (2011). Soziale Arbeit zwischen Disziplinarität und Transdisziplinarität. In T. Schumacher (Hrsg.), *Die Soziale Arbeit und ihre Bezugswissenschaften* (S. 241–255). Stuttgart: Lucius.

Mittelstrass, J. (2003). *Transdisziplinarität – wissenschaftliche Zukunft und institutionelle Wirklichkeit.* Konstanz: UTB.

Mittelstrass, J. (2005). Methodische Transdisziplinarität. *Technikfolgenabschätzung. Theorie und Praxis, 14*(2), 18–23.

Mollenhauer, K. (1964). *Einführung in die Sozialpädagogik.* Weinheim: Juventa.

Mollenhauer, K., & Uhlendorff, U. (1992). *Sozialpädagogische Diagnosen I. Über Jugendliche in schwierigen Lebenslagen.* München: Juventa.

Mollenhauer, K., & Uhlendorff, U. (1995): *Sozialpädagogische Diagnosen II. Selbstdeutungen verhaltensschwieriger Jugendliche als empirische Grundlage für Erziehungspläne.* München: Juventa.

Mühlum, A. (2009): Annäherung durch Wandel. Praxis, Lehre und Wissenschaft Sozialer Arbeit im Kaleidoskop des Alltags. In B. Birgmeier & E. Mührel (Hrsg.), *Die Sozialarbeitswissenschaft und ihre Theorie(n). Positionen, Kontroversen, Perspektiven.* Wiesbaden: VS Springer

Mührel, E. (2005). Verstehen der Lebensweise des Klienten. http://www.webnetwork-nordwest.de/dokumente/muehrel_verstehen.pdf. Zugegriffen: 10. April 2015.

Mührel, E. (2008). *Verstehen und Achten. Philosophische Reflexionen zur professionellen Haltung in der Sozialen Arbeit.* 2. A. Essen: Blaue Eule.

Müller, B. (2003). Diagnose und/ oder Dialog? Ein Briefwechsel. Antwort von Burkhard Müller an Timm Kunstreich vom 27. Januar 2003. *Widersprüche, Zeitschrift für sozialistische Politik im Bildungs-, Gesundheits- und Sozialbereich,* (88), 15–16.

Müller, B. (2009). *Sozialpädagogisches Können. Ein Lehrbuch zur multiperspektivischen Fallarbeit.* 6. A. Freiburg i. B.: Lambertus.

Müller, C. W. (2010). Entwicklung und Perspektiven der Sozialen Arbeit als Profession. In S. G. Gahleitner, H. Effinger, B. Kraus, I. Miethe, S. Stövesand, & J. Sagebiel (Hrsg.). *Disziplin und Profession Sozialer Arbeit. Entwicklungen und Perspektiven.* Opladen: Budrich.

Müller, S., & Otto, H. U. (1984). *Verstehen oder Kolonialisieren? Grundproblem sozialpädagogischen Handelns und Forschens.* Bielefeld: Kleine.

Müller-Doohm, S. (2005). Soziologie als Reflexionswissenschaft am Beispiels Adornos. In W. Braun & M. Nauerth (Hrsg.), *Lust an der Erkenntnis. Zum Gebrauchswert soziologischen Denkens für die Praxis Sozialer Arbeit* (S. 179–189), Bielefeld: Kleine.

Murali, V., & Oyebode, F. (2004). Poverty, social inequality and mental health. *Advances in psychiatric treatment,* (10), 216–224.

Muth, C., & Nauerth, A. (2007). *Dialog und Diagnostik – Ein praxisorientiertes Handbuch für Lehrende.* Wien: Facultas bei UTB.

Nahnsen, I. (1975). Bemerkungen zum Begriff und zur Geschichte des Arbeitsschutzes. In M. Osterland (Hrsg.), *Arbeitssituation, Lebenslage und Konfliktpotential* (S. 145–166). Frankfurt a. M.: Europäische Verlagsanstalt.

Nahnsen, I. (1992). Lebenslagenvergleich. Ein Beitrag zur Vereinigungsproblematik. In: H. Henkel & U. Merle (Hrsg.), *„Magdeburger Erklärung" – Neue Aufgaben der Wohnungswirtschaft* (S. 101–144). Regensburg: Transfer.

Nauerth, M. (2003). *Rechtswirkung in Organisationen. Ergebnisse einer empirischen Feldstudie zur Wirkung des novellierten § 93 BSHG auf die Erbringung personenbezogener sozialer Dienstleistungen in stationären Einrichtungen.* Marburg: Tectum.

Nauerth, M. (2005). Den Fall entdecken. Zum Gebrauchswert qualitativ-heuristischer Forschungstechniken für eine rekonstruktiv handelnde Soziale Arbeit. In W. Braun & M. Nauerth (Hrsg.), *Lust an der Erkenntnis. Zum Gebrauchswert soziologischen Denkens für die Praxis Sozialer Arbeit* (S. 211–229). Bielefeld: Kleine.

Nauerth, M. (2006). Verstehen mit Modell. Das handlungstheoretische Mehr-Ebenen-Modell als soziologische Orientierungshilfe für die sozialpädagogische Verstehensarbeit. *Neue Praxis,* (5), 483–496.

Nauerth, M. (2012). Diversity verstehen. Das „erweiterte Mehr-Ebenen-Modell" als Orientierungshilfe in der Sozialen Arbeit. In H. Effinger, S. Borrmann, S. B. Gahleitner, M.

Köttig, B. Kraus, & S. Stövesand (Hrsg.), *Diversität und soziale Ungleichheit. Analytische Zugänge und professionelles Handeln in der Sozialen Arbeit* (S. 56–67). Opladen: Budrich.

Nauerth, M. (2014). Soziale Diagnostik stärkt Herrschaftskritik und Partizipation. Einige gute Gründe für die Methodisierung des Fallverstehens in der Sozialen Arbeit. In M. Panitzsch Wiebe, T. Kunstreich, & B. Becker. (Hrsg.), *Politik der Sozialen Arbeit – Politik des Sozialen* (S. 315–321). Opladen: Budrich.

Nauerth, M., Marzinzik, K., & Nauerth, A. (2013). Soziale Diagnostik in der Altenhilfe. Überlegungen zum Methodisierungsbedarf im Schnittbereich der Arbeitsfelder Soziale Arbeit und Pflege. *Soziale Arbeit,* (8), 317–322.

Negt, O. (1995). *Achtundsechzig. Politische Intellektuelle und die Macht.* Göttingen: Steidl.

Negt, O., & Kluge, A. (1978). *Öffentlichkeit und Erfahrung. Zur Organisationsanalyse von bürgerlicher proletarischer Öffentlichkeit.* Frankfurt a. M.: Suhrkamp.

Negt, O., & Kluge, A. (1993). *Geschichte und Eigensinn.* Frankfurt a. M.: Suhrkamp.

Neue Praxis, Zeitschrift für Sozialarbeit, Sozialpädagogik und Sozialpolitik. (2005). Nr. 5, Neuwied.

Nohl, H. (1949). *Pädagogik aus dreißig Jahren.* Frankfurt a. M.: Schulte-Bulmke.

Nussbaum, M. (1999). *Gerechtigkeit oder das gute Leben.* Frankfurt a. M.: Suhrkamp.

Obrecht, W. (2003). Transdisziplinäre Integration in Grundlagen- und Handlungswissenschaften. In: R. Sorg (Hrsg.), *Soziale Arbeit zwischen Politik und Wissenschaft* (S. 119–169). Münster: Lit.

Obrecht, W. (2005). Ontologischer, sozialwissenschaftlicher und sozialarbeitswissenschaftlicher Systemismus - Ein integratives Paradigma der Sozialen Arbeit. In: H. Hollstein-Brinkmann & S. Staub-Bernasconi. (Hrsg.) *Systemtheorien im Vergleich* (S. 93–172). Wiesbaden: VS-Verlag für Sozialwissenschaften.

Obrecht, W. (2011). Grundlagen und Perspektiven einer strukturellen Theorie sozialer Problem. Entwurf. http://www.dgsainfo.de/fileadmin/dateiablage/download/Obrecht_Zwicky.pdf. Zugegriffen: 26. Feb. 2014.

Oelschlegel, D. (1994). Gemeinwesenarbeit im Armutsquartier - zur Kooperation zwischen Hochschule und Sozialer Arbeit. *Neue Praxis,* (1).

Oevermann, U. (1986). Kontroversen über sinnverstehende Soziologie. Einige Wiederkehrende Probleme und Mißverstädnnisse in der Rezeption der „objektiven Hermeneutik". In S. Aufenanger & M. Lenssen. (Hrsg.), *Handlung und Sinnstruktur. Bedeutung und Anwendung der objektiven Hermeneutik* (S. 19–83). München: Kindt.

Oevermann, U. (1996). Theoretische Skizze einer revidierten Theorie professionalisierten Handelns. In A. Combe & W. Helsper. (Hrsg.), *Pädagogische Professionalität. Zum Typus pädagogischen Handelns* (S. 70–182). Frankfurt a. M.: Suhrkamp.

Oevermann, U., Burkholz, R., Gärtner, C., & Zehentreiter, F. (2000). Forschungsbeiträge aus der Objektiven Hermeneutik. https://ssl.humanities-online.de/download/reihe.html. Zugegriffen: 27. März 2015.

Pantucek, P. (2010). Theorie als praktisches Formular: Die Inklusions-Chart 2 (IC2). *Archiv für Wissenschaft und Praxis der Sozialen Arbeit,* (4), 56–69.

Pantucek, P., & Röh, D. (Hrsg.). (2009). *Perspektiven Sozialer Diagnostik. Über den Stand der Entwicklung von Verfahren und Standards.* Münster: Lit.

Parsons, T. (1991). *The social system.* London: Routledge.

Peters, F. (Hrsg.). (2002). *Diagnosen - Gutachten - hermeneutisches Fallverstehen. A.* Frankfurt a. M.: IGFH - Eigenverlag.

Popitz, H. (2006). *Norm*. Frankfurt a. M.: Suhrkamp.

Rauschenbach, T. (1994). Inszenierte Solidarität: Soziale Arbeit in der Risikogesellschaft. In U. Beck & E. Beck-Gernsheim (Hrsg.), *Riskante Freiheiten* (S. 89–111). Frankfurt a. M.: Suhrkamp.

Rauschenbach, T., Ortmann, F., & Karsten, M.-E. (Hrsg.). (1993). *Der sozialpädagogische Blick. Lebensweltorientierte Methoden in der Sozialen Arbeit*. Weinheim: Juventa.

Richmond, M. (1917). *Social Diagnosis*. New York: Russel Sage Foundation.

Richter, H. (1998). *Sozialpädagogik - Pädagogik des Sozialen*. Frankfurt a. M.: Peter Lang.

Riemann, G. (1999). *Die Arbeit in der sozialpädagogischen Familienberatung. Interaktionsprozesse in einem Handlungsfeld der Sozialen Arbeit*. Weinheim-München: Juventa.

Robeyns, I. (2011). The capability approach. The stanford encyclopedia of philosophy (Summer 2011 Edition), Edward N. Zalta (Hrsg.). http://plato.stanford.edu/archives/sum2011/entries/capability-approach/.

Röh, D. (2009). Metatheoretische Überlegungen zu einem integrativen Theorieansatz für die Sozialarbeitswissenschaft als Auseinandersetzung mit Tillmanns Modell der Trajektivität. In E. Mührel & B. Birgmeier. (Hrsg.), *Die Sozialarbeitswissenschaft und ihre Theorien(n)* (S. 199–208). Wiesbaden: VS-Verlag für Sozialwissenschaften.

Röh, D. (2010). Klassifikation in der Sozialen Arbeit: Fluch oder Segen für die Professionalisierung? In P. Pantucek & D. Röh. (Hrsg.), *Perspektiven Sozialer Diagnostik. Über den Stand der Entwicklung von Verfahren und Standards* (S. 79–96). Münster: Lit.

Röh, D. (2010a). Klassifikation in der Sozialen Arbeit - Vorschlag eines gegenstand- und funktionsbasierten Rahmens. *Archiv für Wissenschaft und Praxis der Sozialen Arbeit,* (4), 44–54.

Röh, D. (2013). *Soziale Arbeit, Gerechtigkeit und das gute Leben. Eine Handlungstheorie zur daseinsmächtigen Lebensführung*. Wiesbaden: VS-Verlag für Sozialwissenschaften.

Runde, P., Giese, R., Vogt, K., & Wiegel, D. (1997). Einstellungen und Verhalten zur Pflegeversicherung und zur häuslichen Pflege. Forschungsbericht 271. Hrsg. vom Bundesministerium für Arbeit und Sozialordnung, Bonn.

Runde, P., Giese, R., Vogt, K., & Wiegel, D. (1998). *Die Einführung des Pflegeversicherungsgesetzes und seine Wirkungen auf den Bereich der häuslichen Pflege. Band I: Modellentwicklung und Methoden*. Hamburg: Universität Hamburg.

Runde, P., Giese, R., Vogt, K., Wiegel, D., & Kerschke-Risch, P. (1999). *Die Einführung des Pflegeversicherungsgesetzes und seine Wirkungen auf den Bereich der häuslichen Pflege. Band II: Die Wirkungen auf Einstellungen und Verhalten*. Hamburg: Universität Hamburg.

Salomon, A. (1926). *Soziale Diagnostik*. Berlin: Carl Heymann.

Scarbath, H. (1984). Pädagogische Verstehen jenseits von Kolonialisierung. In S. Müller & H. U. Otto (Hrsg.), *Verstehen oder Kolonialisieren? Grundproblem sozialpädagogischen Handelns und Forschens* (S. 13–17). Bielefeld: Kleine.

Schluchter, W. (1998). Handlungs- und Strukturtheorie nach Max Weber. In W. Schluchter. (Hrsg.), *Kolloquien des Max Weber-Kollegs I-V* (S. 109–134). Erfurt: City Druck.

Schmidt-Grunert, M. (1999). Methoden in der Sozialen Arbeit - zwischen Bevormundung und Aushandeln. *Standpunkt Sozial. Hochschule für angewandte Wissenschaften Hamburg, Fachbereich Sozialpädagogik,* (3), 5–14.

Schmidt-Grunert, M. (2001). Alltags- und Lebensweltorientierung in der Sozialen Arbeit. *Standpunkt Sozial. Hochschule für angewandte Wissenschaften Hamburg, Fachbereich Sozialpädagogik,* (1), 65–72.

Schnabel, A. (2006). Sind Emotionen rational? In R. Schützeichel. (Hrsg.), *Emotionen und Sozialtheorie* (S. 175–194). Frankfurt a. M.: Campus.

Schrapper, C. (Hrsg.). (2004). *Sozialpädagogische Diagnostik und Fallverstehen in der Jugendhilfe. Anforderungen, Konzepte, Perspektiven.* Weinheim: Juventa.

Schrödter, M. (2003). Zur Unhintergehbarkeit von Diagnose - Klassifikation in der professionellen Sozialen Arbeit. *Widersprüche, Zeitschrift für sozialistische Politik im Bildungs-, Gesundheits- und Sozialbereich,* (88), 85–100.

Schrödter, M. (2009). Formalisierte Diagnostik ja, aber richtig. In P. Pantuczek & D. Röh. (Hrsg.), *Perspektiven Sozialer Diagnostik. Über den Stand der Entwicklung von Verfahren und Standards* (S. 57–77). Münster: Lit.

Schulze, G. (2000). *Die Erlebnisgesellschaft: Kultursoziologie der Gegenwart, 8. A.* Frankfurt a. M.: Campus.

Schütz, A. (1974). *Der sinnhafte Aufbau der sozialen Welt. Eine Einleitung in die verstehende Soziologie.* Frankfurt a. M.: Suhrkamp.

Schütz, A. (2003). *Werkausgabe.* (Herausgegeben von Grafthoff, G., Soeffner, H. G., Srubar, I) (Bd. 5). Konstanz: UVK.

Schütz, A., & Luckmann, T. (1991). *Strukturen der Lebenswelt* (Bd. 1–2). Frankfurt a. M.: Suhrkamp.

Schützeichel, R. (2004). *Soziologische Kommunikationstheorien.* Konstanz: UTB.

Schwabe, M. (2005). *Methoden der Hilfeplanung. Zielentwicklung, Moderation und Aushandlung.* Frankfurt a. M.: IGFH Eigenverlag.

Schweppe, C., & Graßhoff, G. (2006). Rekonstruktive Sozialpädagogik und sozialpädagogisches Handeln. In T. Badawia, H. Luckas, & H. Müller (Hrsg.), *Das Soziale gestalten.* Wiesbaden: VS-Verlag für Sozialwissenschaften.

Sen, A. (1992). *Inequality re-examined.* Oxford: Clarendon.

Sen, A. (1993). Capability and well-being. In M. Nussbaum & A. Sen. (Hrsg.), *The quality of life* (S. 30–53). Oxford: University Press and The United Nations University.

Sommerfeld, P., & Haller, D. (2003). Professionelles Handeln und Management, oder: Ist der Ritt auf dem Tiger möglich? *Neue Praxis,* (1), 61–89.

Spatscheck, Ch (2009). Theorie- und Methodendiskussion. In U. Deinet. (Hrsg.), *Methodenbuch Sozialraum.* Wiesbaden: VS-Verlag für Sozialwissenschaften.

Staub-Bernasconi, S. (1986). Soziale Arbeit als eine besondere Art des Umgangs mit Menschen, Dingen und Ideen – Zur Entwicklung einer handlungstheoretischen Wissensbasis Sozialer Arbeit. *Sozialarbeit,* (10), 2–60.

Staub-Bernasconi, S. (1994). Soziale Probleme - soziale Berufe - soziale Praxis. In M. Heiner, M. Meinhold, H. Spiegel, & S. Staub-Bernasconi. (Hrsg.), *Methodisches Handeln in der Sozialen Arbeit* (S. 11–101). Freiburg i. Br.: Lambertus.

Staub-Bernasconi, S. (2003). Diagnostizieren tun wir alle, nur nennen wir es anders. *Widersprüche, Zeitschrift für sozialistische Politik im Bildungs-, Gesundheits- und Sozialbereich, 88*(2), 33–40.

Staub-Bernasconi, S. (2007). *Soziale Arbeit und Handlungswissenschaft.* Bern: UTB.

Staub-Bernasconi, S. (2009). Soziale Arbeit als Handlungswissenschaft. In B. Birgmeier & E. Mührel. (Hrsg.), *Die Sozialarbeitswissenschaft und ihre Theorie(n). Positionen, Kontroversen, Perspektiven* (S. 131–146). Wiesbaden: VS Springer.

Stein, H. (1998). *Inseln im Häusermeer. Eine Kulturgeschichte des deutschen Kleingartenwesens bis zum Ende des Zweiten Weltkriegs.* Frankfurt a. M.: Lang.

Stichweh, R. (1992). Professionalisierung, Ausdifferenzierung von Funktionssystemen, Inklusion. Betrachtungen aus systemtheoretischer Sicht. In B. Dewe, W. Ferchhof, & F. O. Radkte (Hrsg.), *Erziehen als Profession. Zur Logik professionellen Handelns in pädagogischen Feldern* (S. 36–48). Opladen: Budrich.

Stierle, C. (2006). *Entscheidung zu Crack? Eine handlungstheoretische Erklärung des Crackkonsums*. Hamburg: Kovac.

Sünker, H. (1984). Wo bleibt das Subjekt? Anmerkungen über die Schwierigkeit, Gesellschaftstheorie und Handlungstheorie zu vermitteln. In S. Müller & H. H. Otto (Hrsg.), *Verstehen oder Kolonialisieren? Grundproblem sozialpädagogischen Handelns und Forschens* (S. 133–150). Bielefeld: Kleine.

Thiersch, H. (1984). Verstehen oder kolonialisieren? Verstehen als Widerstand. In S. Müller & H. H. Otto (Hrsg.), *Verstehen oder Kolonialisieren? Grundproblem sozialpädagogischen Handelns und Forschens* (S. 19–36). Bielefeld: Kleine.

Thiersch, H. (1986). *Die Erfahrung der Wirklichkeit. Perspektiven einer alltagsorientierten Sozialpädagogik*. Weinheim: Juventa.

Thiersch, H. (1992). *Lebensweltorientierte Soziale Arbeit. Aufgaben der Praxis im sozialen Wandel*. Weinheim: Juventa.

Thiersch, H. (1992a). Das sozialpädagogische Jahrhundert. In T. Rauschenbach & H. Gängler (Hrsg.), *Soziale Arbeit und Erziehung in der Risikogesellschaft. Neuwied, Kriftel* (S. 9–24). Berlin: Luchterhand.

Thiersch, H. (1992b). Alltag als Rahmenkonzept und spezielles Handlungsmuster - ein Nachtrag. In H. Thiersch (Hrsg.), *Lebensweltorientierte Soziale Arbeit. Aufgaben der Praxis im sozialen Wandel* (S. 41–57). Weinheim: Juventa.

Thiersch, H. (1993). Strukturierte Offenheit. Zur Methodenfrage einer lebensweltorientierten Sozialen Arbeit. In T. Rauschenbach, F. Ortmann, & M.-E. Karsten (Hrsg.), *Der sozialpädagogische Blick. Lebensweltorientierte Methoden in der Sozialen Arbeit*. Weinheim: Juventa.

Thiersch, H., & Grundwald, K. (2002). Lebenswelt und Dienstleistung. In H. Thiersch (Hrsg.), *Positionsbestimmungen der Sozialen Arbeit. Gesellschaftspolitik, Theorie und Ausbildung* (S. 127–152). Weinheim: Juventa.

Thiersch, H., Grundwald, K., & Kongeter, S. (2002). Lebensweltorientierte Soziale Arbeit. In W. Thole (Hrsg.), *Grundriss Soziale Arbeit. Ein einführendes Handbuch* (S. 161–178). Opladen: Budrich.

Thole, W., Schrödter, M., Prengel, A., & Schuck, K.-D. (2007). Die „Macht" der Diagnostik - Chancen und Grenzen diagnostischer Rahmungen pädagogischen Denkens und Handelns. In M. Brumlick & H. Merkens. (Hrsg.), *Bildung. Macht. Gesellschaft. Beiträge zum 20. Kongress der Deutschen Gesellschaft für Erziehungswissenschaft*. Opladen: Budrich.

Uhlendorff, U. (1997). *Sozialpädagogische Diagnosen III. Ein sozialpädagogisch-hermeneutisches Diagnoseverfahren für die Hilfeplanung*. München: Juventa.

Uhlendorff, U. (2002). Sozialpädagogisch-hermeneutische Diagnosen in der Jugendhilfe. In W. Thole. (Hrsg.), *Grundriss Soziale Arbeit*. Opladen: Budrich.

Uhlendorf, U. (2005). Sozialpädagogische Diagnosen. Traditionslinien und aktuelle Herausforderungen. *Neue Praxis, (5)*, 524–529.

Vahsen, F. (Hrsg.). (1992). *Paradigmenwechsel in der Sozialpädagogik*. Bielefeld: KT.

Voges, W., Jürgens, O., Mauer, A., & Meyer, E. (2003). Methoden und Grundlagen des Lebenslagenansatzes. http://www.soziologie.uni-kiel.de/bergersozun/Voges_Lebenslagenansatz.pdf. Zugegriffen: 17. Okt. 2013.

Von Spiegel, H. (2006). *Methodisches Handeln in der Sozialen Arbeit. 2. A.* München: UTB.

Waldschmidt, A., & Schneider, W. (2007). (Hrsg.). *Disability Studies, Kultursoziologie und Soziologie der Behinderung: Erkundungen in einem neuen Forschungsfeld.* Bielefeld: transcript.

Weber, M. (1968). Die Objektivität sozialwissenschaftlicher und sozialpolitischer Erkenntnis. In M. Weber (Hrsg.), *Gesammelte Aufsätze zur Wissenschaftslehre, 3. A* (S. 146–214). Tübingen: Mohr.

Weber, M. (1988). Entwicklungstendenzen in der Lage der ostelbischen Landarbeiter. In M. Weber (Hrsg.), *Gesammelte Aufsätze zur Sozial- und Wirtschaftsgeschichte.* Tübingen: Mohr-Siebeck.

Weber, M. (2003). *Wirtschaft und Gesellschaft.* Paderborn: Voltmedia.

Weinert, F. E. (2001). Vergleichende Leistungsmessung in Schulen - eine umstrittene Selbstverständlichkeit. In F. E. Weinert. (Hrsg.), *Leistungsmessung in Schulen* (S. 17–32). Weinheim: Juventa.

Weisser, G. (1956). Wirtschaft. In W. Ziegenfuss. (Hrsg.), *Handbuch der Soziologie.* Stuttgart: Verlag F. Enke.

Widersprüche. Zeitschrift für sozialistische Politik im Bildungs-, Gesundheits- und Sozialbereich (2003), Heft 88, Bielefeld.

Winkler, M. (1984). Erzieher sind keine Götterboten: Unfrisierte Skizzen zum Verstehen in der Pädagogik. In S. Müller & H. U. Otto (Hrsg.), *Verstehen oder Kolonialisieren? Grundproblem sozialpädagogischen Handelns und Forschens* (S. 97–125). Bielefeld: Kleine.

Winkler, M. (1988). *Eine Theorie der Sozialpädagogik.* Stuttgart: Klett.

Witt, H. (2001). Forschungsstrategien bei quantitativer und qualitativer Sozialforschung. Forum Qualitative Sozialforschung/Forum Qualitative Social Research (Online Journal), 2(1). http://www.qualitative-research.net/fqs.htm. Zugegriffen: 9. April 2015.

Zeitschrift für Sozialpädagogik (2011), Nr. 1, München.

Ziegler, H. (2008). Kleine Verteidigung ontologischer Theorien in der Sozialen Arbeit. Widersprüche. *Zeitschrift für sozialistische Politik im Bildungs-, Gesundheits- und Sozialbereich, (108),* 43–52.

The manufacturer's authorised representative in the EU is Springer
Nature Customer Service Centre GmbH, Europaplatz 3, 69115 Heidelberg,
Germany. If you have any concerns regarding our products, please
contact ProductSafety@springernature.com

Printed and bound by CPI Group (UK) Ltd, Croydon, CR0 4YY
27/04/2026
02097650-0010